TOEFL® iBT 頻出英単語 1700

林 功 LINGO L.L.C 代表
[著] Isao Hayashi

◎ iBT完全対応版

CD BOOK

ベレ出版

はしがき

　TOEFL の Writing を例にとると、筆者は教室でいつも「TOEFL のエッセイで高評価を得たいなら、つまり採点官を素早く説得したいなら、反対の立場ではなく、まず自分の立場を先に詳しく述べなさい」と教え子たちにしつこく言っている。「あいつはいい奴だけど、ケチだ」ではなく、大切なのは「あいつはケチだ」と先にスパッと述べることだ。そのルールに従って言ってのけるなら、本書は「CD がメインの単語集」ということである。従来の CD 付きの単語集では、「CD もついていますよ」という意味合いであったろうが、本書は違う。音から単語を覚え、同時に同意表現を増やすための、言わば有機的な音声つきシソーラスである。以下にこのアイデアに至った経緯を少し書いておこう。

　単なる単語の羅列ではない、より実践的で覚えやすい、有機的な TOEFL 単語集を作りたいという気持ちで、2001 年に「TOEFL TEST 必須英単語 5000」を上梓して以来、ことあるごとに、教え子や読者から、「これは実力派のための良い単語集です。しかし、先生、このレベル以前の単語集も欲しいッすね」とよく言われた。その度に、他の著者の方の単語集を適宜、薦めていた。しかし、TOEFL の制度改革で、iBT が登場するに至り、Speaking の導入、Writing の課題増と配点増が重なると、その内容に対処するためには、もう自分で対処版を編むしかないなと思い始めた。

　TOEFL 対策を少しでも真面目にやったことがある読者なら、従来から、リスニングやリーディングでは、本文の内容を言い換えた単語や表現を含む選択肢が非常に多いことに気がついているだろう。これに備えるためには、絶対に、同意語力をつける必要がある。ライティングでも、In other words や More specifically などを使って、理由などを詳しく畳み掛けて述べる場合、別の単語を豊富に使って同じ意味を言い換える語彙力がどうしても必要だ。さもなければ、採点官に repetitive（繰り返しが多すぎ）と判断され減点されてしまうだろう。また、iBT の導入で、Speaking の Independent Task や Integrated Task、さらに Writing にも Integrated Task の追加と、「同意語・言い換え能力」はさらにその重要性を増してきた。特に Speaking や Writing での要約的な問題では、ことのほか「同意語・言い換え」の力が問われることとなる。「自分の言葉で述

べなさい」という指示がある場合も、裏返せば、課題や講義中の単語や表現はあまり繰り返せないということである。

　本書は、以上のような能動的で有機的な英語運用力を問う出題状況を踏まえて出現した。筆者の願いは、読者が、CDを繰り返し聴き、文字を見ずに発音し、反射的に同意語や語義を口にすることで、「StructureセクションのないTOEFLで、日本人は必ず苦戦するだろう」と確信している外国の人たちや、友だちや親や先生に、ひと泡ふかせ、うれしい驚きと充実した留学生活を手に入れるひとりとなることである。そうなれば、筆者が年甲斐もなく徹夜してふらふらになりエクセルの分類を並べ間違えたり、ぎっくり腰になって教室で教え子たちをhard to keep a straight faceの状態にしたことも、すべて笑ってすませられる。

　　　　　　　　　　　　2006年8月末日、秋を待ちながら　　林　功

目 次

はしがき
この単語集の効果的な使い方………………………………………… 6
TOEFL iBT の構成と申込み方法 ……………………………………… 9
TOEFL iBT の受験体験記①〈米国にて〉……………………………… 12

GROUP A ……………………………………………………… 15

TOEFL iBT の受験体験記② ………………………………………… 100

GROUP B ……………………………………………………… 103

GROUP C ……………………………………………………… 247

索　引…………………………………………………………………… 308

この単語集の効果的な使い方

本書は、A・B・Cの3レベルに、各単語のTOEFLにおける頻度と難易度を勘案して、分類されている。また、本書の特徴として、表題語のほとんどに必ず同意語がつけられており、CD内でも表題語、同意語、語義の順にポーズを置いて発音されている。

分類の意味

GROUP A：TOEFL 基本単語群

比較的やさしくお馴染みで、日本の高校の教科書などでもよく目にする単語。いわゆる知っていないと近所でも評判になるレベル。ゆえに、当然、発音、語義、同意語を軽々とクリアしておくべき単語群である。

GROUP B：TOEFL 最頻出重要単語群

本試験のReadingやListeningのLectureなどで頻出し、内容把握や問題解答の際に、最も要となりやすい単語群が集められているのがこのレベル。本番の前にあまり時間が残されていない場合は、このレベル中心に覚えなおすことが最も効率の良い対策となるはず。

GROUP C：TOEFL 高難易度単語群

やや難易度の高い単語が含まれているかもしれない。ざっと目を通して、どうも自分としてはよく見かけるし気になるなと思われる単語に印を入れておきたい。もちろん、高得点を目指す方やGRE、GMATなどを受験する必要のある方は、このレベルもじっくり覚えきりたい。

効果的な覚え方 ——— 徹底的にCDを活用しよう！

本書のメインアイデアは、音と目と口、特に音で単語を覚えきることである。しかも、本試の出題傾向を踏まえ、「英語はひとつ」という総合力を試す統合問題（Integrated Task）に備えるには、どうしても以下の2点に目をつぶることはできない。

- リスニングでもリーディングでも、選択肢はほとんどが問題内に出てきた表現や単語の言い換えである。レクチャーとリーディングの差は音のあるなしだけ。

- ライティングやスピーキングでも、無用な繰り返しを避けるために、どうしても同意表現のストックが物を言う。Repetitive と採点官にコメントされないために、言い換えを増やせ！

本試験の問題に目を向け、落ち着いて分析を加える時、むしろ、これらの点により的を絞って、TOEFL 受験者は語彙力を鍛え上げるべきだという確信が生まれてくる。この点を踏まえて、本書では、CD がテキストと同じかそれ以上の重要性を帯びてきている。端的に言えば、テキストはなくても、オーディオ・プレーヤーに本書の CD を落としておけば、電車の中や車の中、ジムでのエクササイズの合間にでも、総合的に、そして想像力を駆使して、語彙を増やすことが可能である。

具体的な使用法 ——— 効果的な使い方の参考例

① **リスニング苦手組は「決して文字に頼らないこと！」**

あなたがまあまあの単語力ありと自負してはいるがリスニングが非常に弱いタイプだと言うなら、とにかくテキストは無視で、何も見ず、とにかく CD を聴くことからはじめよう。まずは、CD から流れる順番に単語、同意語、語義を声を出してなぞってみよう。iPod などのオーディオ・プレーヤーに CD を落とせば、これなら電車の中でも、小声ならできるだろう。今までのように単語帳をじっと眺めて単語と語義を目で追うよりも何倍も効果あり。

② **即答で反射神経を鍛える！**

CD の音声をなぞる反復練習が軌道に乗ったら、今度は、Writing や Speaking のためにも、より素早い同意語想起力を鍛え上げたい。そのためには、表題語が発音されたすぐ後のポーズの部分で、ナレーターよりも先に、同意語と語義を言う練習を行うことだ。これも電車の中でも可能なエクササイズ。本試験でその効果が必ず発揮されるはず。

③ 「知っていることは覚えなくてよい」の原則を大切に！
　上記のことばは、林の暗記原則。みなさんが単語帳を作るときも、このことを忘れないで欲しい。知っている同意語や語義はもう単語帳に書く必要もないし、覚える必要もない。例えば、assume「仮定する ; 想定する」はほとんどの TOEFL 受験者が知っているはず。だから覚える必要なし。単語帳を作るなら、むしろ、assume「引き受ける ; 振りをする」と書き留めるのが、勉強上手のやり方。この原則に基づいて、本書も覚えきること。知っている同意語や語義は消してしまって、残りの部分だけで「ジブ単」（自分だけのための単語帳）を作るくらいのきめ細やかさが欲しい。

★本書の特徴
本書に目を通すうちに、「あれッ、同じ単語がまた出てきてる」と疑問に思う方がいらっしゃるかもしれません。但し、それは筆者の意図的な行為です。そもそも語義が違うはずですし、「大切なことは何度繰り返してもかまわない」という筆者の親切なしつこさです。あと、CD において適切な同意語が存在しない場合は、「ブーッ」という音が表題語の直後に入っています。

本書のマークについて
品詞の表示
[動] 動詞　[名] 名詞　[形] 形容詞　[副] 副詞　[接] 接続詞　[前] 前置詞　[間] 間投詞

TOEFL iBT の構成と申込み方法

この新方式 TOEFL iBT は、4 つのセクション、リーディング、リスニング、スピーキング、ライティングから成り立っています。PC とヘッドフォン、マイクを使って、インターネットで配信される問題に解答する形式です。全所要時間は約 4 時間で満点 120 点。以下の表は、各セクションのテスト問題の分量と制限時間を示しています。各セクションの制限時間は、問題数によって変化します。従来のテストと違って、全てのセクションでメモを取ることが許可されています。Writing では、手書き答案は不可でタイピングのみです。

セクション	問題数と設問数	制限時間・配点
リーディング	長文 **3~5** 題（各約 **700** 語） 設問数：各 **12～14** 問 **Review** をクリックすると、今までの自分の答えを一覧で参照することができる	**60-100** 分 **30** 点
リスニング	各 3~5 分の語講義問題　設問各 **6** 問 （各レクチャー **500~800** 語）**4-6** 題 約 3 分程度の会話問題 **2-3** 題　設問各 **5** 問 会話のやり取り **12~25** 回	**60-90** 分 **30** 点
休憩		**10** 分
スピーキング	単独問題 **2** 問 一般的なトピックに関する短い設問に対し自分の意見を述べる 準備時間 **:15** 秒　　発言時間 **:45** 秒 統合問題 **2** 問 英文を読み、関連する講義を聴きその読み聴いた情報について設問に口頭で答える 準備時間 **:30** 秒　　発言時間 **:60** 秒 統合問題 **2** 問 討論と短い講義を聴き、それについての設問に	**20** 分 **30** 点

	口頭で答える 準備時間:30 秒　　発言時間:60 秒		
ライティング	統合問題：（読解し、聴解し、作文する）1 問	20 分	30 点
	単独問題：（個人的知識・経験を基に解答）1 問	30 分	

受験申込み方法

オンライン、郵送、電話の 3 種類。受験料支払い方法は申込み方法によって異なります。受験料は、170 US ドル（2006 年 9 月現在）。尚、TOEFL iBT は 7 日間に 1 回受験できます。但し、7 日間に 2 回以上受験すると、スコアは出ず、受験料の払い戻しもありません。

①オンラインによる申込み方法

まず TOEFL Test 公式 Web サイトの Log In 画面の "New User" の "Sign Up" をクリックし、ユーザーネームとパスワードを設定して、自分のアカウント〔My home Page/ 個人ページ〕を作成。その後、アカウントの〔My Home Page/ 個人ページ〕の〔Register for a test / テストの申込み〕から申込み画面に進み、画面の指示に従い申込み手続きを開始。受験票の発行はないので、Registration Number、試験日、集合時間、試験会場の住所を、必ず印刷して大切に保管してください。

締め切り

Early registration : 各試験日の 7 日前
Late registration *：各試験日の 4 日前（中 3 日）
*Late registration の場合は受験料に Late registration fee（25 ドル）が追加されるため、受験料が 195 ドルになります。尚、支払方法はクレジットカードのみです。

②郵送申込み

まず、Bulletin 添付の "Internet-based（iBT）Registration Form" を黒のボールペンで記入します。郵便局で国際郵便為替、または銀行で送金小切手を作り、記入済み "Internet-based（iBT）Registration Form" と共に以下へ送付します。試験 4 日前までに Registration Number、試験日、集合時間、受付けられた試

験会場と住所を知らせる Confirmation（確認書）が届きます。

願書の送付先：〒104-0033 東京都中央区新川 1-21-2 茅場町タワー 15F アール・プロメトリック（株）TOEFL 係
締め切り：最も近い希望受験日の 4 週間前まで必着
支払い方法：郵便局の国際郵便為替および銀行の送金小切手

③電話による申込み

電話申込みの際、Bulletin 添付の "Internet-based Test（iBT）Registration Form" に記載の申込みに必要な事項を聞かれますので、まず電話をする前に必要な情報を準備。受験票の発行はなく、予約時に Registration Number、試験日、集合時間、試験会場の住所を告げられますので、控えて大切に保管してください。

予約先：電話番号 03-5541-4800 アール・プロメトリック(株)RRC 予約センター（土日祝祭日を除く AM9:00~PM6:00）締め切りと支払い方法：オンライン申込みのルールに準じる。

TOEFL iBT 受験体験記① ＜米国にて＞

● 場所と受験者
ラスベガスのホテルから 15 分ほどの THOMSON&PROMETRIC のオフィスで受験しました。寂れた地域でした。ちなみに日本人はおそらく私だけ。受験者は計 10 人くらいでした。小さなオフィスで、職員は 2 名。

● 試験について
インターネットを使っての実施なので、9 時と同時に始まりました。CBT のようなチュートリアルはなく、画面の注意書きを読むだけです。各セクションで音声の説明も少しありましたが、チュートリアルがないので事前によく試験形式を知っておいた方がよいでしょう。（私は思い込んでしまって、失敗しました。詳細は後述）

● 実施と内容
実は内心、120 点満点をと意気込んでいたのですが、最初の Reading の 1 題目でいきなり方針変更を余儀なくされました。まず古代ギリシャ彫刻についての長文が 20 分の指示で出題されました。試験前から Speaking のことばかり気にしていたからか、ここでなんとなく Speaking と勘違いをして、20 分でまず本文を読むのだと思い込み（Continue のアイコンが小さいし、Proceed を見落とした?）、メモを取ったりしながら、結構楽勝だとボケていたら、20 分で次の問題ですと、長文が表示され、パニック。まったく設問を見ないまま終わりました。

ここで正直、一瞬やる気がなくなりましたが、激励して送り出してくれた先生や友人の顔を思い出して、それではダメと気を取り直し、方針を変更して、内容をくまなく調べ、次回のために、記憶しようということにしました。ちなみに、長文は約 13 語× 50 行ありました。20 分で 10 問程度の設問でした。同意語問題は、intrigue、pose、brittle、excavate などが出題されました。LINGO L.L.C. の授業とぴったり合っていて驚き。長文の内容は、CBT より同じかや

や難しいかなあ、長さは長いなあと感じました。地質学系の問題、地層だとか恐竜と隕石だとかが相変わらず出題されていました。メモができるからといって、こだわりすぎない方がよいでしょう。

リスニングは、私でも時間が余ったので、難易度は CBT と変わらないと思います。Reading も含めて、Listening にも新傾向の設問形式がありましたが、別に面食らうほどの変化ではないでしょう。ただ、ちょっとしたリスニングでの話者のニュアンスに関する問題は、間違えやすい新傾向です。ここでもメモができるからといって、こだわりすぎない方がよいでしょう。ただ集中力を切らないようにメモを取るのは一方法かも。

さて Speaking ですが、予想通り、準備不足の日本人には難関でした。制限時間以内に考えをまとめるのもスピーチするのも大変でした。時間切れになることが多く、何問かは最後が尻切れになりました。資料の読解スピードや言い換えるための単語力なども含めて日本人には、確実に準備しないとつらいです。

Writing は、採点基準を試すために、各 2 題の示唆に従って、1 問目は 150 語（国立公園の混み具合についての要約）、2 問目（よい先生を選ぶ場合、その先生の生徒との関係を重視すべきか、学術的知識を重視すべきか）は、300 語ぴったりで、あえて有効最低語数にまとめてみました。結果を見て今後の参考にできると思ったからです。全体で 4 時間弱でした。タクシーを呼んでもらって、ホテルに帰ったのが 2 時過ぎでした。

● その他
コンピュータはコンパック社製で、キーボードは、Back Space がただの矢印で少し戸惑い、アポストロフィーが右の P の下辺りにあり、少し探すのに手間取ります。Tab は所定の位置にちゃんとありました。音声は非常によく、ナレーターはまだ PBT の人と同じ人などが登場しました。

● 感想
予想通り、スピーキングはしっかり準備しないとつらいと思います。Reading がやや長文化し難解な印象を受けました。

以上、取り急ぎ、報告まで。私の失敗と報告が、誰かのために生きると幸いです。

元 LINGO L.L.C. 生

GROUP A

CD 1—1

☐ **abandon** [əbǽndən]	[動] 放棄する；断念する；遺棄する ▶ give up と abandon は絶対に知っておくべきレベル。	give up resign
☐ **radius** [réidiəs]	[名] 半径；範囲 ▶「直径」は diameter	
☐ **auction** [ɔ́:kʃən]	[名] 競り市；オークション	bidding
☐ **retail** [rí:teil]	[名][動] 小売り（する）	peddle
☐ **differentiate** [dìfərénʃièit]	[動] 区別する；識別する	distinguish
☐ **cater** [kéitər]	[動]（要求に）応ずる；賄う ▶ 仕出しなどを指す日本語のケータリングもこの語から。cater「料理をまかなう」	serve
☐ **persist** [pərsíst]	[動] 固執する；〜し続ける ▶ persist in「〜に固執する」は、当然知っているはず。	adhere continue
☐ **rate** [réit]	[名] 比率；料金；速度 ▶ TOEFL によく出題される rate の3つの意味：「割合；速度；料金」。特に「速度」に注意！	ratio
☐ **collect** [kəlékt]	[動] 集まる；集める ▶ 例文にあるような自動詞用法も頻出。	gather concentrate assemble
☐ **artificial** [à:rtəfíʃəl]	[形] 人工的な ▶ 反対語は natural や genuine ですが、人の態度に関する場合は、sincere が反意。	unnatural
☐ **fatal** [féitl]	[形] 致命的な ▶ incurable の同意語でも出ました。	deadly
☐ **secure** [sikjúər]	[形] 安全な ▶ 同意語である safe（形）と、本来は名詞である safety が混同して使われることが多い。場合分けに注意。	safe

Emily Dickinson frequently **abandoned** exact for approximate rhymes.	エミリー・ディキンソンは、たびたび正確な押韻を**放棄して**擬似押韻を使った。
Farmers from within a **radius** of 24 or more miles brought their products for direct sale to the townspeople.	**半径**24マイルかそれ以上の圏内に住む農民たちは、町の人たちに直接販売をするために産物を運んで来た。
Auctions were another popular form of occasional trade.	**競り市**は、時々行われる商取引のもうひとつの人気形式だった。
Because of the competition, **retail** merchants opposed these auctions as well as the fairs.	競争を理由に、**小売**業者たちは、フェアーはもとより、このような競り市にも反対した。
Export merchants became **differentiated** from their importing counterparts.	輸入業者たちは、輸出業者と**区別された**。
Philadelphia's merchants **catered** not only to the governor and his circle but citizens from all over the colony.	フィラデルフィアの商人たちは、知事やその取り巻きの者たちだけでなく、植民地全体の住民たちの**要求に応じた**。
Despite governmental efforts, fairs and auctions **persisted** throughout the century.	政府の努力にもかかわらず、フェアーや競り市は、その世紀を通して、**根強く存続した**。
Aviculturists continue to look for better ways to increase egg production and to improve chick survival **rates**.	鳥類飼育家は、産卵増加と雛の生存**率**改善のより良い方法を探し続けている。
As the water that **collects** in the bottom of the nest evaporates, the water vapor rises and is heated by the incubating bird.	巣の底に**集まった**水が蒸発するとき、水蒸気が立ち上り、孵化作業中の鳥によって暖められる。
In **artificial** incubation programs, aviculturists remove eggs from the nests of parrots and incubate them under laboratory conditions.	**人工**孵化プログラムでは、鳥類飼育家はオウムの巣から卵を取り出し、実験室のような状況で孵化させる。
High temperatures are **fatal** to the growing embryo.	高温は、成長中の胎芽にとって**致命的**である。
Nesting material should be added in sufficient amounts to assure that the eggs have a soft, **secure** place to rest.	卵が柔らかで、**安全な**場所に確実に置かれるように、巣材は量的に十分に追加されるべきである。

☐ **particle** [pá:rtikl]	名 粒子；分子	grain molecule
☐ **clue** [klú:]	名 糸口；手がかり ▶リスニングでたまに、crew「乗組員などの一団」と聞き間違える生徒さんがいます。	key hint information
☐ **evidence** [évədəns]	動 証拠となる	prove
☐ **frontier** [frʌntíər]	名 辺境；フロンティア；国境地方 ▶カタカナで書き、あえて日本語訳しない語なので盲点です。	border
☐ **coincide** [kòuinsáid]	動 同時に発生する	harmonize
☐ **extracurricular** [èkstrəkəríkjulər]	形 課外の ▶大学などの出願の書類でもよく見かける単語。	after-school
☐ **suit** [sú:t]	動 適する；合う ▶ We have an opening for someone to shelve books 4 afternoons a week, a total of 16 hours. Will that suit you?（バイト面接で）	fit satisfy
☐ **definition** [dèfəníʃən]	動 定義	fixed meaning
☐ **fellowship** [félouʃip]	名 特別奨学金	scholarship award grant
☐ **stack** [stǽk]	名 多数；多量；〜の山 ▶会話問題でも this stack of papers「この書類の山」などが頻出。	pile heap
☐ **flu** [flú:]	名 インフルエンザ ▶通常、the をつけます。	influenza
☐ **evolve** [iválv]	動 進化する：発達する	develop

GROUP A

The most abundant **particles**, such as sand, silt, and clay, are the focus of examination in studies of soil texture.	例えば砂、沈泥、粘土といった、もっとも豊富な**粒子**は、土壌のキメの研究において、調査の焦点となる。
The voice gives psychological **clues** to a person's self-image, perception of others, and emotional health.	声はある人の自己像や他人に対する認識、情緒の安定度を知る心理的**手がかり**を与えてくれる。
Emotional health is **evidenced** in the voice by free and melodious sounds of the happy.	情緒的健全さは、幸福な人たちのくつろいだ、音楽的な声で**立証される**。
The **frontier** had mostly disappeared and by 1910 most Americans lived in towns and cities.	**辺境地帯**は既にほとんど消え去っており、1910年までには、ほとんどの米国人は町や都市に住んだ。
The arrival of a great wave of European immigrants at the turn of the century **coincided** with and contributed to an enormous expansion of formal schooling.	20世紀初頭のヨーロッパからのおびただしい移民の到着は、正規の教育の大規模な拡大と**同時に起こり**、また、それに貢献した。

GROUP B

Kindergartens, vacation schools, **extracurricular** activities, and vocational education and counseling extended the influence of public schools over the lives of students.	幼稚園、夏期講習会、**課外**活動、そして、職業訓練やカウンセリングは、公立学校の生徒たちの生活に対する影響を拡大した。
Reformers early in the twentieth century suggested that education programs should **suit** the needs of specific populations.	20世紀初頭の改革者たちは、教育プログラムは特定集団の必要性に**合致す**べきだと提案した。
Although looking after the house and family was familiar to immigrant women, American education gave homemaking a new **definition**.	家庭や家族の世話をすることが移民の女性にとってはお馴染みのことであったが、米国の教育は、家事に新しい**定義**を与えた。
Alice Walker's poems, short stories, and novels have won many awards and **fellowships** for her.	アリス・ウォーカーの詩、短編および長編小説は、多くの賞や**奨学金**を勝ち取った。

GROUP C

That writer just gave her a **stack** of his books.	その作家は、ただ彼女にひと**山**の自分の著作を与えた。
When he was sick with the **flu**, I took him a sack full of oranges.	彼が**インフルエンザ**で臥せっていたとき、私は袋いっぱいのオレンジを彼に持っていった。
Human vision, like that of other primates, has **evolved** in an arboreal environment.	人間の視力は、他の霊長類のそれと同じように、樹上の環境で**発達した**。

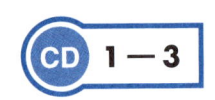

☐ **acute** [əkjúːt]	形 鋭い；鋭敏な	sharp keen
☐ **acquire** [əkwáiər]	動 身につける；習得する ▶ AIDS の A もこの単語です。Acquired Immunodeficiency Syndrome「後天性免疫不全症候群」	obtain learn
☐ **invisible** [invízəbl]	形 目に見えない	unclear
☐ **pottery** [pátəri]	名 陶器；焼き物	porcelain china
☐ **functional** [fʌ́ŋkʃənl]	形 機能的な；便利な	useful convenient
☐ **plain** [pléin]	形 普通の；平凡な ▶「平原；平野」の意味も忘れないで下さい。	simple
☐ **summarize** [sʌ́məràiz]	動 要約する；まとめる	digest abstract abridge
☐ **marked** [máːrkt]	形 際立った；著しい	distinct noticeable
☐ **sin** [sín]	名 罪悪 ▶ sin は「宗教・道徳上の罪悪」で、法律上の罪は crime です。	crime offense
☐ **widow** [wídou]	名 寡婦；未亡人 ▶男性形は widower	
☐ **fossil** [fásəl]	名 化石	remain
☐ **specifically** [spisífikəli]	副 具体的に；詳しく ▶ more specifically は Writing でも使いたい表現。	particularly

In the dense, complex world of tropical forest it is more important to see well than to develop an **acute** sense of smell.	熱帯の森林という密集した、込み入った世界では、よく目が見えることが鋭い嗅覚を発達させることよりも重要である。
In the course of evolution, members of the primate line have **acquired** large eyes, while the snout has shrunk to give the eye an unimpeded view.	進化の過程において、霊長類の流れを汲む者たちは、大きな目を獲得し、一方、目の視界を邪魔しないように鼻は縮んだ。
Ultraviolet rays are **invisible** to humans, though ants and honeybees are sensitive to them.	紫外線は人に見えないが、アリやミツバチはそれを感知する。
Ancient people made clay **pottery** because they needed it for their survival.	古代人たちは、生き延びる必要性から、粘土による陶器を作り出した。
Those pieces by the artisans are beautiful as well as **functional**, transforming something ordinary into something special and unique.	職人たちのそれらの作品は、機能的であると同時に、美しいのだが、普通のものを何か特別で比類のないものに変えてしまう。
Plain wire is used to cut away the finished pot from its base on the potter's wheel.	ロクロの土台から、でき上がった壺を切り取るためには、普通の針金が使われる。
The status of women in colonial North America has been well studied and described and can be briefly **summarized**.	植民地時代の北米女性たちの地位が、十分に研究され、説明をくわえられているから、簡潔に要約できるだろう。
Throughout the colonial period there was a **marked** shortage of women.	植民地時代を通して、女性が著しく不足していた。
The Puritans, the religious sect that dominated the early British colonies in North America, regarded idleness as a **sin**.	清教徒は、北米の初期の英国植民地で大多数を占めた宗教的一派であるが、怠慢を罪悪とみなしていた。
Puritan town councils expected **widows** and unattached women to be self-supporting.	清教徒の町議会は、未亡人や未婚の女性が経済的に自立することを期待した。
Analysis of the **fossil** contents has indicated that the ocean floors spread around the Earth.	化石含有物の分析によれば、海底は地球全体に広がっていることが分かった。
More **specifically**, the sea anemone is formed quite like the flower for which it is named.	さらに具体的に言うと、イソギンチャクは、その名前の由来する花の形にとても似た形をしている。

☐ **diameter** [daiǽmətər]	名 直径 ▶ 3 miles in diameter = 3 miles across = 3 miles wide [反] radius（半径）	
☐ **coral** [kɔ́:rəl]	名 サンゴ	
☐ **capture** [kǽptʃər]	動 捕まえる	catch seize
☐ **prey** [préi]	名 獲物 ▶関連語としては predator（捕食動物）	game victim
☐ **integrated** [íntəgrèitid]	形 統合した；総合的な；完全な ▶ TOEFL iBT は Integrated Tasks が特徴ですから、グループ A に入れました。	comprehensive overall
☐ **transform** [trænsfɔ́:rm]	動 変える	change alter
☐ **rectangular** [rektǽŋgjulər]	形 長方形の ▶この際、記憶にとどめよう！ polygon（多角形）、polyhedron（多面体）	square （四角の）
☐ **crew** [krú:]	名 一団；チーム ▶ clue（手がかり）と聞き違えないように！	party group squad
☐ **Fahrenheit** [fǽrənhàit]	名 華氏 ▶ [反] centigrade= Celsius（摂氏）	
☐ **core** [kɔ́:r]	名 中心；核 ▶ちなみに、地球は外側から順に：crust（地殻） mantle（マントル）　core（地核）	center heart
☐ **arithmetic** [əríθmətik]	名 算数	mathematics figure
☐ **discount** [dískaunt]	動 割り引いて考える；考慮に入れない	disregard exclude count out

Its **diameter** varies from about six millimeters in some species to more than ninety centimeters in the giant varieties of Australia.	その**直径**は約6ミリの数種類から90センチのオーストラリアの巨大な種類まで様々である。	G R O U P A
Like **corals**, hydras, and jellyfish, sea anemones are coelenterates.	**サンゴ**、ヒドラ、クラゲと同様に、イソギンチャクは腔腸動物である。	
The upper end of the sea anemone has a mouth surrounded by tentacles that the animal uses to **capture** its food.	イソギンチャクの最上方部には、エサを**捕まえる**時に使う触手に囲まれた口がある。	
The tentacles drag this **prey** into the sea anemone's mouth.	触手はこの**獲物**をイソギンチャクの口の中に引っ張り込む。	
Another pest management technique, called **integrated** pest management, is being promoted as an alternative to chemical pest control.	もうひとつの害虫管理技術は、**総合**防除管理と呼ばれているのだが、化学的害虫駆除の代替案として奨励されている。	G R O U P B
She brings cameras, lights, mirrors, and a crew of assistants to **transform** the site into her own abstract image.	彼女は、その場所を彼女自身の抽象的なイメージに**変える**ために、カメラ、照明器具、鏡、助手の一団を連れて行きます。	
She starts a studio construction with a simple problem, such as using several circular and **rectangular** mirrors.	彼女はスタジオの構築を、いくつかの円形や**長方形**の鏡を使うなど、単純な課題から開始します。	
Away from the studio, at architectural sites, the cost of the **crew** and the equipment rental means she has to know in advance what she wants to do.	スタジオから離れた建設現場の仕事で、撮影**チーム**や装備レンタルのコストが意味するのは、前もって何をやりたいのかを彼女が分かっておかないといけないということだ。	
The temperature of the Sun is over 5,000 degrees **Fahrenheit** at the surface.	太陽の温度は、表面では**華氏**5000度を超える。	G R O U P C
In the **core** of the Sun, the pressures are so great against the gases that, despite the high temperature, there may be a small solid core.	太陽の**核**では、気体に対し圧力が非常に大きいので、高温にもかかわらず、小型の固体の核が存在するようだ。	
Many of the computing patterns used today in elementary **arithmetic** were developed as late as the fifteenth century.	初等**算数**で今日使われている計算パターンの多くは、やっと15世紀になって発達したものである。	
The mental difficulties must be somewhat **discounted** as one reason to account for the tardy development of computing patterns	知的困難は、計算様式の発達の遅さを説明するひとつの理由としては、幾分かは**割り引いて考慮され**ねばならない。	

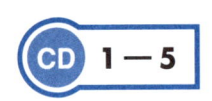

subtraction [səbtrǽkʃən]	名 引き算 ▶ division（割り算）multiplication（掛け算） [反] addition（足し算）	
table [téibl]	名 一覧表；目録；九九の表	list
bound [báund]	形 きっと～する運命にある；～する義務がある	very likely
waste [wéist]	名 廃棄物 ▶ toxic waste「毒性廃棄物」や toxic chemicals「有毒化学物質」は頻出表現。	rubbish refuse trash
advance [ædvǽns]	動 提案する；提出する ▶ put forth との同意語問題も出ました。	propose
column [kάləm]	名 柱；欄；列	pillar pole post
tension [ténʃən]	名 ぴんと張ること；張力；緊張	strain stress
scarcely [skɛ́ərsli]	副 ほとんど～ない	hardly
afford [əfɔ́ːrd]	動 する余裕がある ▶ give の意味にも注意！ Reading books affords us great pleasure.（読書は私たちに大いなる喜びを与えてくれる）	have enough money to do
heed [híːd]	名 注意；注目	attention notice
purchase [pə́ːrtʃəs]	動 買う；購入する ▶ アメリカ史の Louisiana Purchase「ルイジアナ購入」もリーディングで出ます。	buy get
scatter [skǽtər]	動 まき散らす；ばらまく	sprinkle spread

Addition and **subtraction** require only ability to count the number symbols of each kind and then to convert to higher units.	足し算と**引き算**は、各数字を数え、それから上の段に繰り上げる能力だけを必要とする。
If sufficient addition and multiplication **tables** have been memorized, the work can proceed much as we do it today.	もし足し算と九九の**表**が十分に記憶されれば、作業は、私たちが今日やるのと同じように進むだろう。
Without a plentiful and convenient supply of some suitable writing medium, any extended development of the arithmetic process was **bound** to be hampered.	なんらかの適切な筆記媒体が、豊富にかつ便利に供給されなかったので、計算プロセスの広範囲な発達はどれも必ず邪魔される**こととなった**。
The ecosystems of the Earth manufacture and replenish soils, and recycle **wastes** and nutrients.	地球の生態系は、土壌を作り出しまた補給し、**廃棄物**と栄養分を再生する。
The theory was once **advanced** before that the productivity of the land can be infinitely increased by the application of capital, labor, and science.	かつて、土地の生産性は、資本、労働力、科学の適用によって無限に増大しうるという理論が**提出された**。
Atmospheric pressure can support a **column** of water up to 10 meters high.	気圧は１０メートルの高さまで**水柱**を支えることができる。
The same forces that create surface **tension** in water are responsible for the maintenance of the unbroken columns of water.	水上に表面**張力**を作り出すのと同じ力が、ちぎれることない水柱の維持の原因となっている。
In 1850, the borders of Boston lay **scarcely** two miles from the old business district.	1850 年には、ボストンの市境界線は、古くからのビジネス地区から**ほとんど**２マイルも離れてい**なかった**。
Those who would **afford** it could live far removed from the old city center and still commute there for work, shopping, and entertainment.	それだけの**余裕がある**人たちは、古くからの市の中心部から遠く離れた所に住み、しかも、仕事や買物や娯楽のためにそこへ通うことができた。
Thousands of small investors paid little **heed** to coordinated land use or to future land users.	多くの小規模投資家たちは、連携の取れた土地使用とか将来の土地使用者たちのことにはほとんど**注意**を払わなかった。
Those people **purchased** and prepared land for residential purposes.	それらの人々は、住宅地用に土地を**購入し**整地した。
The tiny, delicate skeletons are usually **scattered** by scavengers or destroyed by weathering before they can be fossilized.	極小のきゃしゃな骨格は、化石になる前に、通常、死体あさりをする動物によって**まき散らされ**、風化作用によって破壊される。

単語	意味	同義語
outstanding [àutstǽndiŋ]	形 目立った；傑出した；未払いの ▶ outstanding charge（未払い料金）は、会話問題で狙い目。	striking distinguished
canal [kənǽl]	名 管；運河	passage
available [əvéiləbl]	形 入手できる；利用できる ▶ Are you available tomorrow?「明日、あなたは空いてますか」のように、人にも使えます。	obtainable accessible
composer [kəmpóuzər]	名 作曲家	writer
degree [digríː]	名 学位；度数；程度 ▶ 多義語ですが、この意味以外だと、「度数；程度」の系統。	doctorate grade measure
characterize [kǽriktəràiz]	動 特徴づける ▶ 文脈から意味をあぶり出すタイプの同意語問題で頻出。	distinguish feature
insanity [insǽnəti]	名 狂気	lunacy madness
odd [ád]	形 奇妙な；おかしな ▶ 素直なタイプの同意語問題で頻出。	strange weird bizarre
squeeze [skwíːz]	動 押し込む；割り込ませる；絞る ▶ 混雑した電車で、中年女性などが、わずかな座席の隙間にお尻を押し込もうとしているのを見ると、この単語が浮かびます。	press compress
conservative [kənsə́ːrvətiv]	形 保守的な	conventional modest
prevail [privéil]	動 打ち勝つ；勝る；普及する ▶ 文脈から意味をあぶり出す同意語問題で頻出。	overcome get the better of outdo
device [diváis]	名 装置；道具 ▶ 素直な同意語問題で頻出。	machine system measure tool

The quality of preservation is **outstanding**.	保存の質は、**際立ってすばらしい**。
One specimen is even preserved in the birth **canal**.	ある標本は、なんと分娩**管**に残っている。
Their reports of the climate, the animals and birds, the trees and plants, and Native Americans of the West were made **available** to scientists.	気候、動物、鳥類、森林、植物、西部の先住民族についての彼らの報告は、科学者たちが**利用できる**ようにされた。
Many **composers** found the clavichord a sympathetic instrument for intimate chamber music.	多くの**作曲家**たちは、クラビコードはくつろいだ室内音楽にとってぴったり合う楽器であると思っていた。
She received her master's **degree** from the University of Washington.	彼女はワシントン大学で修士**号**を得た。
The period was **characterized** by the abandonment of so much of the realistic tradition by famous authors.	その時代は、有名な作家たちによるリアリズムの伝統の多大な放棄によって**特徴づけられ**ていた。
Hers is a world of violence, **insanity**, fractured love, and hopeless loneliness.	彼女の世界は、暴力と**狂気**と、壊れた愛、そして望みなき孤独のそれだった。
No creature in the sea is **odder** than the common sea cucumber.	普通のナマコほど**奇妙な**、海に棲む生物はいない。
This shape, combined with flexibility, enables them to these creatures **squeeze** into crevices where they are safe from predators.	この形と、柔軟性があいまって、これらの生物は、捕食動物の脅威から安全にのがれる割れ目に体を**押し込む**ことができる。
A folk culture is small, isolated, cohesive, **conservative**, and nearly self-sufficient group.	民族文化は、小規模で、孤立していて、結束が固く、**保守的で**、ほぼ自立した集団である。
In a folk culture, most goods are handmade, and a subsistence economy **prevails**.	民族文化では、ほとんどの品物が手作りであり、自給自足の経済が**主である**。
In Amish areas, horse-drawn buggies still serve as a local transportation **device**.	アーミッシュの住む地域では、いまだに馬車が地元の輸送**道具**の役割を果たしている。

☐ **faithful** [féiθfəl]	形 信心深い；忠実な	pious religious loyal
☐ **replace** [ripléis]	動 取って代わる ▶ take place「起こる；開催される」と混同しないように。	take the place of supplant
☐ **prestige** [prestí:ʒ]	名 名声；威信；面子	credibility dignity
☐ **tornado** [tɔːrnéidou]	名 竜巻	twister
☐ **conventional** [kənvénʃənl]	形 従来の；因習的な；慣例の ▶素直な同意語問題で頻出。	traditional customary
☐ **discern** [disə́ːrn]	動 見分ける；判別する	distinguish tell discriminate
☐ **predict** [pridíkt]	動 予言する；予告する ▶ make prediction の形でも頻出。	foresee foretell project prophesy
☐ **raw** [rɔ́ː]	形 生の ▶もちろん、uncooked「調理されていない；生の」の意味もあります。	unprocessed
☐ **instantaneously** [ìnstəntéiniəsli]	副 直ちに；即座に	at once immediately
☐ **roughly** [rʌ́fli]	副 およそ；だいたい ▶同意語問題で、almost が選択肢に出たこともあります。	approximately
☐ **orchid** [ɔ́ːrkid]	名 蘭	
☐ **reproductive** [rìːprədʌ́ktiv]	形 生殖の；繁殖の；複写の；多産の	breeding

The **faithful** among the Amish people are not permitted to own automobiles.	アーミッシュの中の最も**信仰心の厚い者**たちは、自動車を所有することを許されてはいない。
The popular is **replacing** the folk in industrialized countries and in many developing nations.	工業国や多くの発展途上国では、大衆的なものが、民族的なものに**取って代わり**つつある。
The popular item is more quickly or cheaply produced, is easier or time saving to use, or lends more **prestige** to the owner.	大衆的製品は、より素早く安い経費で生産され、使うのがより簡単で時間もかからず、所有者により大きな**威信**を与える。
Total damages from the **tornado** exceeded $250 million, the highest ever for any Canadian storm.	その**竜巻**の総被害額は、2億5千万ドルを超え、カナダの嵐の中で最高額となった。
Conventional computer models of the atmosphere have limited value in predicting short-lived local storms like the Edmonton tornado.	大気に関する**在来型の**コンピュータによるモデルは、エドモントンの竜巻のような短命の局地的悪天候を予報する場合、その価値が限られてしまう。
The available weather data are not detailed enough to allow computers to **discern** the subtle atmospheric changes that precede these storms.	入手できる気象データが、コンピュータでこの種の嵐の前のかすかな大気の変化を**見分ける**ほど、十分に詳しくない。
With such limited data, conventional forecasting models do a good job **predicting** general weather conditions over large regions.	そのように限られたデータで、従来の予報モデルは、広い地域にわたる気象概況を**予測する**場合に、うまく役割を果たしている。
The difficulties involved in rapidly collecting and processing the **raw** weather data from such a network were insurmountable.	そのようなネットワークから**生の**気象データを素早く集め加工することに関わる困難は、克服しがたいものだった。
Communications satellites can transmit data around the world cheaply and **instantaneously**.	通信衛星は、安価にそして**即座に**データを世界中へ伝達することができる。
The population **roughly** doubled every generation during the rest of the nineteenth centuries.	人口は、19世紀のその後の期間に、あらゆる世代で**おおよそ**2倍になった。
Orchids are unique in having the most highly developed of all blossoms.	**ラン**は、すべての花の中で最も高度に発達した花を持っている点で比類のないものである。
The usual male and female **reproductive** organs are fused in a single structure called the column.	従来のおしべとめしべの**生殖**器官は、蕊柱(ずいちゅう)と呼ばれる単一の組織に融合している。

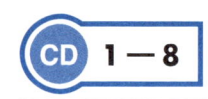

☐ **petal** [pétl]	名 花弁	
☐ **compound** [kámpàund]	名 混合物；合成物；化合物	mixture
☐ **boom** [búːm]	名 ブーム；急上昇；増加 ▶ a baby boomer「ベビーブームの時代に生まれた人」	sudden rise
☐ **profession** [prəféʃən]	名 職業 ▶ by profession = by trade「職業が」	occupation vocation trade
☐ **accumulate** [əkjúːmjulèit]	動 蓄積する；積み上げる ▶知らなかった人はあわてて音と共に暗記。	pile up gather stack up
☐ **impractical** [impræktikəl]	形 実用的でない；非現実的な ▶ overambitious「大望を持ちすぎ」が同意語でも実績あり。	impracticable unworkable
☐ **navigation** [nævəgéiʃən]	名 航行；航海	voyage
☐ **recipe** [résəpi]	名 秘訣；処方；調理法	secret knack
☐ **annually** [ǽnjuəli]	副 毎年；年に1度 ▶ every year が同意語の可能性もあります。	yearly each year
☐ **commodity** [kəmádəti]	名 商品；産物；日用品	merchandise product goods
☐ **workshop** [wə́ːrkʃàp]	名 作業場；講習会	shop
☐ **depress** [diprés]	動 (気持ちを/景気を/車体を)へこませる	devalue discourage

Surrounding the column are three sepals and three **petals.**	蕊柱（ずいちゅう）を取り巻いているのが、3枚のガクと3枚の**花弁**である。	
At least 50 different aromatic **compounds** have been analyzed in the orchid family.	少なくとも５０の異なる芳香**化合物**が、ラン科において分析されている。	**GROUP A**
The baby **boom** of the 1950's and 1960's had a great effect on the role of public education.	1950年、60年代のベビー**ブーム**は、公立学校教育に多大な影響を与えた。	
A large number of teachers left their **profession** for better-paying jobs elsewhere in the economy.	多数の教員たちが、自らの**職**を辞し、経済の他分野のより給与の高い仕事へと去っていった。	
Steam was **accumulated** in a large, double-acting vertical cylinder.	蒸気は、大型の複動式縦型シリンダーに**蓄積**された。	
Before Evans, high-pressure engines were generally considered **impractical** and dangerous.	エバンス以前には、高圧エンジンは、**非実用的**で危険であると一般に考えられていた。	**GROUP B**
A heavy engine added to the problem of **navigation**.	重いエンジンのため、**航行**の問題がさらに大きくなった。	
The cave-making **recipe** calls for a steady emission of volcanic gas and heat.	洞窟作りの**秘訣**には、火山性ガスと熱の絶えることのない放出が必要とされる。	
If too little heat is produced, the ice, replenished **annually** by winter snowstorms, will expand.	氷は冬季の吹雪で**毎年**補給されるので、生み出される熱が余りに少なすぎると、拡大してしまうだろう。	
In agriculture, the transformation was marked by the emergence of the grain elevators, the cotton presses, the warehouses, and the **commodity** exchanges.	農業において、その変化は、穀物倉庫、繰綿プレス工場、倉庫、**商品**取引所の出現によって特徴付けられた。	**GROUP C**
There were still small **workshops**, where skilled craftspeople manufactured products ranging from newspapers to cabinets to plumbing fixtures.	それでもまだ小規模の**作業場**が存在したし、そこでは、熟練した職人たちが、新聞、家具、配管用備品などの範囲にわたる製品を生産していた。	
Rent Controls have artificially **depressed** the most important long-term determinant of profitability — rents.	賃貸料制限は、人為的に最も重要な長期にわたる利益の決定要素、つまり賃貸料を**下落さ せた**。	

単語	意味	同義語
exceed [iksíːd]	動 超える；まさる ▶この単語の同意語グループは最頻出なので、どれが出てもよいようにしておきたい。	surpass transcend excel top
fragile [frǽdʒəl]	形 壊れやすい；もろい ▶同意語は特に brittle が頻出。	frail delicate brittle
contemporary [kəntémpərèri]	形 同時代の；現代の	modern
restrict [ristríkt]	動 制限する	limit
interdependence [ìntəːrdipéndəns]	名 相互依存	dependence on each other
distinguish [distíŋgwiʃ]	動 区別する；際立たせる	differentiate discriminate
consciously [kánʃəsli]	副 意識的に；わざと ▶素直な同意語問題で頻出。	purposely intentionally deliberately
property [prápərti]	名 特性；特質；資産	characteristic feature
weigh [wéi]	動 重さが〜である ▶「比較検討する」も狙い目。	have a particular weight
conceal [kənsíːl]	動 隠す；隠蔽する ▶文脈から意味をあぶり出すタイプの同意語問題で頻出。	hide cover
potential [pəténʃəl]	名 潜在能力	capacity ability
span [spǽn]	名 差し渡し；期間 ▶ span は、名詞も動詞も頻出。	extent stretch

In 1872 only two daily newspapers could claim a circulation of over 100,000, but by 1892 seven more newspapers **exceeded** that figure.	1872年に10万部以上の発行部数を誇ることができた日刊紙はほんの2紙だけだったが、1892年までにさらに7つの新聞がその数を**超えた**。	**GROUP A**
Glass is lightweight, impermeable to liquids, readily cleaned and reused, durable yet **fragile**, and often very beautiful.	ガラスは、軽量で、液体を通さず、簡単に洗って再使用が可能で、長持ちするが**もろく**、しばしば非常に美しい。	
All the detectable morphological features implied that the feet that left the footprints were very little different from those of **contemporary** humans.	すべての検出することができた形態学上の特徴が暗示したのは、足跡を残した足は、**現代の**人間の足跡とほとんどまったく変わらないということだった。	
The study of fossil footprints is not **restricted** to examples from such remote periods.	化石の足跡の研究は、そのような非常に遠い過去の時代の例に**限られている**わけではない。	
This **interdependence** among various species is sometimes subtle, sometimes obvious.	様々な種の間の**相互依存**は、時に微かであり、また時に明白である。	
Two characteristics **distinguish** jazz from other dance music.	二つの特徴が、ジャズを他のダンス音楽から**際立たせている**。	**GROUP B**
In playing hot, a musician **consciously** departs from strict meter to create a relaxed sense of phrasing.	エキサイティングに演奏するとき、演奏家は厳密な韻律から**意識的に**逸脱し、リラックスした感じのフレージングを作り出した。	
No one had ever isolated phlogiston and experimentally determined its **properties**.	誰もフロジストンを分離したり、実験でその**特質**を確定したりした者はいなかった。	
The residue left after burning **weighed** more than the material before burning.	燃焼後に残った残存物は、燃焼前の物質より**重かった**。	
In spite of its strength and durability, internal iron skeleton generally remained **concealed**.	その強さと頑丈さにもかかわらず、内部の鉄骨は通常、**隠された**ままであった。	**GROUP C**
Designers of the railroad stations of the new age explored the **potential** of iron.	新時代の鉄道の駅の設計者たちは、鉄の**潜在能力**を探求した。	
Iron can cover huge areas with **spans** that surpassed the great vaults of medieval churches and cathedrals.	鉄は、中世の教会や寺院の大きな丸天井をしのぐ**幅**をもつ広大な領域を支えることができた。	

☐ **impact** [ímpækt]	名 衝突；衝撃 ▶まず最頻出の「影響」の意味を押さえておきたい。	collision
☐ **limestone** [láimstòun]	名 石灰石	
☐ **backdrop** [bǽkdrɑ̀p]	名 背景	background
☐ **land** [lǽnd]	動 着陸する；上陸する	touch down
☐ **recover** [rikʌ́vər]	動 回収する；快復する；回復する ▶この「回収する」が出る。	collect
☐ **pioneer** [pàiəníər]	動 先駆者となる	originate initiate
☐ **image** [ímidʒ]	名 像；映像	reflection picture
☐ **puzzle** [pʌ́zl]	動 当惑させる	perplex confuse
☐ **realize** [ríːəlàiz]	動 認識する；悟る；気づく；実現する ▶「実現する」の意味が盲点。	understand figure out comprehend
☐ **awaken** [əwéikən]	動 ハッと気づかせる；目覚めさせる	awake
☐ **species** [spíːʃiːz]	名 種 ▶単複同型です。	kind group variety
☐ **ecosystem** [ékousistəm]	名 生態系	nature

Due to their dense structure, iron meteorites have the best chance of surviving an **impact**.	密度の高い構造のせいで、鉄でできた隕石は**衝突**しても壊れない可能性が最も高い。
The world's largest source of meteorites is the Nullarbor Plain, an area of **limestone**.	世界最大の隕石の回収源はナラボー平原で、**石灰石**の地域である。
The pale, smooth desert plain provides a perfect **backdrop** for spotting meteorites.	色が薄い、滑らかな砂漠の平原が、隕石を探し当てるための完璧な**背景**を提供してくれる。
Since very little erosion takes place, the meteorites are well preserved and are found just where they **landed**.	侵食はほとんど起こらないので、隕石はよい状態で保存され、**落下した**まさにその場所で発見される。
Over 1,000 fragments from 150 meteorites that fell during the last 20,000 years have been **recovered**.	過去２万年の間に落下した、１５０の隕石からの１０００以上の断片が、**回収されている**。
A **pioneering** set of experiments has been important in the revolution in our understanding of animal behavior.	**先駆的な**一連の実験は、動物行動の理解に関する意識改革において重要である。
It is known that a cat or a dog reacts to its own **image** in a mirror.	猫や犬は、鏡の中の自分の**姿**に反応することが知られている。
A cat or a dog treats its own image as that of another individual whose behavior very soon becomes **puzzling** and boring.	猫や犬は、自分の姿を、その動きがすぐに**訳の分からない**退屈なものになってしまう他の動物の姿であるとみなしてしまう。
If the animal **realized** that the reflection was of itself, it would probably touch the spot on its own body.	もしその動物が、映っている姿が自分のものであると**認識すれば**、その動物はおそらく自分の体のその場所に触ってみるだろう。
The rapid destruction of the tropical rain forests has **awakened** people to the importance and fragility of biological diversity.	熱帯雨林の急速な破壊によって、人々は、生物の多様性の重要性と脆弱さに**ハッと気がついたの**である。
The tropical rain forests are the ecosystems with the highest known **species** diversity on Earth.	熱帯雨林は、地球上で現存する**生物の種類**が最も多様な生態系である。
It is important to recognize the significance of biological diversity in all **ecosystems**.	すべての**生態系**における生物の多様性の意味深さを認識することが大切である。

GROUP A

GROUP B

GROUP C

☐ **affect** [əfékt]	動 影響を与える ▶ affect と effect の混同に注意。 もちろん have an influence on も同意。	influence have an effect on impact
☐ **dinosaur** [dáinəsɔ̀:r]	名 恐竜 ▶ 意外にスペリングが難しい。	ancient reptile
☐ **chance** [tʃǽns]	名 偶然 ▶「偶然」の場合は不可算。	accident
☐ **geology** [dʒiálədʒi]	名 地質学；地質的特徴	
☐ **vapor** [véipər]	名 蒸気	steam damp
☐ **respective** [rispéktiv]	形 それぞれの ▶ respect「点；細目」から派生した語。	each
☐ **bother** [báðər]	動 わざわざ～する	trouble
☐ **peculiar** [pikjú:ljər]	形 特有の ▶「変な」「妙な」の意味の場合は、odd や strange が同意語。	particular special specific
☐ **whereas** [hwɛərǽz]	接 だが一方；であるのに	while yet but
☐ **essential** [isénʃəl]	形 不可欠な；本質的な ▶ スペリングを間違いやすいので、writing のときなど注意！	fundamental
☐ **migrate** [máigreit]	動 移動する；移住する	move emigrate immigrate
☐ **chaos** [kéias]	名 混乱；混沌	disorder confusion tumult

As the human population continues to expand, it will negatively **affect** one after another of Earth's ecosystems.	人口が増え続けるにつれて、それは、地球の生態系に次から次へと悪い**影響を及ぼす**であろう。	GROUP A
The extinction of the **dinosaurs** was caused by some physical event, either climatic or cosmic.	**恐竜**の絶滅は、気象的あるいは宇宙的なある自然事象によって引き起こされた。	
It was largely **chance** that determined which species survived and which died out.	どの種が生き残るか、どれが死に絶えるかは、大方**偶然**のなせる業であった。	
The **geology** of the Earth's surface is dominated by the particular properties of water.	地球の表面の**地質的特徴**は、水の特異な性質によって支配されている。	
Evaporated from the oceans, water **vapor** forms clouds, some of which are transported by wind over the continents.	海から蒸発すると、水**蒸気**は雲を形成し、そのいくらかは風によって大陸の上に運ばれる。	
Their **respective** interactions and efficiency depend on different factors.	**それぞれの**相互依存と効率は、様々な要素に依存している。	
Kittiwakes do not **bother** to conceal their nests.	ミツユビカモメは、**わざわざ**巣を隠したり**する**ことはない。	GROUP B
Nesting on a narrow ledge has its own **peculiar** problems.	狭い岩棚に巣作りすることには、**特有の**問題がある。	
The female kittiwake sits when mating, **whereas** other gulls stand, so the pair will not overbalance and fall off the ledge.	他のカモメは立ったままで交尾**するのに**、ミツユビカモメの雌は、しゃがんだまま交尾するから、つがいがバランスを崩して岩棚から落ちることはない。	GROUP C
This attitude prevailed even as the number of urban dwellers increased and cities became an **essential** feature of the national landscape.	このような姿勢は、都市生活者の数が増大し、都市が国家風景の**不可欠な**特徴になるにつれ、支配的になった。	
When these people **migrated** from the countryside, they carried their fears and suspicions with them.	これらの人々は、田舎から**移住する**時、恐れと疑念を手放さなかった。	
These new urbanites eagerly embraced the progressive reforms that promised to bring order out of the **chaos** of the city.	これらの新しい都市生活者たちは、都市の**混乱**に秩序をもたらすことを約束する進歩的改革を進んで歓迎した。	

単語	意味	類義語
☐ **utility** [juːtíləti]	名 公益事業；公共料金 ▶日本語に訳しにくい単語です。	public service
☐ **civic** [sívik]	形 市民の	civilian
☐ **occur** [əkə́ːr]	動 発生する ▶edやingがつく場合、rが重なってoccurredとかoccurringとなるので注意。	happen break out take place
☐ **preserve** [prizə́ːrv]	動 とっておく；保存する ▶同意語多数なので注意。	set aside save keep conserve
☐ **assume** [əsjúːm]	動 引き受ける；請け負う；仮定する；振りをする ▶「想定する」は当然だが、「振りをする」も知っておきたい。	undertake take on accept
☐ **privilege** [prívəlidʒ]	動 特権を与える	franchise give the prerogative of
☐ **strip** [strip]	動 剥ぎ取る ▶「AからBを取り去る」の意味合いでは、strip A of B の形で使い、同型にrob、deprive、clear、cureなどがある。	deprive remove
☐ **grand** [grænd]	形 壮大な	magnificent giant towering
☐ **incessant** [insésnt]	形 絶え間ない ▶素直な同意語問題で頻出。	continuous constant
☐ **weave** [wíːv]	動 編む；織る	knit plait
☐ **distinct** [distíŋkt]	形 異なった；際立った ▶素直な同意語問題で頻出。	different
☐ **sphere** [sfíər]	名 球体	ball globe bulb

One of many reforms came in the area of public **utilities**.	多くの改革のひとつは、**公益事業**の領域で行われた。
Civic leaders argued that cities should develop master plans to guide their future growth and development.	**市民**のリーダーたちは、都市側がその将来の成長や発展を導く基本プランを立てるべきだと主張した。
The rapid industrialization and urban growth of the late nineteenth century **occurred** without any consideration for order.	19世紀後半の急速な工業化と都市の成長は、秩序に対するなんの考慮もなしに**発生した**。
Certain parts of town were restricted to residential use, while others were **preserved** for industrial or commercial development.	町のある地域は住宅地用に限定され、また一方、他の地域は、工業あるいは商業開発のために**とっておかれた**。
In the mid-eighteenth century, painters were willing to **assume** such artisan-related tasks as varnishing, and painting wheel carriages.	18世紀中頃、画家たちは、例えば職人がやるような、ワニスを塗ったり、馬車にペンキを塗ったりする仕事を進んで**引き受けた**。
The Hamiltons of Philadelphia introduced European art traditions to those colonists **privileged** to visit their galleries.	フィラデルフィアのハミルトン家は、彼らの画廊を訪れる**特権を有した**植民地の人たちに、ヨーロッパの芸術の伝統を紹介した。
The railroad simultaneously **stripped** the landscape of the natural resources.	鉄道は、同時に、風景から天然資源を**剥ぎ取った**。
In the **grand** and impressive terminals and stations, architects recreated historic Roman temples and public baths.	**壮大**で堂々とした停車場や駅の中に、建築家たちは、歴史上のローマの寺院や公衆浴場を再び創り出した。
The **incessant** comings and goings occurred in the classification, or switching yards.	**絶え間ない**到着と発車が、クラシフィケーションつまり操車場で起こった。
The Pomo people made use of more **weaving** techniques than did their neighbors.	ポモ族は、近隣の部族よりも多くの**編み上げる**技術を駆使した。
Every Pomo basket maker knew how to produce from fifteen to twenty **distinct** patterns.	ポモ族の籠作りはだれもみな、15から20の**まったく異なる**模様の産み出し方を知っていた。
If the Earth began as a superheated **sphere** in space, all the rocks making up its crust may well have been igneous.	地球が、宇宙において加熱状態に達した**球体**として始まったのであれば、その地殻を形成しているすべての岩は当然、火成であっただろう。

CD 1-13

単語	意味	同意語
☐ **coarse** [kɔ́ːrs]	形 粗い ▶例文のような文脈での出題が一番多い。	rough harsh
☐ **timber** [tímbər]	名 材木；木材	wood lumber
☐ **attract** [ətrǽkt]	動 引きつける ▶文脈から意味をあぶり出す同意語問題で頻出。	fascinate draw charm
☐ **pursue** [pərsúː]	動 追求する；追跡する ▶名詞形は：pursuit	quest chase
☐ **revise** [riváiz]	動 修正する ▶change の仲間は同意語が多く最頻出。	change alter rewrite
☐ **score** [skɔ́ːr]	名 多数；20	number plenty
☐ **isolate** [áisəlèit]	動 分離する；隔離する；孤立させる ▶素直な同意語問題で頻出。	separate insulate
☐ **reduce** [ridjúːs]	動 〜の状態にする；減らす ▶素直な同意語問題で頻出。	wind up diminish
☐ **unpredictable** [ʌnpridíktəbl]	形 予想できない	unforeseeable
☐ **struggle** [strʌ́gl]	名 争い；もがき；努力 ▶これも同意語が多く狙われる。	conflict fight
☐ **border** [bɔ́ːrdər]	動 接する；境界をなす	boundary
☐ **context** [kántekst]	名 文脈；前後関係	background condition situation

Granite is a **coarse**-grained igneous rock.	花崗岩は、きめの**粗い**火成岩である。
The land surrounding Boston was virtually stripped of its **timber**.	ボストンの周辺の土地は、ほぼ完全に、その**木材**を剥ぎ取られた。
The available farmland was occupied; there was little in the region beyond the city to **attract** immigrants.	利用可能な農地は占有され、都市以外の地域には、移民を**引きつける**物はほとんどなかった。
A graduate might seek a position that offers specialized training, **pursue** an advanced degree, or travel abroad for a year.	ある卒業生は、特別なトレーニングを与えてくれる地位を求めるか、より上の学位を**追い求める**か、あるいは1年間外国へ旅するかもしれない。
Focusing on long-range goals, a graduating student might **revise** the plan.	長期の目標に焦点を絞って、卒業間近の学生は、その計画を**修正する**かもしれない。
Hayden methodically screened and cultured **scores** of soil samples.	ヘイデンは、**多数**の土壌の標本を、几帳面に選別し培養した。
Her partner prepared extracts, **isolated** and purified active agents, and shipped them back to New York.	彼女のパートナーが、抽出物を作り、活性物質を**分離し**不純物を取り除いて、それらをニューヨークに送り返した。
After further research they eventually **reduced** their substance to a fine, yellow powder.	さらなる研究の後、彼らは、ついに、その物質をキメの細かい黄色い粉末に**した**。
Once in a while, **unpredictable** consequences can come from rather modest beginnings.	時々、どちらかと言うと大したことのない始まりから、**予期せぬ**結果がもたらされることがある。
The Hudson River school seems to have emerged in the 1870's as a direct result of the **struggle** between the old and the new generations of artists.	ハドソン川派は、旧世代と新世代の画家たちの**競争**の直接の結果として、1870年代に台頭してきたようだ。
Thomas Cole built a career painting the Catskill Mountain scenery **bordering** the Hudson River.	トーマス・コールは、ハドソン川**沿いの**キャットキル山の景色を描いて、画家としての経歴を築いた。
In 15 or 30 seconds, a speaker cannot establish the historical **context** that shaped the issue in question.	15秒とか30秒では、話し手は、論争中の問題を形作った歴史的**前後関係**を立証することはできない。

reliance [riláiəns]	名 依存 ▶形容詞の reliant も要注意。	dependence
craft [kræft]	動 精巧に作る	elaborate
phenomenon [finámənàn]	名 現象	event
satellite [sǽtəlàit]	名 人工衛星；衛星	moon
picture [píktʃər]	動 心に描く ▶この動詞用法が出る。	imagine think envision
charge [tʃɑ́ːrdʒ]	動 帯電する；充電する	load
barrier [bǽriər]	名 障壁；障害 ▶素直な同意語問題で頻出。	obstacle hindrance drawback
bunch [bʌ́ntʃ]	動 一団になる；束になる	bind bundle
nitrogen [náitrədʒən]	名 窒素	
glow [glóu]	動 輝く	shine
physicist [fízəsist]	名 物理学者 ▶ physician「内科医」と混同しないように。	
urban [ə́ːrbən]	形 都市の；都会の	city metropolitan

Reliance on television means that increasingly our political world contains memorable pictures rather than memorable words.	テレビに依存するということは、益々、我々の政治世界が記憶に残る言葉よりも記憶に残る画像を内包することを意味している。	**GROUP A**
Much of the political activity we see on television news has been **crafted** by politicians, their speechwriters, and their public relations advisers for televised consumption.	私たちがテレビのニュースで目にする政治活動の多くは、政治家、そのスピーチ作家、広報担当顧問によりテレビ放送用の消費として念入りに作り上げられる。	
The spectacular aurora light displays that appear in Earth's atmosphere around the north and south magnetic poles were once mysterious **phenomena**.	南北の磁極の周りの大気圏に現れる壮観なオーロラ発光は、かつては神秘的な現象だった。	
Now, scientists have data from **satellites** and ground-based observations.	今や科学者たちは、人工衛星や地上観測からのデータを保有している。	
To understand the cause of auroras, we may first **picture** the Earth enclosed by its magnetosphere.	オーロラの原因を理解するために、磁気圏によって囲まれた地球をまず思い浮かべてみよう。	**GROUP B**
Charged particles in this solar wind speed earthward along the solar wind's magnetic lines of force.	この太陽風の中の荷電粒子は、太陽風の磁力線に沿って地球へ向かって急速に進む。	
The Earth's magnetosphere is a **barrier** to the solar wind.	地球の磁気圏は、太陽風に対して障壁となる。	
In the polar regions, the magnetic lines of force of the Earth and of the solar wind **bunch** together.	極圏地方では、地球の磁力線と太陽風の磁力線が一束になる。	
Excited **nitrogen** atoms contribute bands of color varying from blue to violet.	高エネルギー状態の窒素原子が、青から紫まで様々な色の帯を提供する。	**GROUP C**
Viewed from outer space, auroras can be seen as dimly **glowing** belts wrapped around each of the Earth's magnetic poles.	大気圏外の宇宙から見ると、オーロラは、地球の南北磁極のそれぞれに巻きついたぼんやりと輝くベルトのように見えるだろう。	
Studies of auroras have given **physicists** new information about the behavior of plasmas.	オーロラの研究によって、物理学者は、プラズマの動きに関する新情報を手に入れた。	
The proportion of **urban** population began to grow remarkably after 1840.	1840年以降、都市の人口の割合が、著しく増大しはじめた。	

43

CD 1–15

stimulate [stímjulèit]	動 刺激して〜させる；激励する ▶同意語が多く、このグループは最頻出。	spark arouse excite
concentration [kὰnsəntréiʃən]	名 密集；集中 ▶精神的な「集中」よりも、物質の「集中；濃縮」の方が頻出。	density
vertebrate [və́ːrtəbrət]	名 脊椎動物	creatures having a backbone
refer [rifə́ːr]	動 〜のことを言う；言及する	mention
serious [síəriəs]	形 真剣な；深刻な ▶病気や怪我が「重い」場合もこの単語を使う。	earnest somber
registration [rèdʒistréiʃən]	名 登録	entry enrollment
miserable [mízərəbl]	形 みじめな ▶素直な同意語問題で頻出。	pathetic wretched pitiable
calculus [kǽlkjuləs]	名 微分積分	
tutor [tjúːtər]	名 チューター；学習補助者 ▶いわゆる「家庭教師」よりも、大学内での学習補助制度の tutor が出題される。	coach
due [djúː]	形 提出期限が来た；締め切りの	to be submitted
alarm [əláːrm]	名 目覚まし時計 ▶oversleep「寝過ごす」との組み合わせで、会話問題において頻出。	
oversleep [òuvərslíːp]	名 寝過ごす	sleep late

The agricultural revolution **stimulated** many people in the countryside to seek a new life in the city.	農業革命は、都市での新しい生活を求めるようにと田園部の多くの人々を**刺激した**。
Fewer farmers became able to feed the large **concentrations** of people needed to provide a workforce for growing numbers of factories.	増加する工場に労働力を提供するのに必要な大規模な人口**集中**状態の食料を、より少数の農民で賄えるようになった。
The nervous system of **vertebrates** is characterized by a hollow, dorsal nerve cord.	**脊椎動物**の神経系は、空洞の、背部神経索によって特徴付けられている。
The term "autonomic nervous system" **refers** to the parts of the central and peripheral systems.	「自立神経系統」という用語は、中枢および末梢系統の部分の**ことを言っている**。

— GROUP A —

I'm not that **serious** about playing tennis.	私はテニスをそんなに**真剣に**やっているわけではない。
I met someone named Jim Bond at **registration** last night. Are you related?	昨晩、**履修登録**で、ジム・ボンドとかいう人に会ったけど。君と親戚かい。
I have three classes this afternoon and then I have to work tonight. And I feel **miserable**.	今日は午後に3つクラスがあって、それから夜は仕事。でもって、ああ**みじめだ**なあ。
I've got three chapters of history to read and twenty **calculus** problems to finish for tomorrow.	明日までに、歴史は3章分読まないといけないし、**微積**の問題も20問解かないといけない。

— GROUP B —

Sandra is going to **tutor** Bob again tonight.	サンドラは、今夜また、ボブの**家庭教師をやる**予定だ。
She's got two papers **due** this week.	彼女は、今週ペーパーの**締め切り**を2つかかえています。
My **alarm** didn't go off this morning, so I missed my first class.	今朝、**目覚まし**が鳴らなくて、最初のクラスに出られなかった。
Don't tell me you **overslept** or your alarm didn't go off. That's an old excuse.	**寝過ごした**とか、目覚ましが鳴らなかったとか言うなよ。そんなの使い古しの言い訳だからね。

— GROUP C —

45

CD 1-16

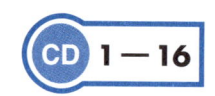

☐ **jam** [dʒæm]	動 (機械などが) 動かなくなる ▶会話的です。		stop working
☐ **conference** [kάnfərəns]	名 会議 ▶素直な同意語問題で頻出。		convention meeting session
☐ **fee** [fíː]	名 料金 ▶「授業料」の意味でも頻出。		fare charge rate
☐ **mistaken** [mistéikən]	形 間違っている ▶この単語は be mistaken の形で使います。		wrong false
☐ **straight** [stréit]	副 連続して；続いて ▶会話問題用です。		successively in a row consecutively
☐ **share** [ʃέər]	名 割り当て；費用の分担		assignment contribution
☐ **participate** [pɑːrtísəpèit]	動 参加する ▶後ろに目的語がないと、in は不要。		take part
☐ **save** [séiv]	動 取っておく ▶同意語が多く、このグループは最頻出。		reserve put aside set aside
☐ **rent** [rént]	名 賃貸料；部屋代 ▶アメリカの rent control「賃貸料制限」に関する題材でも頻出。		
☐ **quiz** [kwíz]	名 小テスト		test
☐ **desperate** [déspərət]	形 絶望的な；欲しくてたまらない		hopeless despairing
☐ **fix** [fíks]	動 修理する；解決する；固定する；(食事の) 用意をする ▶「食事の用意をする」は、会話問題用。		repair mend

I tried for a half an hour to print my paper on that laser printer downstairs, but it kept **jamming**.	1階のあのレーザープリンタで30分かけて自分の論文を印刷しようとしたけど、すぐに**動かなくなって**ばっかりだった。
I won't be able to attend the student **conference** this weekend.	今週末の学生**会議**には出席できません。
But I already sent the registration **fee**.	でもすでに登録**料**を送ったよ。
The man was **mistaken** about Steve's interests.	その男は、スティーブの趣味について**勘違いをしている**。
My composition marks have been the same all semester, **straight**.	私の英作文の成績は、今学期中ずっと**続けて**同じです。
I have to figure out the car rental **shares** for our trip to the lake. Should I count you in?	湖に出かけるレンタカー代の**割り当て**を計算しないと。君を数に入れていいかな。
He really wanted to **participate** in the trip.	彼はとてもその旅行に**参加**したかった。
Save me a seat. I can't show up without my assignment.	私の席を**取っておいて**下さい。課題を持たずには出られないしね。
The location couldn't be better and the **rent's** not that bad.	これ以上の立地はないだろうし、**部屋代**もそれほど悪くはない。
I heard a rumor that we're going to have a **quiz** in class tomorrow.	明日のクラスで**小テスト**があるという噂を聞いたよ。
Our washing machines have been broken for a week. It's getting kind of **desperate**.	僕らの洗濯機は1週間壊れたままなんだ。どっちかって言うと、**とにかく洗濯したいよ**。
Why don't you take your laundry over to the Gym until they **fix** the problem.	問題が**片付く**まで、洗濯物を体育館に持っていったらどうだい。

GROUP A

GROUP B

GROUP C

☐ **endure** [indʒúər]	動 堪える；我慢する ▶この同意語では、tolerate が最頻出。	put up with=stand bear tolerate withstand
☐ **disappoint** [dìsəpɔ́int]	動 落胆させる	discourage depress
☐ **exhibition** [èksəbíʃən]	名 展覧会	show exhibit
☐ **extension** [iksténʃən]	名 締め切りの延長 ▶「拡張；増築；内線」など多義語だが、TOEFL では、この「（論文やレポートの）締め切り延長」が出題のほとんど。	postponement delay deferment
☐ **deadline** [dédlàin]	名 締切期限	time limit due date
☐ **public** [pʌ́blik]	名 一般の人々；大衆	people mass
☐ **pane** [péin]	名 窓ガラス；窓枠	a sheet of glass in a window
☐ **vibrate** [váibreit]	動 振動する	shake tremble
☐ **stick** [stík]	動 動けなくさせる；行き詰らせる ▶この意味の場合、ほぼ常に be stuck か get stuck で使う。	stall strand
☐ **absorb** [æbsɔ́ːrb]	動 吸収する ▶表示した同意語との組み合わせを必ず暗記しよう。	assimilate suck
☐ **quit** [kwít]	動 やめる ▶会話問題用です。	give up resign step aside
☐ **guess** [gés]	動 推測する	infer speculate assume

I've come to realize that there are just certain things that biology majors have to **endure**.	私は、生物学専攻者が**我慢**しなければならないいくつかのことがあることに気がつくようになった。
Are you **disappointed** that Ron won the election? I mean, you would've been a great president for the debate team.	ロンが選挙で当選して**がっかりした**かい。つまりその、君がディベート部の偉大な部長になっていたかも知れないということ。
I heard the modern art **exhibition** at the university museum is great.	大学博物館の現代美術**展覧会**はすばらしいと聞いたよ。
Professor, I'm really sorry but my paper's just not going to be finished by this afternoon. Is there any way that you could give me an **extension**?	教授、申し訳ありませんけど、どうしても午後までに私の論文は終わりません。**締め切りの延長**はどうしてもしていただけないでしょうか。
I can't believe I missed the **deadline** for the discount basketball tickets.	バスケットの割引チケットの**有効期限**に気がつかなかったなんて我ながら信じられない。

GROUP A

Oh don't worry. That was for the general **public**.	ああ心配しないで、それは**一般の人たち**用だから。
I'll bet they have double **panes** of glass. That shuts out a lot of noise that a single pane wouldn't stop.	絶対、あそこは二重**窓ガラス**だね。あれだと、一枚窓では無理な、たくさんの雑音を締め出せるよ。
That way they **vibrate** independently.	そんな風にして、それらは別々に**振動する**んです。
We have been **stuck** for hours in a traffic jam.	もう何時間も交通渋滞で**動けない**。

GROUP B

That would act like a kind of second wall and **absorb** some of the sound.	それはある種の第二の壁の役目をして、音をいくぶん**吸収する**だろう。
Yeah, I **quit** because I had to work too many nights.	そう、**やめました**。余りに夜勤が多すぎたので。
Excuse me, do you mind if I ask you a few questions? No, I **guess** not.	すいませんけど、2、3質問してもいいですか。かまわない**でしょう**。

GROUP C

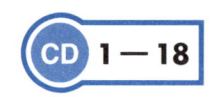

copy [kápi]	名（雑誌や本の）1冊 ▶いわゆる日本語で言うコピーではないので注意！	volume
status [stéits]	名 状態；地位 ▶発音が2種類 [stǽtəs] あるので注意！	condition position
drop [drɑ́p]	動（科目の履修を）途中でやめる ▶キャンパスでの頻出単語です。	quit get out of leave
senior [síːnjər]	名（高校・大学の）最上級生；先輩；年長者 ▶ junior「3年生」 sophomore「2年生」 freshman「1年生」	a fourth-year student
approval [əprúːvəl]	名 許可	permission sanction confirmation
miss [mís]	動 不在に気づく；なくてさびしい ▶恋愛がらみの場面だけで使うとは限りません。	
terrible [térəbl]	形 ひどい；不愉快な	extremely bad awful
submit [səbmít]	動 提出する；服従させる ▶最もよく使う turn in との言い換えが多い。	turn in hand in give in
semester [siméstər]	名（年2期制の）学期 ▶ trimester (3学期制) quarter (4学期制)	term
psychology [saikálədʒi]	名 心理学	
dean [díːn]	名 学部長 ▶キャンパスでの頻出単語です。	
assemble [əsémbl]	動 組み立てる ▶ assemble には、「集める」の意味もありますが、会話問題では、「組み立てる」が頻出。	construct build compose

GROUP A

Excuse me. I need a **copy** of Steven Hawking's *A Brief History of Time*, and I don't know where to look for it.	すいませんけど、スティーブン・ホーキングの「ホーキング宇宙を語る」を1冊欲しいのですが、どこで探せばよいのかわかりません。
Did you check its **status** on the library's computer?	図書館のコンピュータで、その状況を調べましたか。
Good morning. Is this where we should come to add or **drop** a course?	おはようございます。ここが、科目の追加や放棄をするところですか。
But I'm a **senior**. And if I drop a class without adding one, I won't have enough credits to graduate.	でも私は4年生。だから、1科目追加しないで、1クラス放棄したら、卒業に十分な単位が揃わないことになります。
So, what you have to do then is get the professor's **approval**.	だから、そういう場合にやるべきことは、教授から許可を得ることです。

GROUP B

Hi there, we **missed** you in psychology class yesterday?	やあ、こんにちは。昨日、心理学のクラスにいなかったね。
I had a **terrible** cold so I stayed home. Did you take notes?	ひどい風邪を引いてね、家にいたんだよ。ノート取った？
I had to **submit** a writing sample. I used one of the essays I'd written for a literature class.	私は文章のサンプルを提出しなければならなかった。それで文学のクラスで書いたエッセイのひとつを使いました。
Hey Ron, I haven't seen you since the beginning of the **semester**. How's it going?	やあロン、学期の最初以来会ってなかったね。どうしてんの。
I'm taking a **psychology** course with Professor Pinter.	今、ピンター教授の心理学の講座を取っています。

GROUP C

If I were you, I'd go over to the **dean**'s office and sign up.	もしボクが君なら、学部長のオフィスに行って申し込むけどね。
His factories provided enough light and air and open spaces, so the cars could be **assembled** in one huge plant.	彼の工場は十分な光と空気そして広い場所を備えていたので、自動車をひとつの巨大工場内で組み立てることができた。

hazard [hǽzərd]	名 危険 ▶素直な同意語問題で頻出。	danger peril jeopardy
describe [diskráib]	動 説明する；描写する ▶非常に頻出。explainと組み合わせればOK。	explain depict demonstrate
diagram [dáiəgræm]	名 図表；図形；グラフ ▶リスニングのアカデミックな問題で頻出。	chart figure
bet [bét]	動 賭ける ▶ I bet you that ~「きっと~だ」や、You bet!「もちろん；確かに」も覚えておきましょう。	gamble stake venture
comet [kámit]	名 彗星	
settle [sétl]	動 定住する ▶会話問題では、「解決する」の意味が頻出。	fix live occupy
starve [stá:rv]	動 飢える；お腹がすく；飢えさせる ▶ 200語以上、目を通して、そろそろ、I'm starving to death. ではないですか。	famish
archeologist [à:rkiálədʒist]	名 考古学者	
crop [kráp]	名 作物	farm product
infant [ínfənt]	名 幼児 ▶堅い言葉です。	baby child
instinct [ínstiŋkt]	名 本能	intuition
expose [ikspóuz]	動 さらす；触れさせる	disclose

Eating undercooked meat can be a **hazard** to your health.	加熱不足の肉を食べるのは健康にとって**危険**かもしれない。
She started by **describing** how humans move.	彼女はまず人間がどのように動くかを**説明した**。
I copied the **diagram** the professor drew on the board.	私は、教授が黒板に描いた**図**を写した。
I'm a fair-weather fan. It's ridiculous to **bet** on that team.	ボクは調子がいいチームを応援するんだ。あんなチームに**賭ける**のは馬鹿げてるよ。
I hear dinosaurs got hit by a **comet** or something.	恐竜は**彗星**か何かに衝突されたそうだよ。

GROUP A

Prehistoric people had to **settle** in villages and start farming when they could no longer survive just by hunting and gathering.	先史時代の人々は、ただ狩をし木の実を集めるだけでは生き延びられなくなったとき、村落に**定住**して農業を始めた。
When these prehistoric people had to move to less-productive areas, they settled there and started planting seeds to keep from **starving**.	このような先史時代の人々があまり収穫が豊富でない地域に移ってきたとき、彼らは、そこに住み着いて**飢え**をしのぐために種を植え始めた。
That was the thinking until a few years ago when **archeologists** found evidence that goes against that theory.	その理論を反証する証拠を2, 3年前に**考古学者**が発見するまでは、そういう意見だった。
Successful hunter-gatherers had already been living in villages long before they started cultivating **crops.**	**作物**を栽培するずっと以前から、成功した狩猟採集民はすでに村落で生活していた。

GROUP B

You should go over the material on how **infants** normally shift to become more interested in people than objects.	どのようにして通常、**幼児**が物から人へ興味の対象を移行していくのかについて、その資料を細かく調べるべきです。
Animals actually have **instincts** that lead them to play to explore and to learn about the environment.	動物には、実は、自らの環境を調べつくし、それについて学習するように導く**本能**がある。
It is play that lets animals and humans get **exposed** to different experiences.	様々な経験に動物や人間を**触れさせ**てくれるのは遊びである。

GROUP C

☐ **sharpen** [ʃáːrpən]	動 鋭敏にする	improve refine
☐ **peak** [píːk]	名 絶頂	summit top
☐ **pollution** [pəlúːʃən]	名 汚染；公害 ▶ Writing も含めて、すべてのセクションで頻出。	contamination
☐ **trash** [træʃ]	名 ゴミ ▶同意語が多く、このグループは最頻出。	garbage rubbish litter refuse
☐ **fly** [flái]	名 ハエ	
☐ **cattle** [kǽtl]	名 畜牛 ▶牛一頭を指すわけではなく、牛の総称で、通常は複数扱い。	cow ox bull
☐ **mission** [míʃən]	名 任務；布教	duty task
☐ **suspend** [səspénd]	動 一時中断する；資格停止にする ▶学生の場合は、「停学にする」もこれです。保険会社や消費者金融の「営業停止にする」もこの語を使います。	stop discontinue interrupt
☐ **marvelous** [máːrvələs]	形 驚くべき；すばらしい	wonderful prodigious
☐ **masterpiece** [mǽstərpìːs]	名 傑作	classic
☐ **billion** [bíljən]	名 10 億 ▶ billions of〜「何十億もの」の場合だけ、billions と s がつきます。	
☐ **prove** [prúːv]	動 〜であることが分かる ▶ちなみに、turn out が他動詞の意味「産み出す」なら、同意語は、produce。	turn out

GROUP A

Different experiences actually **sharpen** all kinds of skills.	様々な経験が、実際にあらゆる技術を鋭敏にする。
These songs are from the late 1920s when she was at the **peak** of her career.	これらの歌は、彼女が歌手として絶頂だった１９２０年代後期のものである。
One of the main causes of environmental **pollution** is the crisis of the commons.	環境汚染の主な原因のひとつは、共有地の危機である。
People who throw paper **trash** away in a park can walk away as if nothing happened because the park is not theirs.	公園で紙くずを投げ捨てる人は、公園は彼らのものではないから、あたかも何事もなかったかのように立ち去ります。
The **flies** swarmed around the spider's web.	ハエがクモの巣の周りに群がった。

GROUP B

He put up a corral of the new barbed wire and challenged **cattle** owners to put their wildest animals in it.	彼は新しい有刺鉄線の柵を建て、牛の所有者に向かって彼らのこの上なく荒々しい動物をそこに入れられるものなら入れてみろと言った。
It's my pleasure to come to you today to talk about the Galileo **mission** to the planet Jupiter.	木星へのガリレオ飛行計画について話すために今日あなた方のところへ来られてうれしいです。
We decided to **suspend** all the data transmission.	私たちは、すべてのデータ送信を一時中断することを決めた。

GROUP C

He has such a **marvelous** memory for dates that he remembers the birthdays of all his relatives.	彼は日付に関して驚くべき記憶力を持っているから、親戚全員の誕生日を覚えている。
Stilwell's invention is a **masterpiece** of practical engineering.	スティルウエルの発明品は、応用工学の傑作である。
Grocery stores buy over a **billion** of those articles every year.	食料品店は、毎年、その品物を１０億個以上購入する。
Stilwell's little invention has certainly **proved** useful.	スティルウェルのささやかな発明品は、確かに役に立つことが分かった。

☐ **pour** [pɔ́:r]	動 (水や煙が多量に)流れ出る；注ぐ；激しく降る ▶ It poured.「どしゃ降りだった」は出ましたよ。	discharge run spill
☐ **amphibian** [æmfíbiən]	名 両生類	
☐ **moth** [mɔ́:θ]	名 蛾	
☐ **cocoon** [kəkú:n]	名 繭(まゆ)	
☐ **roach** [róutʃ]	名 ゴキブリ ▶ ゴキブリが嫌いでも、覚えてください。	
☐ **tadpole** [tǽdpòul]	名 おたまじゃくし	
☐ **physical** [fízikəl]	形 物理的な；自然の ▶ もちろん「身体の；肉体の」の語意も忘れないで。	substantial material
☐ **equator** [ikwéitər]	名 赤道 ▶ 気候に関する問題では、tropical(熱帯の)と一緒に頻出。	
☐ **indicate** [índikèit]	動 指し示す；表示する	point show
☐ **intelligence** [intélədʒəns]	名 知能 ▶「情報」という意味も覚えておきましょう。CIA(Central Intelligence Agency)「(米国の)中央情報局」	brain intellect
☐ **accomplish** [əkámpliʃ]	動 達成する ▶ 同意語が多く、このグループは最頻出。	attain achieve carry out
☐ **adapt** [ədǽpt]	動 適応する；適合する ▶ adopt「採用する」と混同しなければ、あとは簡単。	conform adjust accommodate

Smoke beginning to **pour** from a volcano probably means that it will erupt some time soon.	火山から煙が**多量に出**はじめるということは、間もなく、それは噴火するということだ。
Amphibians evolved around 350 million years ago, which means that they came long before the dinosaurs.	**両生類**は3億5千万年前頃に進化した。それはつまり、両生類が恐竜よりもはるか以前に出現したということだ。
Butterflies and **moths** provide the best example of what biologists call complete metamorphosis.	蝶や**蛾**は、生物学者が完全変態と呼ぶものの最良の事例を提供してくれる。
When the pupa finally matures into an adult butterfly, it pushes its way out of its **cocoon** and crawls onto a twig or tree limb and pumps blood into its shrunken wings until they are full size and strong.	さなぎがついに成蝶になると、**繭**を脱ぎ捨てて小枝や大枝に這い出し、十分に大きく頑丈になるまで、縮んだ羽根に血液を送り込み、ついに完全な大きさになり丈夫になる。
Some insects like grasshoppers and **roaches** have only 3 stages — egg, larva and adults.	バッタや**ゴキブリ**などの昆虫の中には、卵、幼虫、成虫の3段階しかないものもある。
A **tadpole** looks more like a little fish because it has a tail and no legs.	**おたまじゃくし**は、尻尾はあるが足はないので、より小さな魚に似ている。
There are a lot of **physical** forces that can affect the speed of the earth's rotation.	地球の自転の速度に影響を与える可能性のある多くの**物理的な**力が存在する。
Water that used to be in areas near the **equator** is now in reservoirs in areas of different latitudes.	かつては**赤道**付近の地域にあった水が今や異なった緯度の地域に貯留している。
Recent research **indicates** that the commonly used models of intelligence are too narrow.	最近の研究が**示す**ところでは、通常使われる知能モデルは網羅する範囲が狭すぎるということだ。
His theory includes some aspects of intelligence that haven't been considered in traditional **intelligence** testing.	彼の理論には、従来の**知能**テストで考慮されなかった知能のいくつかの側面が含まれている。
Intelligent people tend to use the environment to **accomplish** their goals.	知能の優れた人々は、目標を**達成する**ために、周りの環境を利用する傾向がある。
Using environment is done in three ways: by **adapting** to the environment, by changing the environment or by selecting out of the environment.	環境の利用は3つの方法でなされる。つまり、環境に**適応する**こと、環境を変えること、あるいは、環境を選ぶことである。

単語	意味	類義
☐ **ear-plug** [íərplÀg]	名 耳栓 ▶動詞の plug は「ふさぐ；詰める；差し込む」	
☐ **solution** [səlúːʃən]	名 解決法；解答 ▶「溶液；溶解」の意味も踏まえたいですね。	remedy answer formula
☐ **interpersonal** [ìntəːrpəˊːrsənl]	形 個人間の	person to person
☐ **nature** [néitʃər]	名 性質 ▶「自然」という意味の場合は、無冠詞。	characteristic property tendency
☐ **observe** [əbzə́ːrv]	動 観測する；観察する	watch
☐ **post** [póust]	動 掲示する ▶キャンパスでの頻出単語です。	advertise notify
☐ **spare** [spéər]	形 余暇の；予備の ▶動詞は「無しで済ませる；とっておく；節約する」	reserve extra surplus
☐ **statistics** [stətístiks]	名 統計学 ▶ Statistics suggest ～のように、複数扱いの場合は、「統計資料」の意。	
☐ **tuition** [tjuːíʃən]	名 授業料 ▶学校のカタログには Tuition & Fees となっていることが多い。	fee
☐ **reserve** [rizə́ːrv]	名 保留；制限 ▶ on reserve の表現で、図書館関係の会話で頻出。	stock restriction
☐ **award** [əwɔ́ːrd]	名 賞；表彰	prize
☐ **congratulations** [kəngrætʃuléiʃənz]	間 おめでとう ▶ s を抜かさないように！	

You could try wearing **ear-plugs** while you study; that would be adaptation.	勉強する時に、試しに**耳栓**をしてみることも可能である。それが適応であろう。	**GROUP A**
Whichever **solution** you choose, you are showing intelligent behavior because you're aware of the effect the environment has on your ability to study.	どの**解決法**を選択しようが、あなたは環境があなたの学習能力に与える影響を認識しているから、あなたは知能を示しているわけだ。	
That brings us to a different part of Sternberg's model, **interpersonal** intelligence.	それがスタンバーグ・モデルの別の部分、つまり**対人**知能を私たちにもたらしてくれる。	
The work of two early researchers was very important in determining the **nature** of the surface of the moon.	初期の二人の研究者の業績は、月の表面の**性質**を決定する上で非常に重要であった。	
There were no spacecraft back then, so telescopes were the best way to **observe** the moon.	その頃は宇宙船などなかったので、望遠鏡が月を**観測する**最良の方法だった。	**GROUP B**
I **posted** enlargements of some of his drawings on the board.	私は、彼の描画の何枚かの拡大版をボードに**張りました**。	
He worked alone in his **spare** time, and eventually wrote an influential book called *The Face of the Moon*.	彼は**余暇**の時間に単独で作業を進め、ついに影響力の強い「月面」という本を書き上げた。	
It turns out I need to take a **statistics** course as a requirement for this master's program.	判明しているのは、この修士課程の必修科目として、**統計学**のコースを取る必要があるということだ。	
It will cost me another 1200 dollars **tuition**.	それで、さらに1200ドルの**授業料**がかかることになるだろう。	
Is this where I get the books Professor Brown put on **reserve**?	ここで、ブラウン教授が**持ち出し禁止**にした本が手に入るんですか。	**GROUP C**
After I read it, I couldn't understand why the writer won so many **awards**.	それを読んだあと、なぜ作者がそれほど多くの**賞**を獲得したのか理解できなかった。	
Say, Bob, **congratulations**! I was really excited to hear about your new part-time job.	ねえボブ、**おめでとう**。君の新しいバイトの事を聞いて本当にわくわくしたよ。	

CD 1-23

単語	意味	類義語
ground [gráund]	名 領域；分野；話題	area field
grade [gréid]	名 成績 ▶ Grade Point Average は略して GPA。	record score
transfer [trænsfə́:r]	動 編入する	change (one's school)
dorm [dɔ́:rm]	名 学生寮 ▶ dormitory は意外にスペリングの間違いが多いです。	dormitory house
optional [ápʃənl]	形 選択の；任意の ▶ 試験範囲などで、optional と言われたら、「その範囲は出ません」ということ。	voluntary arbitrary
notice [nóutis]	動 気がつく ▶ 動詞も名詞もある単語。一度じっくり辞書に目を通してみよう。	observe know see note
pain [péin]	名 不愉快なもの ▶ この意味では、headache も似ています。	nuisance annoyance
botany [bátəni]	名 植物学	
emergency [imə́:rdʒənsi]	名 緊急事態	urgency
graduate [grǽdʒuət]	動 卒業する ▶ from をつけ忘れないように。	finish leave
nominate [námənèit]	動 指名する	appoint name designate
assignment [əsáinmənt]	名 課題 ▶ スペリング注意！	homework

My interview for the management position really covered a lot of **ground**.	管理職になるために私が受ける面接は、本当にたくさんの分野を網羅していた。
My **Grade** Point Average now is a little over 3.0.	私の現在の評定平均値は、3.0の少し上です。
He **transferred** to Cedar College last semester.	彼は、前の学期にシーダーカレッジに編入した。
You have to tell them the name and phone number of the manager of the **dorm** where you live now?	君は、今住んでいる寮の管理者の名前と電話番号を先方に告げなければならない。
I asked in the housing office and they told me it's **optional**.	住宅斡旋所で聞いたら、それは自由に決めていいと言われた。
At least the professor didn't seem to **notice**.	少なくとも、教授は気がついていないようだった。
That new copy machine in the student lounge is a real **pain**.	学生ラウンジのあのコピー機は、ほんとうに困ったものだ。
My **botany** lab is meeting in the greenhouse.	植物学の実験は、ビニールハウスであります。
Have you considered asking the dean's office for an **emergency** loan?	学部長室に緊急貸し出しを頼むことを考えたことがありますか。
She **graduated** from high school last year.	彼女は昨年高校を卒業した。
We're organizing a special program for United Nations Day. Someone **nominated** you to be one of the speakers.	国連の日のための特別プログラムを編成しようとしているんだけど、誰かが君を演説者のひとりに指名したよ。
Thanks, Professor Carr. Otherwise I'll never get this **assignment** done on time.	カー教授、ありがとうございます。先生の助けがなければ、この課題は時間通りに終わらないでしょう。

skip [skíp]	動 (授業などを) 休む；サボる ▶会話問題で頻出。	cut out jump
switch [swítʃ]	動 入れ替える	exchange trade barter
right [ráit]	副 ちょうど；すぐ ▶日本語の「まっ (真)」に当たる強意語です。	exactly
recommendation [rèkəmendéiʃən]	名 推薦 ▶推薦状は、letter of reference とも言います。	nomination
application [æpləkéiʃən]	名 願書	written request
donation [dounéiʃən]	名 寄付 ▶これに絡めて、chip in「出し合う；寄付する」も暗記！	contribution endowment
sound [sáund]	動 〜に思われる；〜に聞こえる	seem
lottery [látəri]	名 宝くじ	
procedure [prəsí:dʒər]	名 手続き；手順	process order
silly [síli]	形 ばかな；愚かな ▶stupid はもう少し強烈ですが、これも近いです。	foolish stupid
mess [més]	動 台無しにする；めちゃめちゃにする ▶His room was a total mess.「彼の部屋はまったくめちゃめちゃだった」のように名詞でも使います。	spoil ruin
fill [fíl]	動 一杯になる；満杯にする ▶gas station で Fill up. と言えば、「満タンにしてくれ」です。	saturate brim

GROUP A

Actually, I'm not feeling well. Do you think it'll be ok if I **skip** class this afternoon?	実は具合がよくないんです。午後のクラスを**休ん**でもいいですか。
My lab instructor said we could **switch** lab session to whenever is most convenient.	実験の講師が、一番都合のいいときに実習を**移せる**と言いました。
The registration office is **right** down the hall.	履修登録室は、ホールの**すぐ**近くです。
I don't know if I'll make the deadline. One of my professors is away and probably won't send in her letter of **recommendation** for two weeks.	締め切りに間に合うかどうか分かりません。教授の一人が出張していて、おそらく2週間は**推薦**状を送ってこないでしょう。
Please ensure that your students send in the **application** form before the deadline.	学生たちが**願書**を締め切り前にきちんと送るように取り計らってください。
They get a lot of **donations** from affluent alumni.	裕福な卒業生から多額の**寄付**を受けているのです。

GROUP B

That **sounds** good. = That **sounds** like a good idea.	いい考え**みたい**だね。
I think they use State **Lottery** money to give free tuition.	学校側は州の**宝くじ**の売上金を、授業料免除のために使うのだと思うよ。

GROUP C

People in the community went through the **procedure** for prosecution of the arsonist.	地域の人々は、その放火魔を告発する**手続き**を取った。
Don't be **silly**. You'll manage somehow.	**ばかげた**ことを言うんじゃない。なんとかなるよ。
Oops! I must have forgotten to add it in. No wonder my figures were **messed** up!	おっとっと、それを加えるのをきっと忘れたんだ。計算が**めちゃめちゃな**のも当然だ。
I've got a big problem with the poetry course that's required for my major. Is it all **filled** up?	私の専攻で必修の詩のコースに関して大きな問題をかかえているのだ。もう完全に**満員になってしまった**のかな？

☐ **credit** [krédit]	名 単位 ▶多義語ですが、この意味以外だと、「功績；手柄；信用」が頻出。	unit point
☐ **figure** [fígjər]	動 解き明かす；解る ▶ "How come you're so smart? How did you figure that out?"「何でそんなに頭いいの。どうやって解ったの。」のように使う。	make out calculate gather
☐ **sticker** [stíkər]	名 ステッカー；のり付きラベル	
☐ **load** [lóud]	動 荷物を載せる；荷物を詰め込む ▶キャンパスの駐車場の、loading zone「荷物上げ下ろし専用の区域」も頻出。	freight pack lade
☐ **sophomore** [sáfəmɔ̀ːr]	名 (大学・高校の) 2年生 ▶4学年の中で一番目立たない馴染みのない単語。	a second- year student
☐ **heart** [háːrt]	名 熱意；気持ち；勇気；元気 ▶この例文の have one's heart set on ～は、会話問題で頻出。	zeal
☐ **pastime** [pǽstàim]	名 娯楽 ▶ひと頃は、米国の national pastime は watching TV だと言われていました。	amusement entertainment
☐ **reptile** [réptil]	名 爬虫類	
☐ **cling** [klíŋ]	動 固執する；執着する ▶素直な同意語問題で頻出。	stick adhere
☐ **opposite** [ápəzit]	形 反対の；逆の	contrary reverse inverse
☐ **routine** [ruːtíːn]	形 型どおりの；いつもの	usual regular
☐ **moderate** [mádərət]	形 穏やかな ▶同意語が多く、このグループは最頻出。	mild gentle temperate

Their courses are actually cheaper, and you can transfer the **credits** over here!	あそこのコースは、実際、授業料が安いし、単位をこっちへ移せるからね。
Now, all we have to do is to **figure** out why he declined the offer.	今やらなくてはいけないのは、なぜ彼が申し出を辞退したかを解き明かすことだけです。
What color **sticker** do you have?	どんな色のステッカーがありますか。
Your car is right in front of a **loading** dock. That's where they unload the kitchen supplies.	君の車は荷積センターの真ん前に止まっています。あそこは厨房備品の荷降ろしをするところです。
Let's see, I'm a **sophomore**, I live off campus and I'm majoring in business.	ええと、私は２年生で、学外に住んでいて、専攻は経営学です。
I know how lucky I am to have this job, but to tell you the truth, I had my **heart** set on going out West this summer.	この仕事に就けてどんなに自分がラッキーなのか分かるけど、実は、今年の夏、西部へとても行きたいと思っていたんだ。
In the first half of the nineteenth century, many Americans were prosperous, and shopping and accumulating things were major **pastimes**.	19世紀の前半において、多くのアメリカ人は裕福で、買物や物を貯めこむことが主な娯楽だった。
Birds are sometimes referred to as glorified **reptiles**.	鳥は時に栄光の爬虫類と呼ばれる。
The water vapor in the atmosphere is able to change to liquid by **clinging** to dust particles suspended in the air.	大気中の水蒸気は、空気中に浮遊している塵埃粒子に付着することによって液体に変化することができる。
I often hear my friends say that the days pass much more quickly than they used to, but geologically speaking just the **opposite** is true.	昔よりも時の過ぎるのが速いと友人が言うのをよく耳にするが、地質学的に言うと、まさにその逆が正しいのだ。
The **routine** cleaning of the oil paintings, intended to help preserve them, actually hastens their deterioration.	油絵の日常的な掃除は、保存状態を良くするためのものだが、実は、それらの劣化を早めてしまう。
The climate there is one of even, **moderate** temperatures and relatively heavy rainfall.	そこの気候は、安定していて、穏やかな気温で、比較的雨が多い。

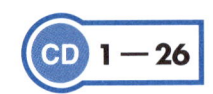

vegetation [vèdʒətéiʃəm]	名 草木 ▶「野菜」ではなく、堅い言葉です。スペリングも注意！	plant
inhabitant [inhǽbətənt]	名 住民；定住者 ▶動詞は他動詞で使う inhabit を知っておこう。	resident citizen
dense [déns]	形 濃い；密度の高い	thick crowded
estimate [éstəmèit]	動 推定する；見積もる；評価する ▶同意語が多く、このグループは最頻出。	suppose calculate evaluate
rule [rúːl]	名 通例；常のこと ▶この意味では、the がついている。	custom
transportation [trænspərtéiʃən]	名 輸送；輸送機関；乗物 ▶不可算なので注意！	transit traffic
era [íərə]	名 時代	period
predator [prédətər]	名 捕食動物；猛禽類 ▶日常生活ではあまり使わない単語ですが、TOEFL では頻出。	carnivore
pretend [priténd]	動 振りをする ▶ pose との組み合わせが要注意！	assume pose feign counterfeit
subtle [sʌ́tl]	形 かすかな；微妙な ▶ b の部分を発音しないので注意。	faint delicate
predominantly [pridámənəntli]	副 主に	mostly mainly
engage [ingéidʒ]	動 従事させる	occupy follow pursue

This combination of mild temperatures and abundant rainfall produces dense forest **vegetation** of conifers.	このような穏やかな気温と豊富な降雨量の組み合わせが、密集した針葉樹の森林<u>植生</u>を生み出している。
To its Native American **inhabitants** of the 1400's, the long, slender coastal region presented both a favorable and a forbidding environment.	１４００年代のそこのアメリカ先住民族の<u>住民</u>にとって、細長い海岸地域は、好都合であると同時に人を寄せ付けない環境を呈していた。
The vegetation of much of the area was so **dense** that land travel was extremely difficult.	その地域の大部分の植物は非常に<u>密集していた</u>ので、陸上の行き来は非常に困難だった。
It is **estimated** that the Northwest Coast of the 1400's had a population of about 130,000.	１４００年代の北西海岸部には、約１３万人の人々がいたと<u>推定される</u>。
Space-saving, multiple-family housing units are often the **rule** in Canada.	場所を取らない、複数世帯住宅が、しばしば、カナダでは<u>通例</u>である。
The Canadian city is better served by and more dependent on mass **transportation** than is the United States city.	カナダの都市は、合衆国の都市よりも、大量<u>輸送機関</u>が整っており、それに対する依存度が高い。
Novelist F. Scott Fitzgerald called the **era** "The Jazz Age"---which reflected the inroads of African American musical influence on the nation at large.	小説家のＦ．スコット・フィッツジェラルドはその<u>時代</u>を「ジャズエイジ」と呼んだが、それは、アフリカ系アメリカ人音楽の流入の一般国民に対する影響を反映していた。
Many **predators** kill only when their prey is moving.	多くの<u>捕食動物</u>は、獲物が動いている時だけ殺す。
An animal that **pretends** to be dead may succeed in causing a predator to lose interest and move along in search of more lively prey.	死んだ<u>振りをする</u>動物は、捕食動物に興味を失わせもっと快活な獲物探しに移らせることに成功しているようだ。
Newborn snakes are capable of making very **subtle** assessments of the degree of threat posed by a particular predator.	生まれたばかりのヘビは、ある特定の捕食動物からの威嚇の程度に対し非常に<u>鋭敏</u>な判定を下すことができる。
In 1860 the United States was **predominantly** rural.	１８６０年の合衆国は、<u>主に</u>農村だった。
Most people were **engaged** in agriculture in those days.	当時、ほとんどの人々は農業に<u>従事していた</u>。

☐ **boast** [bóust]	動 自慢する		brag pride
☐ **shift** [ʃíft]	名 変化；変遷；移動 ▶「変化；変化する」の意味を持つ単語は、頻度が高いので、非常に狙われます。		change transformation
☐ **urgent** [ə́ːrdʒənt]	形 緊急の；切迫した ▶通常は emergent とはあまり言わない。		pressing imperative
☐ **effect** [ifékt]	名 影響 ▶動詞 affect「影響する」と混同するようでは、まだまだ。		influence impact repercussion
☐ **structure** [strʌ́ktʃər]	名 建造物		building construction
☐ **burial** [bériəl]	名 埋葬 ▶発音注意！		interment
☐ **concern** [kənsə́ːrn]	動 関係させる；〜の関心事である		relate connect
☐ **promote** [prəmóut]	動 促進する；増進する ▶あとは「昇進させる」の意味を知っていれば OK。		encourage foster increase improve
☐ **chart** [tʃɑ́ːrt]	名 図表；図形；グラフ；海図		diagram
☐ **prophetic** [prəfétik]	形 予言的な ▶ prophecy [-si]「予言」と prophesy [-sai]「予言する」の発音の違いに注意！		predictive
☐ **loosen** [lúːsn]	動 ゆるめる；解き放つ		ease relax
☐ **trap** [trǽp]	動 閉じ込める		shut confine

GROUP A

In 1860 only eight cities could **boast** about a population of more than 100,000.	1860年において、10万人以上の人口を**誇る**ことができたのは8都市だけだった。
The changing physical landscape reflected the **shift** to an urbanized society.	変化する物理的風景は、都市化した社会への**変容**を反映していた。
It is extremely **urgent** that they be rescued from the mountain before dark.	日没前に彼らを山から救助することが非常に**急を要する**ことです。
In some regions the urban impact had a depressing **effect** upon the surrounding rural communities.	地域によっては、都会の衝撃が周辺の農村社会に重苦しい**影響**を与えた。

GROUP B

First is the kiva–a generally circular, underground **structure** used for gatherings of kin groups.	最初のものはキバ、つまり通常円形で地下にある**建造物**で、同族集団の集会のために使われたものである。
The Anasazi in all areas followed a characteristic pattern of **burials**.	あらゆる地域のアナサジ族は特徴的な**埋葬**形式に従った。
The practical truth of the matter is that most coaches are primarily **concerned** with pure strength.	その問題の実情は、ほとんどのコーチがその強靭さだけに主に**関心を持っている**ことだ。
The postwar economy in that country created an environment that **promoted** investment.	その国の戦後経済は、投資を**促進する**環境を作り出した。

GROUP C

The structure of a formal organization is sufficiently clear so that it can be put on paper in the form of an organizational **chart**.	公的組織の構造は、組織**図**の形式で紙に示すことができるように十分に明らかである。
Edison also made a **prophetic** statement about its future.	エディソンは、また、その未来について**予言的な**言葉を残した。
Capuchin monkeys **loosened** the nutmeat by inserting sticks into small shell cracks.	オマキザルは、殻の小さな割れ目に棒を差し込むことによって、実の核を**ほぐした**。
On cool, sunny days, the shelters act as miniature greenhouses, **trapping** air that is moister and warmer than the outside atmosphere.	涼しい、日当たりのよい日には、住処が小型温室の役割を果たし、外気よりも湿っていて暖かい空気を**閉じ込める**。

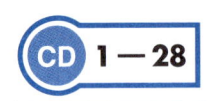

単語	意味	類義語
poisonous [pɔ́izənəs]	形 有毒な ▶素直な同意語問題で頻出。	venomous toxic
fund [fʌ́nd]	名 基金；資金	capital
tropical [trɑ́pikəl]	形 熱帯の	
ample [ǽmpl]	形 有り余るほどの；広大な ▶ enough にも近いです。また場所に関して spacious の意味でも使えます。	superabundant vast sufficient
nutrient [njúːtriənt]	名 栄養素；栄養分	nourishment
universally [jùːnəvə́ːrsəli]	副 普遍的に；例外なく；至る所で	throughout all over the place
taste [téist]	名 審美眼；センス ▶多義語なので、慎重に前後の文脈から意味を決めましょう。	appreciation
temperature [témpərətʃər]	名 気温；熱	heat fever
represent [rèprizént]	動 表す；代表する	stand for express
gear [gíər]	名 歯車；ギア ▶「道具・用具」の意味でもよく使われる。	cog
vehicle [víːəkl]	名 乗物；媒体；伝達手段 ▶ h の部分は無音です。発音に注意！	car ride
contribution [kɑ̀ntrəbjúːʃən]	名 寄付(金)；貢献 ▶ subscription にも「義援金」などの近い意味あり。	donation endowment

GROUP A

Leaf shelters enable some caterpillars to feed on plants that would normally be **poisonous** to them.	葉でできた巣のおかげで、通常はイモムシにとって**有毒である**植物がエサとして食べられるようになる。
This program provided government **funds** to employ artists to participate in art projects all Americans could enjoy.	このプログラムは、すべてのアメリカ人が楽しめるような芸術事業に参加する芸術家を雇うための政府**基金**を提供した。
Mangrove forests grow along many of the world's **tropical** coastlines.	マングローブの森は、世界の**熱帯**沿岸の多くに沿って棲息している。
Mangrove forests provide dense cover and **ample** food in a narrow area that bounds marine and terrestrial habitats	マングローブの森は、海の棲息地と陸の棲息地が接する狭い地域に密集した隠れ場と**豊富な**食物を供給する。
Leaf litter that is swept from mangrove forests by tides or storms introduces additional sources of **nutrients** into sea-grass beds and reef areas.	潮流や嵐によって押し流された落ち葉は、藻場や岩礁域に付加的な**栄養**資源をもたらす。

GROUP B

Universally, painters advertised two selling points: cheap rates and a good likeness.	**例外なく**、画家たちは２つのセールスポイント、つまり、安い料金とよく似ていることを宣伝した。
For provincials anxious to mark their social level, declare their **taste**, display their recent material gains, and record their success for posterity, painting meant portrait painting.	自分の社会的地位を印象付け、**センス**を主張し、近頃の物質的成功を披露し、後世のためにその成功を記録することを熱望する田舎ものにとって、絵とは肖像画だった。
When **temperatures** dropped, this space could be filled with dry grass, and snow could be piled around the outside.	**気温**が下がると、この隙間に乾燥した草が詰められたり、外側には雪を積み上げることもできた。
All the symbols he used **represented** Cherokee syllables and had a distinctly Cherokee form.	彼が使ったすべての記号は、チェロキーの音節を**表しており**、はっきりとチェロキー形式を保持していた。
Clocks with wooden **gears** cost less than half the price of clocks with brass gears.	木製**歯車**の時計は、真ちゅう製の歯車を使った時計の半値以下だった。

GROUP C

The orchestra has become the most important **vehicle** for the transmission of musical thought.	オーケストラは、音楽思想の伝達の最重要**伝達手段**となった。
These private **contributions** rarely keep an orchestra out of debt, and some public funds are used in the United States to support orchestras.	これらの民間**寄付金**により、オーケストラが負債から免れていることはめったにないから、合衆国では、オーケストラを金銭的に支えるために、公的資金も使われている。

cave [kéiv]	名 洞窟	cavern
molecule [máləkjùːl]	名 分子；微分子；微量	particle
mammal [mǽməl]	名 哺乳類	
overall [òuvərɔ́ːl]	形 全体の；全般的な	entire synthetic general
prior [práiər]	形 (時間・順序が)前の；優先の	previous past
domestic [dəméstik]	形 国内の；家庭内の	internal national home
severe [səvíər]	形 厳しい；過酷な ▶ strict「(決まりなどに)厳格な」とは、意味が違います。	harsh hard
magnitude [mǽgnətjúːd]	名 大きさ；規模；重要性 ▶「重要性」の意がややひねりか。	extent
solar [sóulər]	形 太陽の	relating to the sun
beneficial [bènəfíʃəl]	形 有益な；ためになる	profitable useful
legend [lédʒənd]	名 伝説 ▶ Legend has it that ~「伝説によれば~だそうだ」も覚えておきましょう。	tradition fable
galaxy [gǽləksi]	名 銀河 ▶ spiral galaxy (渦巻銀河)、elliptical galaxy (楕円銀河)、irregular galaxy (不規則銀河)、barred spiral galaxy (棒状渦巻銀河)。	Milky Way nebula

The formation of a limestone **cave** is not particularly complicated, but it may take millions of years to first produce the basic cavity.	石灰岩の洞窟の形成は特に複雑ではないが最初に基礎となる空洞ができるのに何百万年もかかるようだ。
Recognition occurs when a scent **molecule** fits into its corresponding receptor site, like a key into a lock.	匂いの分子が、鍵が鍵穴に合うように、対応する感受器官にピッタリ合えば、そこで認知が発生する。
Bald eagles feed primarily on fish, birds, and **mammals**.	ハクトウワシは主に、魚類、鳥類、哺乳類を餌とする。
Using information from 20 studies of nesting eagles in North America, an **overall** average diet can be calculated.	北米に巣を作るワシに関する２０の研究からの情報を使って、全体の平均的食餌を推定することが可能である。
Although fish may be preferred, **prior** experience can greatly influence a bird's choice.	魚が好まれるであろうが、以前の経験が鳥の好みに大いに影響していることもある。
As the **domestic** market expanded, manufacturing enterprises became increasingly specialized.	国内の市場が拡大するにつれて、製造企業はますます特化して行った。
Since the concrete and asphalt are impermeable, the runoff of water following a rain is rapid, resulting in a **severe** reduction in the evaporation rate.	コンクリートやアスファルトは浸透性がないので、雨が降ったあとの雨水は流れが速く、結果として、蒸散率の厳しい低下を招く。
Many studies have shown that the **magnitude** of human-made energy in metropolitan areas is equal to a significant percentage of the energy received from the Sun at the surface.	多くの研究が示すところでは、大都市における人為的エネルギーの規模は、地表が太陽から受け取っているエネルギーのかなりの割合に匹敵する。
During the winter the quantity of heat produced from combustion alone was two and one-half times greater than the amount of **solar** energy reaching the ground.	冬の間は、燃焼だけから生み出される熱の量は地面に到達する太陽エネルギーの２.５倍であった。
During the winter the nighttime warmth of urban areas, produced in large part by heavy energy consumption, is **beneficial** because less energy is needed to heat buildings.	冬の間は、都市部の夜の暖かさは大部分が多量のエネルギー消費によって生み出されるのだが、建物を暖めるのにあまりエネルギーを必要としないので有益である。
The **legends** of many ancient cultures hold that divine beings created the heavens and controlled such cosmic events as eclipses.	多くの古代文明の伝説では、神々が天を創造し、日食などの宇宙現象を支配したと信じられている。
They assume that alien beings elsewhere in the **galaxy** will probably try to contact earthlings, using flashes of light to carry their messages.	彼らは、銀河系のどこか他の場所にいる異星人が、おそらく、メッセージを送るために光の点滅を使って、地球人に連絡を取ろうとするであろうと仮定している。

fashion [fǽʃən]	名 様式；流行 ▶動詞の「形づくる；創り出す」も出ました。	mode
generalization [dʒènərəlizéiʃən]	名 一般化；一般概念	synthesis
multiplication [mʌ̀ltəplikéiʃən]	名 掛け算 ▶「(動植物の)繁殖」の意味も無視できません。	
enthusiastic [inθù:ziǽstik]	形 熱狂的な；熱心な ▶同意語が多く、このグループは最頻出。	frantic eager earnest zealous
spacecraft [spéiskræ̀ft]	名 宇宙船 ▶ということは、craft = ship = boat = vessel ですね。	spaceship
misleading [mìslí:diŋ]	形 誤解を招きやすい	delusive
rotation [routéiʃən]	名 交代；輪番；輪作	change alternation shift
strategy [strǽtədʒi]	名 戦略；戦術	tactics game plan
stable [stéibl]	形 安定した ▶素直な同意語問題で頻出。	steady firm
serve [sə́:rv]	動 〜の役を務める；〜として役立つ ▶文脈から意味をあぶり出すタイプの同意語問題で頻出。	take charge of work act
encounter [inkáuntər]	名 遭遇；出会い	meeting
collision [kəlíʒən]	名 衝突 ▶この単語のように、動詞形が -de で終わると、-sion 型の名詞になることが多い。	crash smash hit impact

Some people believe that mathematics is a difficult, dull subject that is to be pursued only in a clear-cut, logical **fashion**.	数学は、ハッキリした、論理的な**やり方**でしか探求できない、難解で退屈な科目だと信じている人たちがいる。
It is often much later that the **generalization** is proved and finds its way into an actual textbook.	**概括**が証明され実際のテキストにたどり着くのは、しばしばはるかに後になってのことである。
Children may find it easier to learn their **multiplication** tables by exploring the patterns that the numbers display.	子供は、数字が示すパターンを検討することによって**九九**表を覚える方がより簡単だと思うかもしれない。
This tireless and **enthusiastic** proponent of what is now called "alternate technology" began using the paradigm in speeches at least as early as 1964.	今や「代替技術」と呼ばれる物に関するこの疲れを知らない**熱狂的な**推進者は、早くも1964年には少なくとも演説の中でその理論的枠組みを使い始めた。
Crew members of a **spacecraft** do not recycle because it is politically correct to do so; they recycle because if they do not they will die.	**宇宙船**の乗組員は、そうするのが政治的に正しいから物資の再利用をするのではなく、そうしなければ死んでしまうから再利用するのだ。
Both of these assumptions are correct for machines but dangerously **misleading** for the planet.	これらの仮定は両方とも機械としては正しいが、惑星としては危険なまでに**誤解を招きやすい**。
Crop **rotation** has been used to control pests by changing their food supply on a regular basis.	定期的に食糧源を変えることによって害虫を駆除するために**輪作**が使われている。
IPM is a management **strategy** rather than an attempt to eliminate problem-causing plants and animals.	IPMは、問題の原因となる動植物を除去する試みというよりも、むしろ管理**戦略**である。
Yields per hectare may drop, but costs also fall so that profits usually remain relatively **stable**.	1ヘクタール当たりの収穫高は下がるだろうが、経費も下がるから、収益は通常相対的に見て依然として**安定している**。
Established in 1790, the United States census is the oldest continuous periodic census done by a nation and has **served** as a model for the institution elsewhere.	1790年に設けられ、合衆国の国勢調査は、国によって実施される最古の継続的な定期一斉調査であり、他の国のそのような機関のモデルとしての**役割を果たしている**。
Several hundred to one thousand or more asteroids wider than one-third of a mile are capable of crossing Earth's orbit for a close **encounter**.	数百から千かそれ以上の、3分の1マイル以上の直径を持つ小惑星は、地球の軌道を横切って接近**遭遇**する可能性がある。
If an asteroid were found to be on a **collision** course with Earth, astronomers could provide timely warnings.	ある小惑星が地球との**衝突**経路にあることがわかれば、天文学者は時を得た警告を発することができるだろう。

GROUP A

GROUP B

GROUP C

見出し語	意味	同意語
☐ **convert** [kənvə́ːrt]	動 変換する ▶同意語が多く、このグループは最頻出。	change transform alter
☐ **abundant** [əbʌ́ndənt]	形 豊富な；ありあまる ▶意味は当然覚えるべきだが、スペリングも注意。形容詞語尾の -ant は unt ではなく ant だと、言いきかせておくと意外と役に立つ。後ろが a だ。	plentiful rich affluent
☐ **supplement** [sʌ́pləmènt]	動 補足する	complement
☐ **vital** [váitl]	形 きわめて重要な；不可欠の ▶「致命的な；命に関わる」の意味なら、fatal や mortal が同意語です。	important
☐ **component** [kəmpóunənt]	名 構成要素；部品 ▶同意語が多く、このグループは最頻出。	part element constituent ingredient
☐ **resemble** [rizémbl]	動 似ている	take after
☐ **motif** [moutíːf]	名 主題；テーマ	theme subject thesis
☐ **sophisticated** [səfístəkèitid]	形 精巧な；非常に複雑な ▶ TOEFL でこの意味の方が「洗練された」よりも出ます。	elaborate complicated
☐ **apparently** [əpǽrəntli]	副 見たところ	seemingly
☐ **provided** [prəváidid]	接 もしも ▶知らなかった人は、ここで出てきてラッキー！	if
☐ **flock** [flɑ́k]	名 群れ	herd group school
☐ **capital** [kǽpətl]	名 資本；資金 ▶「首都」の意味もあるよ！	asset resource fund

Carbon dioxide helps crops **convert** this solar energy into food energy.	二酸化炭素は、作物がこのような太陽エネルギーを食物エネルギーに変換するのを助ける。
Paleontologists are able to recognize geologic time periods based on groups of organisms that were especially **abundant** and characteristic during a particular time.	古生物学者は、特定の時代の特に豊富で特徴的である生物集団に基づいて地質学的時期を識別することができる。
Absolute dating methods such as radiocarbon dating, which was discovered in the late 1940's, did not replace these techniques, but only **supplemented** them.	例えば1940年代後期に発見された放射性炭素による時代測定法などの絶対的時代測定法は、これらの技術に取って代わるのではなく、ただ補足するものとなった。
Shipping and shipbuilding were **vital** industries in the British colonies in North America throughout colonial days and into the nineteenth century.	海運業と造船業は、植民地時代を通してまた19世紀にかけて、北米のイギリス植民地のきわめて重要な産業だった。
One of the most symbolic and decorative **components** of the ship was the figurehead, located near the bowsprit, at the front of the ship where the sides come together.	船の最も象徴的で装飾的な部品は、船首像であったが、それは、両方の船べりが交わる船の前部にあってバウスプリットの近くに位置していた。
The earliest North American figureheads **resembled** English examples---usually images of animals or elegant, classical female figures.	北米最古の船首像は、イギリスの手本——通常は動物像か優雅で古典的な女性像——に似ていた。
The most common **motif** showed a female figure, larger than life-size, costumed in the style of the day.	最もよくあるテーマは、女性像を表し、実物より大きく、その時代のスタイルの衣装を身に着けていた。
Birds have an extremely **sophisticated** visual communication system.	鳥は、非常に精巧な視覚コミュニケーション・システムを持っている。
The birds take off, turn, and land, **apparently** without a leader or any sort of command, yet collisions are extremely rare.	その鳥たちは、見たところ明らかにリーダーとか何らかの統率もなく、飛び立ち、方向を変え、着陸するが、衝突が起こることは非常に珍しい。
Provided that each pigeon makes the intention movements before taking off, the others ignore the behavior.	もし各ハトが飛び立つ前に意志行動をすれば、他の残りの鳥たちはその行動を無視する。
Another bird signal is the attitude of alertness that conveys a warning among **flocks** of geese.	鳥のもうひとつの信号は、ガチョウの群れの中で警告を伝える用心深さである。
Capital for mills to crush the quartz and for vessels of mercury to dissolve the gold came not from the prospectors but from investors in San Francisco, Philadelphia, and London.	石英を砕くための工場や金を溶かすための船何隻分もの水銀の資金は、試掘者たちからではなく、サンフランシスコやフィラデルフィアやロンドンの投資家たちからもたらされた。

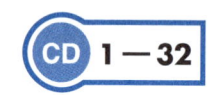

anticipate [æntísəpèit]	動 予期する；期待する；予想する		expect hope
initial [iníʃəl]	形 初めの		first original
suburb [sʌ́bəːrb]	名 郊外		outskirts
upset [ʌpsét]	動 くつがえす；ひっくりかえす ▶形容詞の upset「取り乱している；怒っている；うろたえている」も頻出。		overturn disturb
lightning [láitniŋ]	名 稲妻		bolt
influential [ìnfluénʃəl]	形 影響力の強い；重要な役割を果たす		powerful predominant
aptitude [ǽptətjùːd]	名 適性；素質 ▶素直な同意語問題で頻出。		ability vocation capability capacity
immigrant [ímigrənt]	名 移民		emigrant migration
segment [ségmənt]	名 部分；区分 ▶素直な同意語問題で頻出。		part element division
metropolitan [mètrəpálitən]	形 主要都市の；大都市の		relating to a large city
amenity [əménəti]	名 生活を快適に楽しくするもの ▶素直な同意語問題で頻出。		comfort entertainment pastime
invertebrate [invə́ːrtəbrət]	名 無脊椎動物		a creature without a backbone

During the late nineteenth century, many architects in the United States **anticipated** that a native style of architecture would emerge from the proper use of wood.	19世紀の後半において、合衆国の多くの建築家たちは、木材を適切に使用することから現地固有の建築形式が出現するだろうと**予期した**。
Opponents argued that even though the **initial** cost of a timber house was less than that of one in brick, stone, or concrete, the long-term expense was greater.	反対者たちは、木造家屋の**初期**経費はレンガ造りや石造りやコンクリートの家屋のそれよりも少ないが、長期間の経費はより大きいと主張した。
Since new **suburbs** did not have efficient fire-fighting systems, the fact that masonry was fireproof was a compelling argument in favor of solid construction.	新しい**郊外**には効率のよい消防システムがなかったので、石造り建築には耐火性があるという事実は頑丈な建造物に有利な、人を説得する主張だった。
These external forces can **upset** the balanced atom, and as a result, the atom can gain or lose electrons.	この外的な力が、つり合いの取れた原子を**混乱させ**、結果として、その原子は電子を得るか失うことになる。
One of the most noticeable effects of ionization is **lightning**.	イオン化の最も顕著な結果のひとつは**稲妻**である。
In New York, the painter Samuel Morse was **influential** in the dissemination of the daguerreotype process.	ニューヨークでは、画家のサミュエル・モースが、銀板写真術の普及において**重要な役割を果たした**。
The process of making a daguerreotype required only some mechanical **aptitude** and a little knowledge of chemistry, but no artistic talent.	銀板写真の作成工程では、ほんのいくらかの機械に対する**適性**と少々の化学知識が必要だったが、芸術的才能は不要だった。
In the two decades after the end of the Second World War, over two and a half million people came to Canada as **immigrants**.	第二次世界大戦終結後の20年で、250万以上の人々がカナダへ**移民**としてやってきた。
The rural **segment** of Canada's population fell from 38 percent in 1951 to 26 percent in 1966.	カナダの人口の農村**区分**は、1951年の38％から1966年には26％へ下降した。
People moved from smaller towns and cities to the more dynamic **metropolitan** centers.	人々は小さな町や都市から、より活動的な**大都市**の中心へ移住した。
Life in the city offered many **amenities** not present in rural communities, but it also necessitated physical and social planning on a scale that Canada had never experienced before.	都市生活は田舎にはない多くの、**生活を快適に楽しくするもの**を与えたが、また、カナダがそれまでに一度も経験したことがない規模の物理的・社会的計画を必要とした。
One of the most complex communication systems---certainly among **invertebrates**–is that of honeybees.	最も複雑な伝達システムのひとつは、確かに**無脊椎動物**に見受けられるのだが、ミツバチの伝達システムである。

☐ **propose** [prəpóuz]	動 提案する	suggest advance move
☐ **scent** [sént]	名 (快い) におい ▶ odor は主に「臭気」	fragrance smell
☐ **ingredient** [ingrí:diənt]	名 原料；成分 ▶料理の場合の「材料」もこの単語。	material constituent component
☐ **subsequently** [sʌ́bsikwəntli]	副 後で；(〜の) 後に	afterward
☐ **board** [bɔ́:rd]	動 (船・飛行機・列車・バスなどに) 乗り込む ▶ boarding pass/ticket「搭乗券」	get into/in/on embark on
☐ **last** [lǽst]	動 長持ちする；続く ▶ last long「長持ちする；長続きする」の組み合わせが頻出。	sustain continue
☐ **conceive** [kənsí:v]	動 考え出す	think up think of come up with
☐ **accompany** [əkʌ́mpəni]	動 同行する；付き添う ▶後で出てくる「伴奏する」と一緒に覚えよう。	join attend
☐ **lift** [líft]	名 (自動車などに) 乗せること	ride
☐ **head** [héd]	動 向ける；向かう	turn go toward
☐ **mind** [máind]	名 知性 ▶ニュアンス的には、「心」というより「頭脳；考え」の方。	intellect intelligence
☐ **twist** [twíst]	動 (無理に) ねじる；ひねる	wrench distort

GROUP A

Based on his experiments, von Frisch **proposed** that the dance indicates the location of food.	実験に基づいて、ボン・フリスクは、そのダンスが食べ物の在り処を示すと**提唱した**。
Although the round dance does not indicate direction, tasting the nectar is likely to help the bees identify a **scent** to fly toward.	（ハチの）輪舞は方向を示すことはないが、蜜を味わうことが、ハチがその方向へ飛ぶために**におい**を確認するのに役立つであろう。
In favorable conditions, yeast, the other essential **ingredient** of raised bread, produces carbon dioxide gas.	好条件では、イースト菌、つまりふくらんだパンに欠くことができないもうひとつの**材料**が、二酸化炭素の気体を生み出す。
When the mixture is **subsequently** heated, the gluten becomes firm instead of elastic, and this is what holds the bread in its raised form.	**その後**、混合物が熱されると、グルテンは柔軟ではなく固くなる。これができ上がったパンの形を支えるものである。

GROUP B

Five English glassmakers were arrested in England as they **boarded** a ship for America.	5人のガラス製造者が、アメリカ行きの船に**乗った**ので、イギリスで逮捕された。
The financial and technical considerations of glassmaking were such that most of the colonial glass factories **lasted** only a short time.	ガラス製造に対する財政的および技術的に考慮すべき点は、植民地のガラス工場のほとんどはほんの短期間しか**持ちこたえ**はしないというものだった。
Pennsylvania's first glasshouse was **conceived** in 1682 as part of the economic plan of the settlement of Philadelphia.	ペンシルバニアの最初のガラス製造工場は、フィラデルフィア入植地の経済プランの一部として1682年に**立案された**。
For this undertaking an English window maker from England was hired, and four other English glassmakers agreed to **accompany** him.	この事業のために、イギリス人のある窓ガラス製造業者が雇われ、他に4人のイギリス人ガラス製造者が彼に**同行する**ことに同意した。

GROUP C

Could you give me a **lift** to campus?	キャンパスまで（車に）**乗せて**行ってください。
John was **headed** to the gym.	ジョンは体育館へ**向かって**いた。
Many scientists believed nonhuman animals had no **mind** whatsoever.	多くの科学者が、人間以外の動物には**知性**がまったくないと信じていた。
It wasn't easy to persuade him to help with the project. I had to **twist** his arm.	そのプロジェクトを手伝うよう彼を説得するのは容易でなかったよ。**無理やりだよ**。

wrap [rǽp]	動 包む；くるむ ▶ 能動的な wrap up なら「(仕事や議論を) 終わりにする；要約する」	fold pack cover up
wit [wít]	名 知力；頭の回転；機知 ▶ at one's wit's end = at a loss	intellect tact
arson [áːrsn]	名 放火	incendiarism
icicle [áisikl]	名 つらら	
plug [plʌ́g]	動 詰める ▶ ear-plug (耳栓) を覚えていますか。	stuff cram
drapery [dréipəri]	名 (厚手の) カーテン；緞帳	curtain drape
publicity [pʌblísəti]	名 評判；広告	popularity advertisement
clarify [klǽrəfài]	動 はっきりさせる	clear up
tortoise [tɔ́ːrtəs]	名 (陸の) カメ	turtle
pale [péil]	形 (色が) 薄い ▶「(顔色が) 青白い」だけではありません。	light
prepare [pripέər]	動 調理する；(薬などを) 調合する ▶「こんな単語は簡単さ」と思える単語の別の語義が盲点です。	cook fill
reject [ridʒékt]	動 拒絶する ▶ decline はややおだやかで「辞退する」感じ。	turn down refuse repel

GROUP A

I haven't been able to see Pete for weeks, because he **is wrapped up** in his research.	何週間もピートに会うことができません。なぜなら、彼は研究に**没頭している**から。
The midterm test scores have been posted, and I failed dismally. I'm just **at my wit's end**.	中間テストの点数が掲示されて、私はまったくダメだった。ただただ、**途方にくれています**。
Arson-caused wildfire often has grave consequences.	**放火**が原因で起こる山火事は、しばしば重大な結果をもたらす。
The formation evolves into a familiar **icicle**-shaped stalactite.	その構造は、発達しておなじみの**ツララ**の形をした鍾乳石となる。
The hollow tubes become **plugged** and the water then runs down the outside surface.	空洞の管が**詰まり**、そして、水は管の外側を流れ落ちる。

GROUP B

This kind of speleothem is called a **drapery**.	この種の洞窟生成物は、**ドラペリー（ひだ取り）**と呼ばれる。
Our car needs to recover from negative **publicity** about its fuel efficiency.	わが社の車は、燃料効率に関する悪い**評判**から立ち直る必要がある
Let me **clarify** this rather complicated story.	このかなり込み入った話を私が**はっきりさせ**ましょう。

GROUP C

The land **tortoises** are the **tortoises** that don't live in the water.	陸**カメ**は、水中には生息しないカメです。
Some milk looks creamy white and other milk looks almost **pale** yellow.	ミルクには、乳白色に見えるものもあるし、ほぼ**薄い**黄色に見えるものもある。
The puffer fish must be **prepared** very carefully so that the poisonous parts are removed.	フグは、毒のある部分を取り除くために、細心の注意を払って**調理し**なければならない。
Colonial artists who were trained in England or educated in the classics **rejected** the status of laborer and thought of themselves as artists.	イギリスで訓練を受けたり、古典を使って教育を受けた植民地時代の画家たちは、労働者としての身分を**拒絶し**、自分たちを芸術家とみなした。

単語	意味	類義語
☐ **hectic** [héktik]	形 バタバタしている；忙しい ▶会話問題用です。	very busy
☐ **plumbing** [plʌ́miŋ]	名 配管工事 ▶発音注意！	piping
☐ **infamous** [ínfəməs]	形 悪名高い ▶名詞の場合は、notoriety を使う。	notorious
☐ **comprehend** [kàmprihénd]	動 理解する ▶2種類の形容詞、comprehensive「包括的な」と comprehensible「理解できる」がある。意味が違うので区別しておこう。	understand
☐ **swamp** [swámp]	名 沼	bog marsh
☐ **surrender** [səréndər]	動 降伏する；引き渡す ▶ turn over にも「引き渡す」の意味あり。狙い目です。	concede
☐ **orchard** [ɔ́ːrtʃərd]	名 果樹園	
☐ **beverage** [bévəridʒ]	名 飲み物	drink
☐ **enroll** [inróul]	動 入学登録をする ▶「申し込む；登録する」意味の sign up for や register for と共に頻出。	enter
☐ **generate** [dʒénərèit]	動 生み出す ▶ energy や electricity を目的語に取ることが多い。	produce create
☐ **informative** [infɔ́ːrmətiv]	形 ためになる ▶日本語の「ためになる」はやや漠然とした感じを与える言葉だが、英語にするとわかりやすい。	instructive
☐ **prescription** [priskrípʃən]	名 処方箋；指示書 ▶ついでに fill prescriptions「処方薬を調合する」も暗記！前の prepare 参照。	direction instruction

Life has been really **hectic** for the past three weeks.	この3週間、本当に生活が**バタバタしています**。
The design should allow for easy heating and cooling, **plumbing** and electrical wiring.	設計というものは、冷暖房のやりやすさ、**配管工事**や**配電工事**のやりやすさを考慮に入れるべきである。
Etienne de Silhouette, an eighteenth-century French finance minister was **infamous** for his cost-cutting policies.	18世紀フランスの財務相エティエンヌ・ドゥ・シルエットは、その経費削減政策で、**悪名高かった**。
A pencil and paper decision-making procedure permits people to deal with more variables than their minds can generally **comprehend**.	鉛筆とペンによる意志決定の方法は、人が一般に頭で**理解**できるより多くの変数を取り扱うことを可能にしてくれる。
There were ridges to cross and a wilderness of woods and **swamps** to penetrate.	横切るべき尾根と、通り抜けるべき森と**沼**の荒野があった。
President Bush explained that the Taliban regime had been warned to meet American demands to **surrender** Osama bin Laden.	ブッシュ大統領は、タリバン政権にアメリカの要求に従い、オサマ・ビン・ラディンを**引き渡す**ようにと警告していたと説明した。
I grew up in a small town where almost everyone works in the **orchards**.	私は、ほとんどすべての人が**果樹園**で働く小さな町で育った。
On some occasion a fermented **beverage** was used instead of water to mix the dough.	場合によっては、生地を練るのに発酵**飲料**が水の代わりに使われた。
In order to **enroll** at a college, every high school student in the US has to take SAT or ACT.	大学に**入学する**ためには、合衆国のあらゆる高校生は、SATかACTを受験しなければならない。
Rainfall amounts may be smaller on the weekend because the dust particles **generated** by cars and factories are reduced	車や工場によって**生み出される**チリの粒子が減るから、週末の方が降雨量は少ないかもしれない。
These techniques have proved extremely useful for adding **informative** materials to a library's collection at a low cost.	これらの技術は、低コストで**有益な**資料を図書館の蔵書に加えるために非常に役立つことが分かった。
Is there any drugstore near here where I can have this **prescription** filled?	この近くに、この**処方箋**で薬を調合してくれる薬局はありませんか。

☐ **pharmacist** [fáːrməsist]	名 薬剤師	druggist chemist
☐ **compliment** [kámpləmənt]	名 お世辞	flattery
☐ **identity** [aidéntəti]	名 身元；正体；固有性；主体性 ▶前後の文脈から慎重に意味をあぶりだしたい単語。	self individuality uniqueness
☐ **spiral** [spáiərəl]	形 らせんの；渦巻きの	swirling
☐ **cone** [kóun]	名 円錐形 ▶アイスクリームの容器、道路工事の円錐柱、松かさもこの単語。	
☐ **favor** [féivər]	名 親切な行為 ▶ Would you do me a favor? の favor も「お願い」ではなく、「親切な行為」。	kindness
☐ **lay off** [léi ɔ́ːf]	動 解雇する；一時帰休にする ▶素直な同意語問題で頻出。	dismiss fire discharge
☐ **starch** [stáːrtʃ]	名 でんぷん	
☐ **livestock** [láivstàk]	名 家畜	domestic animal
☐ **refund** [rífʌnd]	名 払い戻し ▶会話問題で頻出。	repayment reimbursement
☐ **annex** [æneks]	名 別館	new building
☐ **quest** [kwést]	名 探求；探索	exploration search investigation

This university hospital needs not only good doctors but able **pharmacists**.	この大学病院では、よい医者だけでなく、有能な薬剤師も必要です。
The supervisor told her that she had managerial skills but it was just a **compliment**.	上司は、彼女に管理能力があると言ったが、それは単なるお世辞だった。
The women's movement helped to forge a new sense of **identity** and shared experiences among women.	その女性運動は新しい意味での主体性と女性たちの間の共通体験を作りだすことを助長した。
Spiral galaxies have a small, bright central region, or nucleus.	渦巻銀河は、中心に小さな明るい部分、つまり核を持っている。
Seed eaters typically have stout, **cone** shaped bills and strong jaw muscles for crushing seeds.	種を食べる鳥は、典型的に、頑丈な円錐形の口ばしと、種を砕くための強いあごの筋肉を持っている。
Thanks, I'll repay the **favor** someday.	ありがとう。いつかご恩に報いますよ。
Businesses may not be able to afford the wage increase, and they may have to **lay off** workers.	会社側には賃上げを受け入れる余裕がないようだから、労働者を解雇しなければならないだろう。
Animals store their food reserves as glycogen, whereas plants store their food as **starch**.	動物は、食べ物の蓄えをグリコーゲンとして貯蔵するが、一方、植物は自分の食べ物をでんぷんとして蓄える。
When people started keeping cattle, goats, and sheep, dogs were used to herd and guard the **livestock**.	人々が牛やヤギや羊を飼い始めたとき、犬は家畜の群れをまとめ守るために使われた。
If you take the book to the bookstore this week, you can still get a full **refund**.	今週、本をブックストアに持って行けば、全額払い戻しが可能だよ。
Actually this is not the main building of Art Department but the Art **Annex**.	実は、ここは芸術学部の本館ではなくて、別館です。
Scientists are those who are passionate in their **quest** to discover.	科学者とは、発見のための探求に情熱を傾ける人のことである。

GROUP A

GROUP B

GROUP C

☐ **precipitation** [prisìpətéiʃən]	名 降雨；降雪	rainfall snowfall
☐ **marlin** [máːrlin]	名 カジキマグロ	spearfish
☐ **itch** [ítʃ]	動 痒くなる ▶ tickle は「痒い」というより「くすぐったい」。	tickle
☐ **pollen** [pálən]	名 花粉	farina
☐ **sneeze** [sníːz]	動 くしゃみをする ▶ sneeze の他にも、snore「いびきをかく」sniff「くんくんかぐ」など、sn- で始まる単語には、鼻（snout）絡みが多い。	
☐ **thump** [θʌ́mp]	名 ドスンという音	
☐ **decade** [dékeid]	名 10年間	ten years
☐ **payroll** [péiròul]	名 給与支払簿；給与支払い係	
☐ **tease** [tíːz]	動 からかう ▶会話問題で頻出。	pick on make fun of
☐ **tweezer** [twízər]	名 ピンセット	
☐ **intramural** [intrəmjúərəl]	形 校内の；学内の ▶当然、「学外の」は：extramural。（mural「壁」）	
☐ **blizzard** [blízərd]	名 吹雪	snow storm

Although the Arctic and Antarctic receive minimal **precipitation**, what snow does fall is saved.	北極と南極は、最低限の**降雪量**しか受け取らないが、実際に降った雪はすべて蓄えられる。
Long, pointed tail lobes, like those of the **marlin**, are found only on fast swimmers.	**カジキマグロ**のそれのような、長い、尖った尾葉は、泳ぐのが速いものにしか見当たらない。
The flowers make my nose **itch**	花のせいで鼻が**むずむずする**。
Pollen is carried by the wind or by insects to other flowers of the same type.	**花粉**は、風や昆虫によって同じタイプの他の花に運ばれる。
They say maybe someone is talking about you when you **sneeze** for no reason.	訳もなく**くしゃみが出る**ときは、たぶん誰かが噂しているのだそうだ。
The dog suddenly ran into the road and I heard a **thump** on the passenger side.	その犬は突然道路に飛び出してきて、助手席側で、**ドスンという音**がしたんだ。
Her productivity since then has been prodigious, accumulating in less than two **decades** to nearly thirty titles	それ以来の彼女の多作ぶりは驚異的で、20**年**足らずの間に、ほぼ30冊を蓄積した。
Hotel controllers manage the accounting and **payroll** departments and find ways to improve efficiency.	ホテルの会計監査役は、経理課や**給与**課を管理し、効率を高める方法を見つけ出す。
Maybe, he thinks you're **teasing** him.	おそらく彼は、君が**からかってる**と思ってるんだよ。
The warblers use short, slender bills like **tweezers** to pick small insects off leaves and twigs.	ムシクイは、葉や枝から小さな昆虫をつまみあげるために、**ピンセット**のような短くて細い嘴を使う。
How would you like to play **intramural** softball?	**校内対抗**ソフトボール大会でプレーするのはどうですか。
The police had to close Route 27 due to a **blizzard**.	警察は、**吹雪**のために２７号線を通行止めにしなければならなかった。

criticize [krítəsàiz]	動 批判する；あら捜しをする	find fault with get on one's case
flunk [flʌ́ŋk]	動 (試験などを) しくじる；落第させる ▶キャンパスでの頻出単語です。	fail
caterpillar [kǽtərpìlər]	名 芋虫；キャタピラー	woolly bear
wasp [wásp]	名 スズメバチ	hornet
consciousness [kánʃəsnis]	名 意識；自覚 ▶もちろん、「(事実に) 気がついていること」の意味もあります。	sense awareness
repent [ripént]	動 後悔する	regret
domain [douméin]	名 領域；分野；範囲 ▶素直な同意語問題で頻出。	area field territory realm
thrifty [θrífti]	形 質素な；倹約の ▶ thrift shop は、通常「古着屋」。	economical modest humble homely
stalk [stɔ́ːk]	動 忍び寄る ▶ stalker「ストーカー」知ってるでしょ。	steal sneak upon
outgoing [áutgòuiŋ]	形 外向性の；社交的な	sociable extrovert gregarious
astronomer [əstránəmər]	名 天文学者	
sprinkle [spríŋkl]	動 ぱらぱら撒く ▶ It sprinkles. = It rains lightly.「小雨がぱらつく」	scatter spray

My boss always **criticizes** me.	上司はいつも私のことを批判します。
He is concerned that he may have **flunked** the quiz.	小テストでしくじったのではと、彼は気にしている。
The compact shelters **caterpillars** create are almost always conspicuous and endure long after the occupant has departed.	イモムシが作る小型の棲家は、ほぼいつでも人目につくものであり、中に居た者が去った後も長く持ちこたえる。
Young warblers leave **wasps** alone because they recognize the black and yellow stripes of the wasp.	若いムシクイは、その黒と黄色の縞模様を認識しているから、スズメバチに手を出さない。
Politics has played a significant role in the American **consciousness** ever since the colonial era.	政治は英国植民地時代以来、アメリカ人の意識の中で重要な役割を果たしてきた。
After she had left him, he **repented** having loved her too deeply.	彼は、彼女が去った後、あまりにも彼女を愛しすぎたことを悔やんだ。
Half-eaten fruit, flowers, or seeds rained on him from legions of animals high in their sunlit **domain**.	陽の光の当たる高い領域の動物軍団から、食べかけの果物、花、種が彼の上に雨のように降り注いだ。
"Economical" is not close to "economic" but "**thrifty**" in meaning.	economical(経済的な)は economic(経済の)にではなく倹約のに意味が近い。
The specter of overweight **stalks** some of us the way starvation stalks others.	体重過剰という悪夢は、飢えが他の者に忍び寄るように、私たちのある者たちに忍び寄る。
Self-image can be indicated by a tone of voice that is confident, pretentious, shy, aggressive, **outgoing**, or exuberant, to name only a few personality traits.	自己イメージは、声の調子に現れる。ほんの2、3の性格的特徴をあげると、自信満々、自惚れ屋、はにかみ屋、攻撃的、社交的、元気者などである。
One **astronomer** estimates that a large space satellite orbiting earth now stands a ten percent chance of being hit by discarded space debris.	ある天文学者が推定するところでは、いま地球の軌道を回っている大型人工衛星は、宇宙で廃棄された残骸にぶつかる10%の可能性がある。
In Seattle, the potato was fried in corn oil from Nebraska, **sprinkled** with salt from Louisiana, and eaten in a restaurant.	ジャガイモは、シアトルで、ネブラスカ産のコーン油で揚げられ、ルイジアナ産の塩をパラパラとふりかけられ、レストランで食べられた。

CD 1—39

単語	意味	類義語
☐ **amiable** [éimiəbl]	形 愛想の良い；感じのよい ▶発音注意！	pleasant agreeable friendly
☐ **transplant** [trænsplǽnt]	動 移植する	implant transfer
☐ **pregnant** [prégnənt]	形 妊娠している；含蓄のある ▶ a pregnant pause/silence「意味ありげな間/沈黙」のような、「含蓄のある；意味深長な」の語意にも注意。	expectant
☐ **tide** [táid]	名 潮 ▶ flow tide (満ち潮) ebb tide (引き潮)	stream current
☐ **successive** [səksésiv]	形 連続した ▶ 名詞は succession「連続；継承；相続」	consecutive serial
☐ **timid** [tímid]	形 臆病な	coward shy bashful
☐ **imprisonment** [impríznmənt]	名 投獄	confinement jail
☐ **patent** [pǽtnt]	動 特許をとる	
☐ **incline** [inkláin]	動 したい気持ちにさせる；傾ける ▶ be inclined to do や tend to do は、be likely to do、be apt to do、be prone to do などとも類義。	tend
☐ **monetary** [mánətèri]	形 金銭上の；財政上の；貨幣の	financial
☐ **compromise** [kámprəmàiz]	名 妥協	meet ～ halfway give
☐ **accuse** [əkjúːz]	動 責める；訴える ▶ accuse him of stealing a bike「彼を自転車の窃盗で訴える」。accuse 人 of 罪の語順に注意。	blame charge sue

GROUP A

She has had an **amiable** disposition since she was little.	彼女は、小さい頃から**人に好かれる**性格の持ち主です。
The immune system recognizes and takes action against foreign invaders and **transplanted** tissues that are treated as foreign cells.	免疫機構は、異質の侵入者や異質な細胞とみなされる**移植**組織を認識し反応する。
Why are there so many **pregnant** females and young at Holzmaden when they are so rare elsewhere?	他の場所ではあんなにまれなのに、なぜそれほど多数の**妊娠した**雌とその子供がホルツマデンに集まるのか。
Tsunamis have nothing to do with the action of **tides**.	津波は**潮の満ち引き**の動きとはまったく関係がない。
Mutoscope was a machine that reproduced motion by means of **successive** images on individual photographic cards instead of on strips of celluloid.	ミュートスコープは、細長いセルロイドの切れ端の代わりに、個々の写真カード上の**連続した**画像で動きを作り出す機械だった。
Certainly, he is less **timid** than he used to be.	確かに、彼は昔ほど**臆病**ではなかった。

GROUP B

Imprisonment as a penalty became common after the 16th century but only for lesser offenses.	刑罰としての**投獄**は16世紀以降に一般的なものとなったが、より程度の軽い犯罪に対してだけのものであった。
Rachel Brown **patented** one of the most widely acclaimed wonder drugs of the post-Second World War years.	レイチェル・ブラウンは、第二次世界大戦後に最も賞賛された特効薬のひとつの**特許権をとった**。
I am **inclined** to acknowledge that Darwin was the most profound of all the intellectuals in British history.	私は、英国史上すべての知識人の中で、ダーウィンは最も重要であったと認めたい**気がする**。
Mistakes in **monetary** policy slowed the nation's recovery.	**金融**政策の誤りによって、国家の回復は遅れた。

GROUP C

Floor leaders try hard to persuade committee leaders and party members to accept **compromises** or trade-offs in order to win votes on bills.	院内総務は、法案に対する投票で勝つために、**妥協**や取引を受け入れるように委員会の指導者や党内の議員を懸命に説得しようとする。
Congress has the power to impeach, or **accuse** an official, such as the President or a federal judge, of serious wrongdoing.	連邦議会は、弾劾の権限、つまりたとえば大統領や連邦判事など文官を重大な犯罪で**訴追する**権利を有している。

CD 1-40

ironic [airánik]	形 皮肉な	sarcastic cynical
corrupt [kərʌ́pt]	形 堕落した；有害な；不正な	rotten vicious
detergent [ditə́ːrdʒənt]	名 洗剤	cleanser cleaner soap powder solvent
simultaneously [sàiməltéiniəsli]	副 同時に；いっせいに	at the same time all at once
cosmic [kázmik]	形 宇宙の ▶発音注意！	of the universe of space
concise [kənsáis]	形 簡潔な	succinct compact brief
miscellaneous [mìsəléiniəs]	形 種々雑多な ▶新聞求人欄の最後の方の欄をmiscellaneous「雑欄」と言います。	various
indigestion [ìndidʒéstʃən]	名 消化不良	indigestibility
brochure [brouʃúər]	名 パンフレット；小冊子 ▶発音注意！	pamphlet booklet
exaggerate [igzǽdʒərèit]	動 大げさに言う；誇張する	brag magnify
console [kənsóul]	動 慰める ▶意外に会話問題の設問などで頻出。	comfort cheer
avalanche [ǽvəlæ̀ntʃ]	名 雪崩	slide

In an **ironic** twist, there is a growing consensus among sociologists that the extent of the panic was greatly exaggerated.	皮肉な展開としては、社会学者の間に、そのパニックの規模がひどく誇張されていたという意見の一致ができあがりつつあることだ。
The destitute in New York in those days were ruled by **corrupt** city bosses.	当時のニューヨークの貧しい人々は、街の堕落した顔役たちに支配されていた。
If it doesn't say "Dry clean only," I can wash this vest in water. Then what kind of **detergent** should I use?	「ドライクリーニング専用」と書いてないのであれば、このベストは水で洗えるわけだね。じゃあ、どんな洗剤を使うべきなの。
NASDAQ's trading information is **simultaneously** broadcast to some 360,000 computer terminals throughout the world.	ナスダックの取引情報は、世界中の約36万のコンピュータ端末にいっせいに送られる。
The extinction of the dinosaurs was caused by some physical event, either climatic or **cosmic**.	恐竜の絶滅は、気象的か宇宙的かどちらかの、ある自然の事象が原因だった。

GROUP A

Worksheets require defining the problem in a clear and **concise** way and then listing all possible solutions to the problem.	作業票は、明らかで簡潔なやり方で問題を定義し、それから、その問題に対する可能な限りすべての解決法を列挙することを必要とする。
Far more is perceived than remembered; otherwise the mind would be a storehouse of **miscellaneous**, unassorted data.	記憶されるよりもはるかに多くのことが認識される。さもなければ、頭の中は、種々雑多な、未整理のデータの貯蔵庫になってしまうだろう。
She is suffering from **indigestion** after eating fatty food.	彼女は、脂物を食べた後、消化不良に苦しんでいる。

GROUP B

I'll go downtown to pick up some **brochures** from the travel agent.	都心へ出て、旅行代理店でパンフレットをいくらかもらってきます。
There is a growing consensus among sociologists that the extent of the panic was greatly **exaggerated**.	社会学者間に、そのパニックの規模がひどく誇張されていたという意見の一致ができつつある。
He tried to **console** the woman by pointing out that the dog was not injured.	犬が怪我をしていないことを指摘することで、彼がその女性を慰めようとした。
I hope they know the **avalanche** warnings.	彼らが雪崩警報のことを知っているといいのだが。

GROUP C

☐ **alloy** [ǽlɔi]	名 合金	metal amalgam
☐ **marsh** [máːrʃ]	名 湿地；沼地 ▶ swamp は動詞を含めて知っておきたい。	swamp moor bog
☐ **affluent** [ǽfluənt]	形 裕福な	rich wealthy
☐ **astonishing** [əstániʃiŋ]	形 驚くべき；めざましい ▶素直な同意語問題で頻出。	surprising amazing astounding
☐ **hard** [háːrd]	形 かたい ▶同意語が多く、このグループは最頻出。	tough firm stiff rigid
☐ **transparent** [trænspέərənt]	形 透明の ▶ついでに translucent「半透明」も opaque「不透明」も覚えましょう。	clear
☐ **anthropology** [æ̀nθrəpálədʒi]	名 人類学 ▶ anthrop- は連結語で「人間：人類」を意味する。Anthropomorphic「擬人法の」	
☐ **apparatus** [æpərǽtəs]	名 器具一式；道具 ▶次のリスト以外にも、implement、utensil、tackle、appliance など、同意語が多く、このグループは最頻出。	equipment instrument tool machine
☐ **atlas** [ǽtləs]	名 地図帳 ▶意外に発音が聞き取りにくいので、注意。	map
☐ **commute** [kəmjúːt]	動 通勤・通学する；よく通う ▶会話問題で頻出。commute to work「通勤する」。ちなみにここの work は名詞。	go to haunt
☐ **digestive** [didʒéstiv]	形 消化の	assimilating
☐ **forbid** [fərbíd]	動 禁止する；許さない	prohibit

GROUP A

Offset printing plates are usually made of steel, aluminum, or a chrome-copper **alloy**.	オフセット印刷版は、通常は鋼鉄、アルミ、あるいはクロム銅**合金**でできている。
The streaked dark feathers of the female red-winged blackbird blend with the brown of the nest fastened to the stems of cattails in a **marsh**.	アカバネムクドリモドキのメスの縞状の黒い羽は**沼**の蒲（がま）の茎にしっかりと作りつけられた褐色の巣の色に溶けこんでいる。
Some colonial urban portraitists associated with **affluent** patrons.	植民地時代の都会に住む肖像画家の中には、**裕福な**後援者と付き合う者もいた。
Inventories of colonial libraries show an **astonishing** number of these handbooks.	植民地時代の図書館の図書目録によると**驚くべき**数のこのような手引書があったことがわかる。
That plant has a **hard** stem.	その植物は**堅い**茎を持っている。

GROUP B

Glass can be **transparent**, translucent, and opaque.	ガラスは、**透明**、半透明、そして、不透明にもなれる。
A major shift in the approach to physical **anthropology** occurred with the discovery of genetic principles.	自然**人類学**の研究方法の主な変化は、いくつかの遺伝的原理の発見と共に起こった。
The **apparatus** in the study was a plastic container with an opening two centimeters wide on top	研究の**器具**は、上側に2センチの穴が開いたプラスチックの容器だった。
I know that **atlas** is around here somewhere.	ここら辺のどこかに、あの**地図帳**があるのは分かってるんだ。

GROUP C

I'd like a small house in a quiet suburb that's within **commuting** distance of the university.	私は、大学から**通える**距離の静かな郊外にある小さな家がいいです。
Micro flora in the **digestive** tract converts the toxin in the eucalyptus into a non-toxic form.	**消化**管内の細菌叢は、ユーカリの毒素を非毒性物に変換する。
In 1808, Congress passed a law **forbidding** traders to bring African slaves into the United States.	1808年に、アフリカ人奴隷を交易商が合衆国にもたらすことを**禁止する**法律が議会を通過した。

CD 1-42

単語	意味	類義語
☐ **kidney** [kídni]	名 腎臓	
☐ **lead** [led]	名 鉛 ▶発音注意！また動詞もあり。 　leaded gasoline「有鉛ガソリン」	
☐ **minute** [mainjúːt]	形 微小な；微細な；ささいな ▶この単語は、Listening を想定して、発音に注意ですね。	microscopic detailed
☐ **organ** [ɔ́ːrgən]	名 器官 ▶楽器の「オルガン」や「（政府の）機関；組織」の意も忘れないで。	apparatus
☐ **photosynthesis** [fòutəsínθisis]	名 光合成 ▶ photo- は、「光の；写真の」 時々、chemosynthesis「化学合成」というのも出ます。	
☐ **renown** [rináun]	名 名声；有名 ▶ renounce「断念する；破棄する」とやや発音が似ているので聞き間違えないように。	fame
☐ **tote** [tóut]	動 持ち運ぶ ▶日本語で、トートバッグというのがありますよね。	carry
☐ **treat** [tríːt]	名 おごり；おごる番 ▶ On を使うと、This is on me.	on ～
☐ **tremendous** [triméndəs]	形 すさまじい；ものすごい；莫大な	enormous vast awful
☐ **windshield** [wíndʃiːld]	名 （車の）フロントガラス ▶文字通り「風防」の意味ですが、けっこう盲点です。	
☐ **evaluation** [ivæljuéiʃən]	名 評価；査定 ▶同意語が多く、このグループは最頻出。	estimation assessment

He developed a **kidney** disease from which he eventually died in November 1916, at the age of 40.	彼は、**腎臓**病を発症し、それがもとで、ついに1916年の11月に40歳で亡くなった。
These remained the basic ingredients of glass until the development of **lead** glass in the seventeenth century.	これらは、17世紀に**鉛**ガラスが開発されるまで、ずっとガラスの基本的な材料であった。
The material universe is composed of **minute** particles.	物質世界は**微小な**粒子で成り立っている。
Aging is a result of the gradual failure of the body's cells and **organs** to replace or repair themselves.	老化とは、体内の細胞や**器官**の交換や修復が、だんだんとできなくなることの結果である。
Phototropism directs growing seedlings toward the sunlight that powers **photosynthesis**.	向日性は、成長中の苗木を、**光合成**の基となる太陽の方へ向ける。
His disciplined approach eventually paid off and he gained international **renown**.	彼のよく訓練されたやり方が遂に報われ、彼は国際的な**名声**を獲得した。
There were a lot of items under five dollars, but I didn't find anything worth **toting** home.	5ドル以下の品物がたくさんあったけど、**持ち帰る**価値のある物はまったくみつからなかった。
Let's go out for pizza. My **treat**!	ピザを食べに行こう。僕の**おごり**だよ。
Today, we will focus on the **tremendous** financial difficulties of building the transcontinental railroad.	今日は、大陸横断鉄道の建設に関する**すさまじい**財政困難に焦点を当てます。
The Recreation Center Bus has the letters "RC" above the **windshield**.	娯楽センター行きのバスには、**フロントガラス**の上の方に「RC」という文字が書いてあります。
IPM involves the **evaluation** of each crop and its related pest species as an ecological system.	IPMは、各作物とそれに関係する害虫を生態系として**評価すること**を含んでいる。

TOEFL iBT 受験体験記②

　日本でのまさに最初の TOEFL iBT 実施日（2006年7月15日）、8:30AM に受験会場に集合。用心深く、少し早めの 8:20 頃、テンプルジャパンの TOEFL 会場に到着。その時点で、受験生は私を含めて3人程度。日本での iBT 実施第1回のせいか、10人弱の試験官たちもまだ手順をしっかり把握してない様子。Reservation number を聞く時や、受験生を部屋に案内する時に、やや戸惑いが感じられた。

　8:30に部屋に通され、仕切りのついたブースでテスト開始。鉛筆1本と薄い(5ページぐらいの)ノートが支給される。周りがうるさい時には耳栓(ヘッドフォン用)も使っていいとのこと。部屋の中には 19 人分のブース。コンピュータはコンパック製、キーボードはアメリカ式。

　いよいよ試験開始。マイクテストやテスト全体の説明の後、Reading Section からスタート。Sociology や animal behavior などの1ページ弱ほどの長文が5つ。ボキャブラリーを試す問題多し。途中で前の問題をやり直すことも可能。

　Reading が半分ほど終わったあたりで、残りの受験生がぞろぞろ到着し(少し気が散るなあ)、順を追ってテストを開始していった。19人全てそろったのは9時過ぎあたり。耳を澄ますと、発音などから聞き取れる範囲では、ほとんどが日本人。インターナショナルスクール生か帰国子女系は1、2名かな。

　Reading に続いて、Listening 開始。会話・講義など計6題。リスニング中ノートを取りながらやったものの、問題自体が思ったより長くないため、あまり使わずにすんだ。数問はリスニングした該当の箇所を、1、2回繰り返した後に問題が出てきたのでやり易かった。"Isn't that right?" や "You can say that again!" とはどんな意味か？というような問題が多かった。「うちの学校で教えてるやつだ」と、思わずほくそ笑む。

　Listening が終了した時点で、10 分間休憩。強制的なもので、部屋の外に出るか中に残るかは受験生まかせだが、テスト自体は 10 分間休まなくてはいけない。休憩終了後、試験官がコンピュータを操作して、後半開始。この時も、試験官が戸惑っていた。スコア大丈夫かなとやや心配になる。

後半は Speaking から。全部で 6 種類。問題が始まる前に、マイクの音量調整をするために、"Describe the city you live in." という文が出てきて、1 分間程度、実際に話す練習をする機会がある。周りの受験者たちの回答をヘッドフォン越しに聞いてみたら、受験生のほとんどがこの指示が理解できなかったらしく、皆、指示文を何度も音読して繰り返していた。中には日本語に訳して音読する者もいた。おいおい、頑張れ Nippon! Speaking の問題自体は、本などで練習していったものよりも 簡単だったような気がした。差し支えない程度に以下に再現します。

1. **Question:** "Pick a city you visited before. What did you like about it the most?"
「今までに訪問した都市をひとつ選びなさい。その都市の何が一番気に入ったか」

2. **Question:** 「余暇にテレビや映画を見るのを好む人もいれば、一方、本や雑誌を読むのを好む人もいる。あなたはどっちを好むか。具体的な理由と例を挙げなさい」

3. **Passage:** 「学生の要求で、学校側が資金を投入し、ジムの運動器具を増やした」
   Listening: 女性と男性が登場し、女性はそんな使途は馬鹿げているから、もっと重要なことに使うべきだと述べる。男性は最初、論旨がよく飲み込めないが、後に、女性に賛同する。
   Question: 「学校側の発表はどんな内容で、それに対する女性の反応はどんなものか。」

4. 「科学系」だったと思うが、どうしても思い出せない。

5. **Listening:** 2 人の理科系の講師が科目登録について話し合っている。ある上級レベルの生物クラスに、1 年生が 多数登録したため、本来上級クラスの登録を必要とする上級生が取れなくなってしまった。そこで、その講師たちは、クラスを増設するか、1 年生に登録を辞退させるかのどちらかにしようと提案する。
   Question: "Identify the problem and the suggestions. What is your opinion on this subject?" 「問題点とその提案を確定しなさい。この問題に関するあなたの意見を述べなさい。」

6. **Listening:** 「文芸創作のクラスで、インパクトのある会話を書く方法を教授

が講義している。そのためには、2つの方法があり、それは、ひとつが誇張することで、もうひとつが押さえ気味に言うこと。そして教授はそれぞれの例を示す。」

Question: "Summarize the lecture. Be sure to include the main examples used by the professor."「講義を要約しなさい。その際、教授が使った主要な例を必ず加えること」

最後に Writing。課題は2題。時間は統合問題と単独問題でそれぞれ20分と30分。

1. Passage: 進化したハイテク自動車が、いかに安全で、交通渋滞を減らし、経費節減につながり、人々の生活を豊かにするかという内容。

Listening: 教授が3つの理由を挙げて、以上の内容を論破しようとする。

Question: "What evidence does the lecturer use to refute the passage? Do not give your own opinion."「パッセージの内容を論破するために、講師はどのような証拠を使っているか。あなた自身の意見を使わないこと」その後に「有効なエッセイとしては150語〜250語が必要」という但し書きがあった。)

2. "Important decisions should never be made alone."「重要な決定は、決して1人で下すべきではない」に賛成か反対かという問題。今度は、「約300ワードぐらい書かないと良い答案になりません」というような指示が書いてあった。

すべて終わった時点でだいたい12:30。周りは早い人で Writing、遅い人で Speaking の終盤あたり。全体的に練習問題より簡単だった感じがした。特にスピーキング問題の最初の2つは初心者や中級者でも、しっかり準備すれば、割と簡単に答えられる気がする。Listening のためにノートは取らなくてもいい気がするが、Speaking の返答に対しては、リスニング中にノートを取った方が絶対的にいいと感じた。

＜以上の受験体験記は、実は、筆者が教えている LINGO L.L.C. の Speaking セクション講師 M 先生の報告です。当然のことですが、M 先生の Speaking スコアは30点満点でした＞

GROUP B

institution [ìnstətjúːʃən]	名 制度；機関；組織；慣例 ▶その都度、「制度」なのか「機関」なのかを、文脈で見分ける練習をしましょう。	convention
eradicate [irǽdəkèit]	動 根絶する	exterminate
legislative [lédʒislèitiv]	形 立法上の；立法府の	lawmaking legal
simulate [símjulèit]	動 ふりをする；模擬演習する ▶「模擬試験」を simulated exam と言います。	pretend assume
drain [dréin]	動 排水する ▶同義語の discharge は、「出す」という意味で、非常に様々な文脈で使える。dishonorable discharge「不名誉除隊」	discharge
incubation [ìnkjubéiʃən]	名 孵化；抱卵；培養	hatching
insulate [ínsəlèit]	動 絶縁する；隔離する；孤立させる ▶頻出なので、知っていると試験中にぐっと安心できます。	isolate
embryo [émbrìou]	名 胎芽；胚芽	fetus
boulder [bóuldər]	名 大きな岩	rock
silt [sílt]	名 沈泥	deposit mud
damp [dǽmp]	形 湿った ▶dump「どさっとおろす；ゴミを捨てる」と聞き間違えないように！	moist wet humid
mold [móuld]	動 型に入れて作る ▶名詞の mold は、「鋳型」ですが、別に「カビ」を意味する mold もあります。	cast

English	Japanese	Group
The **institution** of twice-yearly fairs persisted in Philadelphia even after similar trading days had been discontinued in other colonial cities.	他の植民都市で取りやめられたあとも、年に２回、フィラデルフィアでフェアーを開催するという**制度**は、根強く続いた。	GROUP A
Governmental attempts to **eradicate** fairs and auctions were less than successful.	フェアーや競り市を**根絶しようとする**政府の試みは、成功とは言い難かった。	
Many people came to the capital for **legislative** sessions of the assembly and council.	多くの人々が、州議会の**立法**会期のために州都にやって来た。	
Aviculturists have not yet learned how to **simulate** the natural incubation of parrot eggs in the wild.	鳥類飼育家は、野生のオームの卵の自然孵化を**真似る**方法をまだ知らない。	
This type of nests acted as humidity regulators by allowing rain to **drain** into the bottom sections of the nest.	このタイプの巣は、巣の底へ雨水が**排水する**ことを可能にすることで、湿度調節装置の役割を果たしている。	GROUP B
Commercial incubators ignoring the bird's method of natural **incubation** reduced the viability and survivability of the hatching chicks.	鳥による自然**孵化**法を無視する営利目的の孵化業者は、孵ってくる雛の孵化の可能性と生存率を減少させた。	
In the northern Plains, tents made of animal skins had an inner liner that created an **insulating** air pocket.	グレート・プレーンズの北部では、動物の皮で作ったテントの内側に、**絶縁するための**空気のかたまりを作り出す裏地がついていた。	
If eggs rest against the wooden bottom in extremely cold weather conditions, they can become chilled to a point where the **embryo** can no longer survive.	もし極度に寒い天候のもとで、卵が木製の床に置かれれば、**胎芽**がもはや生存できない程度まで冷え切ってしまう可能性がある。	
The mineral particles found in soil range in size from microscopic clay particles to large **boulders**.	土壌中に見られる鉱物性粒子のサイズは、微細な粘土から**大石**にまでわたっている。	GROUP C
To measure soil texture, the sand, **silt**, and clay particles are sorted out by size and weight.	土壌のキメを測るために、砂、**沈泥**、粘土の粒子は、大きさと重さを基準に分類される。	
In the field, soil texture can be estimated by extracting a handful of soil and squeezing the **damp** soil into three basic shapes.	原野では、土壌のキメは、一握の土を掘り出し、その**湿った**土をギュッと握り締めて３つの形にすることで判断することができる。	
The behavioral characteristics of the soil, when **molded** into each of these shapes, provides the basis for a general textural classification.	土壌の行動的特徴は、これらの形のうちのいずれかに**作られる**とき、キメによる一般分類の基礎を提供してくれる。	

durable [djúərəbl]	形 頑丈な；長持ちする	long-lasting lasting
fine [fáin]	形 きめの細かい ▶名詞の fine には、「罰金」の意味もあります よ。	tiny
residue [rézədjùː]	名 残留分；残された物 ▶理系の問題では、非常に頻出。	remain
reveal [rivíːl]	動 明らかにする；暴く ▶ reveal a secret「秘密を漏らす」は典型的な 組み合わせ。	unveil disclose betray
impart [impáːrt]	動 知らせる；伝える；与える ▶目的語は、knowledge や information が多 い。	disseminate
convey [kənvéi]	動 伝える	inform communicate
intuitive [intjúːətiv]	形 直感の；直感的な ▶名詞の intuition も知っておきましょう。	instinctive
drastic [dræstik]	形 徹底的な；猛烈な	thorough
integrate [íntəgrèit]	動 統合する ▶同意表現の incorporate は非常に頻出。また、 新 TOEFL の目玉は、まさに integrated tasks 「統合問題」。常に表題として目にする単語。	incorporate
vow [váu]	動 誓う；誓約する ▶同意語が多く、このグループは最頻出。	swear pledge promise
generosity [dʒènərásəti]	名 寛大さ；気前のよさ ▶「気前がいい；金離れがいい」の意もあり ます。会話では特にこの意味に注意。	tolerance
monochrome [mánəkròum]	名 形 単色 (の)；白黒 (の)	one-color

The higher the clay content in a sample, the more refined and **durable** the shapes into which it can be molded.	サンプル中に粘土分が多ければ多いほど、作られた形状は、ますます精密で**頑丈**になる	GROUP A
In soils with a high proportion of clay, the **fine** particles are measured on the basis of their settling velocity when suspended in water.	粘土を多く含む土壌においては、**きめ細かな**粒子は、水に混ぜた場合の沈殿速度に基づいて測定される。	
The water can be drawn off and evaporated, leaving a **residue** of clay, which can be weighed.	水が排水され、蒸発すると、粘土という**残留分**が残り、それが計量されることもある。	
A number of factors related to the voice **reveal** the personality of the speaker.	その声に関わるいくつかの要素で、話し手の性格が**明らかになる**。	
The broad area of communication includes **imparting** information by use of language.	コミュニケーションという広範な領域には、言語を使って情報を**伝えること**が含まれる。	GROUP B
A person **conveys** thoughts and ideas through choice of words.	人はことばを選ぶことで、考えや意見を**伝達する**。	
A speaker's tone can consciously or unconsciously reflect **intuitive** sympathy or antipathy.	話し手の語調には、意識的、無意識的に**直観的**な共感あるいは反感が反映される。	
How a speaker perceives the listener's receptiveness, interest, or sympathy in any given conversation can **drastically** alter the tone of presentation.	どんな会話においても、話し手がどの程度、聞き手の理解力、興味、共感を認識するかで、話し方の調子が**極端に**変わってしまうだろう。	
Schools were viewed as the most important means of **integrating** immigrants into American society.	学校は、移民を米国社会に**組み込む**最も重要な手段であるとみなされた。	
Alice Walker **vowed** she would write a book about him for children someday.	アリス・ウォーカーは、いつの日か子供たちのために彼について本を書くと**誓った**。	GROUP C
I will always be grateful that in his absolute warmth and **generosity** he fulfilled my deepest dream of what a poet should be.	絶対的な温かみと**寛大さ**で、詩人とはどうあるべきかという私の最も深遠な夢を彼がかなえてくれたことに、私はいつも感謝するだろう。	
Horses live in a **monochrome** world.	馬は、**単色の**世界に生きている。	

perception [pərsépʃən]	名 認識；知覚；認知 ▶ perceive の名詞形。	recognition cognition
tune [tjuːn]	動 (調子を)合わせる ▶ "Don't go away. Stay tuned." 「他所に行かないで、チャンネルはここに合わせたままで」。	adjust
eerily [íərəli]	副 無気味に	strangely
intensity [inténsəti]	名 強さ；激しさ	strength
excel [iksél]	動 勝る；秀でる ▶ これも同意語が非常に多く、このグループは最頻出。	exceed surpass prevail
gradation [greidéiʃən]	名 色の推移；漸次的変化	change transition
surpass [sərpǽs]	動 しのぐ；勝る ▶ prevail との同意語問題も実績あり。	exceed outdo top
artisan [ɑ́ːrtəzən]	名 職人；熟練工 ▶ 米国は若い国なので、どうしても芸術面でヨーロッパに劣っていました。そこで、artist の出現以前はこの人たちが主流。	craftsman
process [práses]	動 加工する；処理する	prepare treat deal with
enhance [inhǽns]	動 (価値などを)高める；増す ▶ 頻出度としては、どのセクションでもかなり上位。	improve boost
sanction [sǽŋkʃən]	名 拘束力；制裁；認可 ▶ 語義に「制裁」も「認可」もあるので、厄介な単語。	restriction
pursuit [pərsúːt]	名 仕事；職業；追求；追跡 ▶ 複数だったら仕事、職業	task occupation

Humans have no direct **perception** of infra-red rays, unlike the rattlesnake.	ガラガラヘビと違って、人間は赤外線を直接**認識**することはできない。
The rattlesnake has receptors **tuned** in to wavelengths longer than 0.7 micron.	ガラガラヘビは、0.7ミクロン以上の波長に**合った**感受器官を持っている。
The world would look **eerily** different if human eyes were sensitive to infra-red radiation	もし人間の目が赤外線放射に敏感であれば、世界は**無気味に**今とは違ったものに見えるだろう。
We would be able to move easily in a strange, shadowless world where objects glowed with varying degrees of **intensity.**	私たちは、物体が様々な**強度**で光る、奇妙な、影のない世界で自由に動き回ることができるだろう。
Human eyes **excel** those of animals in other ways.	人間の目は他の点で動物の目よりも**優れている**。
Human eyes are, in fact, remarkably discerning in color **gradation**.	実際、人間の目は、色彩の**推移**に対し際立った識別力を持っている。
The color sensitivity of normal human vision is rarely **surpassed** even by sophisticated technical devices.	人間の正常な視力がもつ色彩に対する敏感さは、洗練された機器にもめったに**劣ることがない**。
The **artisan** who makes pottery in North America today utilizes his or her skill and imagination to create items.	北米で今日、陶器を作る**職人**は、作品を生み出すために、独自の技術や想像力を駆使する。
Most North American artisan-potters now purchase commercially **processed** clay.	北米の陶工のほとんどは、今や、販売用に**加工された**粘土を購入する。
This favorable ratio **enhanced** women's status and position and allowed them to pursue different careers.	このような好都合な比率のおかげで、女性の地位や身分が**高まり**、彼女たちが様々な職業を追い求めることが可能となった。
There was no social **sanction** against married women working.	既婚女性が働くことに対しては、なんの社会的**拘束**は存在しなかった。
In addition to these **pursuits**, women were found in many different kinds of employment.	これらの**職業**に加えて、女性たちは多数の様々な種類の仕事に就いた。

GROUP A

GROUP B

GROUP C

☐ **tavern** [tǽvərn]	名 酒場；バー	bar
☐ **modest** [mάdist]	形 控えめな；適度の	humble reserved
☐ **platform** [plǽtfɔːrm]	名 デッキ；演壇	deck stage stump
☐ **tentacle** [téntəkl]	名 触手；触覚 ▶意外に頻出です。	antenna feeler
☐ **paralyze** [pǽrəlàiz]	動 麻痺させる	numb
☐ **cavity** [kǽvəti]	名 穴；空洞 ▶「虫歯」の意味もある。	hollow cavern
☐ **retract** [ritrǽkt]	動 引っ込める	withdraw pull back
☐ **reproduce** [rìːprədjúːs]	動 繁殖する	breed propagate
☐ **composition** [kὰmpəzíʃən]	名 配置；組み立て ▶もちろん「作文」の意味もある。	makeup formation
☐ **shot** [ʃάt]	名 写真；スナップ ▶「注射」の意味もある。	photo
☐ **outermost** [áutərmòust]	形 最も外の；一番はずれの ▶[反] innermost	farthest outside
☐ **eclipse** [iklíps]	名 日食；月食 ▶日食か月食かアイマイな場合は、solar や lunar をつける。	shading darkening

People ran mills, plantations, tanyards, shipyards, and every kind of shop, **tavern**, and boardinghouse.	人々は、製粉工場、農園、なめし皮工場、造船所、そしてあらゆる種類のお店、酒場、下宿屋を経営した。
The more **modest** Deep Sea Drilling Project is not aimed at reaching the mantle but at exploring the crust itself.	より控えめな「深海掘削計画」は、マントル自体に到達することが目的ではなく、地殻そのものを探査するためである。
From this stable **platform**, scientists lowered drilling pipes into waters four miles deep to scoop up cores of ocean sediment and bedrock.	この安定したデッキから、科学者たちは、掘削パイプを深度4マイルの海域に下ろし、海洋性堆積物や岩盤の標本をすくいとった。
The sea anemone has a body like a stem and **tentacles** like petals in brilliant shades of blue, green, pink, and red.	イソギンチャクは、茎のような胴体と、青、緑、ピンク、赤といった鮮やかな色合いの花びらのような触手を持っている。
Stinging cells in the tentacles throw out tiny poison threads that **paralyze** other small sea animals.	触手にあるトゲ細胞は、他の海洋小動物を麻痺させる微細な毒糸を放出する。
The food is digested in the large inner body **cavity**.	食べ物は体内の大きな空洞で消化される。
When disturbed, a sea anemone **retracts** its tentacles.	イソギンチャクは、脅かされると、触手を引っ込める。
Sea anemones may **reproduce** by forming eggs, dividing in half, or developing buds.	イソギンチャクは、卵を形成し、分裂し、あるいは、芽体を育むことで繁殖する。
At first she concentrates on the **composition** of those objects.	はじめは、彼女はオブジェの配置だけに集中する。
She visits each location several times to make sketches and test **shots**.	スケッチをしたり、テスト写真を撮るために、彼女は各ロケ地を数回訪れる。
The Sun's **outermost** layer begins about 10,000 miles above the visible surface and goes outward for millions of miles.	太陽の最も外の層は目に見える表面の約1万マイル上方で始まり、さらに外側へ何百万マイルも広がっている。
This is the only part of the Sun that can be seen during an **eclipse**.	これが、日食の時に見ることができる太陽の唯一の部分である。

見出し語	意味	同義語
☐ **sensational** [senséiʃənl]	形 すばらしい；人騒がせな ▶同意語問題のひとつのテクニックでもある、「よい意味と悪い意味の区別」に注意！	very exciting disturbing
☐ **tardy** [tá:rdi]	形 のろい；遅々とした ▶これも、同意語問題で何度も出題されている。	slow late
☐ **array** [əréi]	名 勢ぞろい；整列；配列 ▶ an array of ～ 「ずらりと並んだ～」で実は頻出。	line-up
☐ **pest** [pést]	名 害虫；害鳥 ▶病気の「ペスト」で出ることはめずらしい。	nuisance
☐ **once** [wʌ́ns]	接 いったん～すると ▶ once の3つの意味で一番大切。既に知っているはずの他の2つは「一回」、「かつて」。当然ながら、《知っているモノは暗記無用！》	as soon as just after
☐ **ruin** [rú:in]	動 壊滅させる；台無しにする ▶ "You ruined the party last night." 「お前が昨晩のパーティを台無しにしたんだ」	spoil annihilate wreck
☐ **hypothesize** [haipáθisàiz]	動 仮説を立てる	assume suppose
☐ **cohesion** [kouhí:ʒən]	名 結合；粘着；結束	bond
☐ **evaporation** [ivæpəréiʃən]	名 蒸発（作用）	vaporization
☐ **cohesive** [kouhí:siv]	形 凝集性のある；粘着性のある；結束した ▶社会学などでもよく使う。cohesive group（結束の固い集団）	adhesive sticky
☐ **catalyze** [kǽtəlàiz]	動 触媒作用を及ぼす；促進する	accelerate
☐ **sort** [sɔ́:rt]	動 分類する	classify categorize

The beautiful rays are a **sensational** sight during an eclipse.	その美しい光は、日食の時の**すばらしい**眺めである。
Two reasons account for this **tardy** development, namely, the mental difficulties and the physical difficulties encountered in such work.	2つの理由、すなわち、そのような作業において遭遇する知能上の困難と物理的困難が、このような**遅々とした**発達の理由を説明している。
The ecosystems of the Earth provide an **array** of free public services that are essential for the support of civilizations.	地球の生態系は、文明を支えるために欠くことができない**一連の**無料公共サービスを提供している。
The ecosystems of the Earth control the overwhelming majority of crop **pests** and disease vectors, and so on.	地球の生態系は、圧倒的多数の穀物の**害虫・害鳥**や病原菌媒介生物などの蔓延を防ぐ。
Once the natural life-support systems of a civilization have been sufficiently damaged, they cannot usually be repaired.	ある文明の本来の生命維持システムが**いったん**ひどく損なわれ**ると**、通常は修復不能である。
Today, a global civilization is **ruining** the global environment.	今日、全世界の文明が地球環境を**破壊している**。
Some botanists **hypothesized** that the living cells of plants acted as pumps.	植物学者の中には、植物の生きた細胞がポンプの役目を果たすとの**仮説を立てた**者もいた。
According to the currently accepted **cohesion**-tension theory, water is pulled there.	現在受け入れられている**凝集**張力理論によれば、水は樹上まで引っ張り上げられる。
The pull on a rising column of water in a plant results from the **evaporation** of water at the top of the plant.	植物中の上方へ伸びている水柱の引っ張る力は、植物の頂上での水の**蒸発作用**が原因である。
This **cohesive** strength permits columns of water to be pulled to great heights without being broken.	この強い**凝集**力によって、ものすごい高さで、水柱がちぎれることなく引っ張り上げられる。
Mass transportation **catalyzed** physical expansion in the American city.	大量輸送は、米国の都市の物理的拡大に**触媒作用を及ぼした**。
Mass transportation **sorted** out people and land uses.	大量輸送は、人々や土地使用を**選り分けた**。

GROUP A

GROUP B

GROUP C

見出し語	意味	同義語
inherent [inhíərənt]	形 生得の；もともとの；固有の ▶このグループは最頻出のひとつ。native や indigenous まで押さえたい。	innate inborn natural
spark [spáːrk]	動 刺激して〜させる ▶次の受験の時には出るだろうと思ってもいい単語です。文脈系です。	bring about arouse
periphery [pərífəri]	名 周囲；周辺 ▶電車の優先席の英語で書かれた注意書きを読んでみよう。	vicinity
plot [plát]	動 (土地を)区画する；たくらむ	zone lot scheme
surplus [sə́ːrplʌs]	名 余り；余剰；黒字 ▶反意語は deficit 。 trade deficit（貿易赤字）	remainder excess black
underscore [ʌ̀ndərskɔ́ːr]	動 明白にする；強調する ▶文脈から意味をあぶり出すタイプの同意語問題で頻出。	underline
transit [trǽnsit]	名 輸送；運輸；通過；輸送乗客 ▶ a transit lounge は、「(空港の)通過旅客用待合室」です。	transportation
juvenile [dʒúːvənl]	名 青少年；未熟な動植物 ▶ juvenile delinquency（青少年非行）もおなじみ。	youth
terrestrial [təréstriəl]	形 陸上の；地球の ▶ ET（extraterrestrial）異星人	ground earthly
erosion [iróuʒən]	名 侵食 ▶地質学に関するレクチャーなどでは、必ずと言ってよいほど出てくる。	encroachment
decay [dikéi]	名 腐敗；腐朽；虫歯	decomposition
deposit [dipázit]	動 沈殿する；堆積する；置く；預金する ▶「沈殿する」だけでなく、「堆積する」も印象に残しておこう。	settle place

Mass transportation accelerated the **inherent** instability of urban life.	大量輸送は、都市生活が**もともと内包している**不安定を助長した。	GROUP A
The new accessibility of land around the periphery of almost every major city **sparked** an explosion of real estate development.	ほぼ全ての主要都市の周辺部の土地が持つ利便性は、不動産開発の激増を**刺激した**。	
The new accessibility of land around the **periphery** of almost every major city fueled what we now know as urban sprawl.	ほぼ全ての主要都市の**周辺部**の土地が持つ新たな利便性は、私たちが今やスプロール現象として認識しているものを促進した。	
Over the same period, another 550,000 lots were **plotted** outside the city limits but within the metropolitan area.	同じ時期に、さらに５５万の分譲地が、市の境界線外でありながら広域都市圏の内側に**区画された**。	
There was always a huge **surplus** of subdivided, but vacant, land around Chicago and other cities.	シカゴやその他の都市の周りには、分譲地用に小分けされながら空き地となっている土地が常に膨大に**余っていた**。	GROUP B
These excesses **underscore** a feature of residential expansion related to the growth of mass transportation.	これらの余剰は、大量輸送の増大と関連した住宅地の拡大の特徴を**明白なものとしている**。	
Transit lines and middle-class inhabitants were anticipated.	**輸送**路線や中流階級の住民がやってくると期待された。	
The preservation of embryos and **juveniles** is a rare occurrence in the fossil record.	胎芽や**未熟な動物**が保存されることは、化石記録ではめったに起こらないことである。	
Ichthyosaurs had a higher chance of being preserved than did **terrestrial** creatures.	イクシオザウルスは、**地上に住む**動物よりも、保存される可能性が高かった。	GROUP C
Marine animals tended to live in environments less subject to **erosion**.	海洋動物は、**侵食**にあまり影響を受けない環境で生活する傾向があった。	
One of the factors the fossilization requires is a slow rate of **decay** of soft tissues.	化石化に必要な要素のひとつは、柔らかな組織が緩慢な速度で**腐朽すること**である。	
The ichthyosaur remains are found in black, bituminous marine shale **deposited** about 190 million years ago.	イクシオザウルスの残骸は、約１億９千万年前に**堆積した**黒い、瀝青海洋泥板岩の中に見出される。	

単語	意味	同義語
☐ **specimen** [spésəmən]	名 標本	sample example
☐ **unmatched** [ʌ̀nmǽtʃd]	形 匹敵するもののない；つり合わない ▶最上級の意味なので注意！	better than any other peerless
☐ **expedition** [èkspədíʃən]	名 探検(隊)；遠征(隊)	exploration tour
☐ **explore** [iksplɔ́:r]	動 探検する；調査する	investigate survey
☐ **toil** [tɔ́il]	動 苦労して進む；せっせと働く	struggle labor
☐ **self-sufficient** [sèlfsəfíʃənt]	形 自給自足の；自立心のある	independent
☐ **supplant** [səplǽnt]	動 取って代わる ▶明日、本試験を受けるなら、必ず押さえておきたい同意語群です。	take the place of replace supersede
☐ **vigorous** [vígərəs]	形 力強い；精力旺盛な	strong energetic
☐ **versatility** [və̀:rsətíləti]	名 多芸多才 ▶俗に言う「引き出しが多いこと」	of many talents (gifts) universality
☐ **sustain** [səstéin]	動 持続させる；支える；屈しない	retain maintain support uphold
☐ **myriad** [míriəd]	形 無数の ▶これも意外に同意語問題で頻出。	too many to count
☐ **prodigious** [prədídʒəs]	形 驚異的な；すばらしい ▶名詞の prodigy と共に同意語問題で頻出。	wonderful

GROUP A

Over the years, thousands of **specimens** of marine reptiles, fish and invertebrates have been recovered from these rocks.	長年にわたって、海に棲息する爬虫類、魚類、無脊椎動物の何千という**標本**がこれらの岩から回収されている。
The quality of preservation is almost **unmatched**, and quarry operations have been carried out carefully with an awareness of the value of the fossils.	保存の質は、ほぼ**匹敵するものがない**ほどすばらしいので、採掘石作業は、化石の価値を認識して、注意深く実行された。
The Lewis and Clark **expedition** was the most important official examination of the high plains and the Northwest before the War of 1812.	ルイス・クラーク**探検**は、1812年戦争以前における、高原部と北西部の最も重要な公式調査であった。
Captain William Clark was invited to share the command of the **exploring** party.	ウイリアム・クラーク隊長が、**探検**隊の指揮を共同で執るために招かれた。

GROUP B

After **toiling** up the Missouri all summer, the group wintered near the Mandan villages in the center of what is now North Dakota.	夏中をかけてミズリー川を**苦労しながら進んだ**後、隊は現在のノース・ダコタの中心部のマンダンの村落近くで冬を越した。
Unlike string and wind instruments, the piano is completely **self-sufficient**.	弦楽器や吹奏楽器と違って、ピアノは、完全に**自立している**。
The clavichord, and the harpsichord group maintained a supremacy until the piano **supplanted** them at the end of the eighteenth century.	クラビコードやハープシコード・グループは、18世紀末にピアノに**取って代わられる**まで、優位性を保った。
The harpsichord with its bright, **vigorous** tone was the favorite instrument for supporting the bass of the small orchestra.	ハープシコードは明るくて、**力強い**音色を持っていたから、小規模交響楽団の低音部を支えるのに好まれた楽器だった。
This instrument was called a piano e forte (soft and loud), to indicate its dynamic **versatility**.	そのダイナミックな**多芸多才さ**を示すために、この楽器は「ピアノ・エ・フォルテ（柔らかくて強い）」と呼ばれた。

GROUP C

A series of mechanical improvements included the introduction of pedals to **sustain** tone or to soften it.	一連の機械的な改善の中には、音色を**持続させたり**柔らかくするためのペダルの導入が含まれていた。
The perfection of a metal frame and steel wire of the finest quality produced an instrument capable of **myriad** tonal effect.	最高品質の金属製の枠組みや鋼鉄線の完成が、**無数の**音調効果を出すことができる楽器を生み出した。
Her productivity since then has been **prodigious**, accumulating in less than two decades to nearly thirty titles.	そのとき以来、彼女の多作ぶりは**驚異的**で、20年足らずの間に30冊を積み重ねてきた。

verse [və́ːrs]	名 韻文；詩歌 ▶反意語は prose「散文」。	
assess [əsés]	動 査定する；評価する；税金を課す ▶スペリングも注意！	estimate
riot [ráiət]	名 暴動	revolt disorder
akin [əkín]	形 類似した；同族の	similar alike close
peculiarity [pikjùːliǽrəti]	名 特異性；特性	eccentricity oddity
bizarre [bizáːr]	形 奇怪な ▶この例文のナマコにうってつけの単語。しかも同意語が多いから、このグループも最頻出。	strange odd weird
subsist [səbsíst]	動 生存する；生き残る ▶ subsistence「生存；生存最低生活」	survive
metabolic [mètəbálik]	形 代謝の ▶日本語に訳しにくい単語ですが、代謝は「古いものと新しいものが入れ替わること」	of chemical exchange
faculty [fǽkəlti]	名 能力；教授団；学部 ▶文脈を踏まえた同意語問題で頻出。以下の例文なら、「this faculty とはどういう能力か」みたいな。	ability capacity
spectacular [spektǽkjulər]	形 壮観な	magnificent
cast [kǽst]	動 （皮を）脱ぐ；投げる	shed
regenerate [ridʒénərèit]	動 再生する	reproduce

Her books include novels, collections of short stories and **verse**, plays, and literary criticism.	彼女の著作には、長編小説、短編や**詩**を集めたもの、戯曲、文学批評が含まれている。	**GROUP A**
Reviewers find a productivity of such magnitude difficult to **assess**.	評論家たちは、その多大な生産性を**評価する**のが難しいと感じている。	
In the novel, she focused on Detroit from the Depression through the **riots** of 1967.	その小説で、彼女は、大恐慌から1967年の**暴動**までのデトロイトに焦点を当てた。	
Her fictive world remains strikingly **akin** to that real one reflected in the daily newspapers.	彼女の小説世界は、日刊紙に反映される現実の世界に依然として際立って**似通っている**。	
All living creature, especially human beings, have their **peculiarities.**	すべての生物、特に人類は、それなりの**特異性**を保有している。	**GROUP B**
What else can be said about this **bizarre** animal that eats mud, feeds almost continuously day and night but can live without eating for long periods?	泥を食べ、ほぼたて続けに日夜食べ続けるが、長期にわたってまったく食べなくても生きられる、この**奇妙な**動物について、他に何が言えるだろうか？	
For some fifty million years, despite all its eccentricities, the sea cucumber has **subsisted** on its diet of mud.	その特異性にもかかわらず、約5000万年の間、ナマコは泥の食餌で**生き延びて**きた。	
Sea cucumbers have the capacity to become quiescent and live at a low **metabolic** rate for long periods.	ナマコは静止した状態で、長い間、低い**代謝**率で生きられる能力を持っている。	
If it were not for this **faculty**, sea cucumbers would devour all the food available in a short time.	もしこのような**能力**がなければ、ナマコは、短期間で手に入る全ての食べ物をむさぼり食べてしまうだろう。	
The most **spectacular** thing about the sea cucumber is the way it defends itself.	ナマコについてもっとも**見ごたえのある**ことは、その身の守り方である。	**GROUP C**
The sea cucumber **casts** off attached structures such as tentacles.	ナマコは、触手などの、体に付属する組織を**脱ぎ捨て**てしまう。	
The sea cucumber will eviscerate and **regenerate** itself if it is attacked or even touched.	ナマコは、攻撃を受けたり、あるいは触られただけでも、内臓を吐き出し、**再生するだろう**。	

単語	意味	同意語
pollute [pəlúːt]	動 汚染する ▶ Writing で使うときは、pollute と contaminate を織り交ぜよう。	contaminate
homogeneous [hòumədʒíːniəs]	形 均質の；同質の ▶反意語は heterogeneous「異質の」	of the same kind
paramount [pǽrəmàunt]	形 最高の；卓越した ▶意外と知らない盲点単語。	most important
renounce [rináuns]	動 拒否する；破棄する；認めない ▶出題実績多し。意味が多義で訳しにくい。文脈に注意！	no longer suppo(rt) give up waive reject
pronounced [prənáunst]	形 はっきりした ▶「発音する」とは関係のない意味での同意語問題で頻出。	clear
secular [sékjulər]	形 世俗的な；非宗教的な ▶これも同意語問題で頻出。	worldly earthly
equivalent [ikwívələnt]	名 形 対応(するもの)；同等(のもの) ▶文脈から具体的に言い換えられるようにしたい。	counterpart
dissipate [dísəpèit]	動 消散する	scatter
devastate [dévəstèit]	動 破壊する ▶形容詞の devastating も頻出。	demolish destroy
mute [mjúːt]	形 ものが言えない；唖者の；無言の	dumb
feasible [fíːzəbl]	形 実行可能な ▶ possible と組み合わせの同意語問題で頻出。	possible practicable likely
compile [kəmpáil]	動 収集する；編集する	collect put together edit

The sea cucumber will do the same if the surrounding water temperature is too high or if the water becomes too **polluted**.	ナマコは、周りの水温が高すぎたり、水が汚染しすぎると、同じような行動をとるだろう。
A folk culture is **homogeneous** in custom and race, with a strong family or clan structure.	民族文化は、慣習や人種が同質で、根強い家族あるいは部族構造をともなっている。
In a folk culture, tradition is **paramount**, and change comes infrequently and slowly.	民族文化では、伝統が何にも勝るものであり、変化はめったに起こらず、起こっても遅々としている。
The Amish is a German American farming sect that largely **renounces** the products and labor saving devices of the industrial age.	アーミッシュは、ドイツ系アメリカ人の農業一派で、工業時代の製品や労働を軽減する道具を大方は認めない。
Their relationships tend to be impersonal, and a **pronounced** division of labor exists.	彼らの関係は非個人的な傾向が強く、はっきりした労働の区分が存在する。
Secular institutions of control such as the police and army took the place of religion and family in maintaining order.	例えば警察とか軍隊といった非宗教的な管理制度が、宗教や家族に取って代わって秩序を維持した。
Folk-made objects give way to their popular **equivalent**.	人の手で作った品物が、その大衆的な品物(相当物)に取って代わられている。
Torrential rains, severe thunderstorms, and tornadoes begin quickly, strike suddenly, and **dissipate** rapidly.	豪雨や激しいサンダーストーム、そして、竜巻は、急に発生し、突然襲いかかり、急速に消散する。
Many of the most damaging and life-threatening types of weather **devastate** small regions while leaving neighboring areas untouched.	最も破壊的で生命を脅かすようなタイプの天候の多くは、狭い地域を破壊するが、一方、近隣の地域を無傷のままにしておく。
Suffering from schizophrenia, the man was often **mute** and unresponsive to the environment.	その男は、統合失調症だったので、しばしばものが言えず、周りに対して無反応だった。
Until recently, the observation-intensive approach needed for accurate, very short-range forecasts was not **feasible**.	最近までは、正確で非常に短期的な予報のために必要とされる集中観測方式は、可能ではなかった。
Modern computers can quickly **compile** and analyze this large volume of weather information.	最新のコンピュータは、このような膨大な分量の気象情報をすばやく収集し分析することができる。

単語	意味	類義語
prospect [práspekt]	名 展望；見込み；可能性 ▶時に微妙に意味が違うので、文脈であぶりだそう。	possibility
manufacturing [mæ̀njufǽktʃəriŋ]	名 製造(の)；工業(の)	making producing
makeup [méikʌ̀p]	名 組成；構成 ▶「化粧」や「再試験」の意味もありますよ。	combination
ethnic [éθnik]	形 民族の；民族的な；人種の	racial
mobility [moubíləti]	名 機動性	ability to move easily
orderly [ɔ́ːrdərli]	形 整然とした ▶会話問題でよく出る neat「こぎれいな；きちんとした」も同類語ですね。	tidy
distinction [distíŋkʃən]	名 相違；差別；特徴；気品 ▶やさしいけど、よく出ます。	difference discrimination
dizzying [díziiŋ]	形 めまぐるしい；目まいがするような	confusing
pollination [pɑ̀lənéiʃən]	名 受粉 ▶pollen「花粉」にスペリングが似てますよね。	fertilization
distort [distɔ́ːrt]	動 ゆがめる；歪曲する ▶「(事実を)歪曲する」時も使えます。	warp bend
strip [stríp]	名 細長い土地 ▶筆者は、「細長いヒモのような土地」を想像することにしています。The Sunset Strip「サンセット通り」みたいに。	a long narrow piece of land
lure [lúər]	動 誘う；おびき出す ▶魚釣りのルアー(疑似餌)を思い出せば、簡単。	tempt attract allure

People were haunted by the **prospect** that unprecedented change in the nation's economy would bring social chaos.	人々は、国家経済の前例のない変化が社会の大混乱をもたらすのではないかという**見込み**にとりつかれていた。
A gradual shift occurred in the nation's labor force from agriculture to **manufacturing** and other nonagricultural pursuits.	農業から**製造業**や他の非農業的な仕事へと、国家の労働力に少しずつ移行が起こった。
As the population grew, its **makeup** also changed.	人口が増加するにつれて、その**構成**もまた変化した。
Massive waves of immigration brought new **ethnic** groups into the country.	移民の巨大な波が、この国に新しい**民族**の集団をもたらした。

GROUP A

Geographic and social **mobility** — downward as well as upward — touched almost everyone.	上向きはもとより下向きもふくめて、地理的・社会的**機動性**が、ほぼすべての者に影響を与えた。
It seemed to many people that all the recognized values of **orderly** civilization were gradually being eroded.	多くの人々にとって、**整然とした**文明についての、既に社会に認められたすべての価値観が次第に壊されつつあるように思えた。
These changes tended to magnify social **distinctions**.	このような変化は社会的**格差**を拡大する傾向にあった。
In the context of extreme competitiveness and **dizzying** social change, the household lost many of its earlier functions.	極度の競争と**目がくらむほどの**社会の変化という状況において、家庭はその初期の機能をなくしてしまった。

GROUP B

The column is designed so that a single **pollination** will fertilize hundreds of thousands, and in some cases millions, of seeds.	蕊柱（ずいちゅう）は、たった1回の**受粉**で、何十万、時には何百万もの種に受精する。
Sepals and petals are often **distorted** into gorgeous, weird, but always functional shapes.	ガクと花弁は、しばしば豪華で奇妙に**ゆがんでいる**が、それは常に機能的な形である。
It is often dramatically marked as an unmistakable landing **strip** to attract the specific insect the orchid has chosen as its pollinator.	それは、ランが自分の受粉者として選んだ特定の昆虫を惹きつけるための間違えようのない滑走**路**として、驚くほど際立っていることが多い。
To **lure** their pollinators from afar, orchids use appropriately intriguing shapes, colors, and scents.	受粉者を遠方から**誘い込む**ために、ランは、まさにぴったりの興味をそそる形、色、匂いを駆使する。

GROUP C

CD 1—53

単語	意味	類義語
irresistible [ìrizístəbl]	形 押さえがたい；抗しがたい ▶ irresistible urge「抑えがたい衝動」はよく使う表現。	attractive
prosperity [prɑspérəti]	名 繁栄	success
overtax [òuvərtǽks]	動 重い負担をかける	overload
cope [kóup]	動 対処する；切り抜ける ▶ with との組み合わせで暗記！	deal manage handle
antiquated [ǽntikwèitid]	形 時代遅れの；古風な	outdated old-fashioned
layman [léimən]	名 一般人；素人 ▶ layman に対して、laywoman もあり。	amateur
boon [bú:n]	名 恵み；恩恵 ▶ boom「急発展；急騰」と勘違いしないように。	blessing benefit
manifestation [mæ̀nəfistéiʃən]	名 現れ；明示；政策表明 ▶ manifesto「政策；声明」は、イタリア語。	demonstration
lament [ləmént]	動 嘆く；遺憾に思う	deplore
realm [rélm]	名 領域；範囲 ▶ 同意語が多く、このグループは最頻出。	domain field area
novel [nάvəl]	形 目新しい；新奇な ▶「小説」ではありません。形容詞です。	new
obsess [əbsés]	動 取りつく ▶ 確か、obsession という有名な香水があったはず。「妄想」、「執念」、「強迫観念」、「取りつかれること」、どの意味でしょうか。	possess haunt

Orchids have made themselves **irresistible** to collectors.	ランは、収集家にとって<u>非常に魅力的な</u>ものになっている。
With the growing **prosperity** brought on by the Second World War, young people married and established households earlier.	第二次世界大戦によってもたらされたますますの<u>繁栄</u>によって、若い人たちは以前より早く結婚し家庭を築いた。
Because of the baby boom of the 1950's and 1960's, the public school system suddenly found itself **overtaxed**.	1950年、60年代のベビーブームが原因で、突然気がつくと公立学校システムに<u>重い負担がかかって</u>いた。
A rise in the number of schoolchildren and wartime and postwar conditions made the schools even less prepared to **cope** with the situation.	学童数の増加と戦中戦後の状態によって、学校側では、ますますこの状況に<u>対処する</u>準備が整わなかった。
In the 1950's and 1960's, the baby boom hit an **antiquated** and inadequate school system.	1950年、60年代には、ベビーブームが、<u>時代遅れ</u>で状況に合わない学校システムに打撃を与えた。
With the baby boom, the focus of educators and of **laymen** interested in education inevitably turned toward the lower grades	ベビーブームが原因で、教育者や<u>素人</u>ながら教育に興味を抱く人たちの焦点は、必然的により下の学年の子供たちに向けられた。
Writers such as Ralph Waldo Emerson and Henry David Thoreau saw the railroad both as a **boon** to democracy and as an object of suspicion.	ラルフ・ワルドー・エマーソンやヘンリー・デビッド・ソローなどの著述家たちは、鉄道を民主主義への<u>恩恵</u>であり、また、同時にいぶかしげな対象物であるとみなしていた。
In its **manifestation** of speed and noise, the railroad was a despoiler of human nature as well.	スピードと騒音の<u>現れ</u>という点で、鉄道は人間性の略奪者でもあった。
Historians **lamented** the role that the new frenzy for business was playing in eroding traditional values.	歴史家たちは、事業に対するその新たな熱狂が伝統的価値観を壊す上で果たしている役割を<u>嘆いた</u>。
The literature in which the railroad plays an important role belong to popular culture rather than to the **realm** of serious art.	鉄道が重要な役割を果たしている文学は、堅い芸術の<u>領域</u>と言うよりは、むしろ大衆文化に属している。
The engine that became standard on western steamboats was of a different and **novel** design.	西部の蒸気船で定番となったエンジンは、異なった<u>目新しい</u>設計のものだった。
The self-educated son of a Delaware farmer, Evans early became **obsessed** by the possibilities of mechanized production and steam power.	あるデラウエア農民の息子で、独学だったエバンスは、早くから機械化生産と蒸気動力の可能性に<u>取りつかれて</u>いた。

125

見出し語	意味	同意語
☐ **stationary** [stéiʃənèri]	形 静止した；定置型の ▶ご存知のように、stationery「文房具；便箋」と一字違い。	immovable motionless still
☐ **vessel** [vésəl]	名 船；入れ物；管 ▶craft との同意語問題が何度か出ました。	ship boat craft
☐ **economy** [ikánəmi]	名 倹約；節約 ▶当然ながら、「経済；経済状態」との区別を、前後の文脈から行うこと。	thrifty saving
☐ **demolish** [dimáliʃ]	動 破壊する	destroy ruin
☐ **dormant** [dɔ́ːrmənt]	形 休止状態の ▶火山関係で出るでしょう。	inactive sleeping hibernating
☐ **compact** [kəmpǽkt]	動 固める；圧縮する	compress pack
☐ **equilibrium** [ìːkwəlíbriəm]	名 つりあい；平衡	balance stability
☐ **discharge** [distʃáːrdʒ]	動 排出する；降ろす；免除する ▶様々な場面で使える便利な単語。The patient was discharged from a hospital.「その患者は退院した」	release eject
☐ **smother** [smʌ́ðər]	動 もみ消す；抑える；窒息させる	extinguish suffocate
☐ **alter** [ɔ́ːltər]	動 変える；改める ▶同意語が多く、このグループは最頻出。Writing では、言い換えながら使おう。	change transform
☐ **burgeon** [bɔ́ːrdʒən]	動 急激に発展する；急増する ▶「新芽を出す」から来た単語。文脈であぶりだす同意語問題で実績アリ。	develop quickly
☐ **celestial** [səléstʃəl]	形 天の；空の ▶反対語：terrestrial「陸上の；地球上の」	heavenly

GROUP A

As early as 1802 he was using a **stationary** steam engine of high-pressure design in his mill.

早くも1802年には、彼は、高圧設計の**定置**蒸気機関を自分の工場で使用していた。

In shallow western rivers the weight of **vessel** and engine was important.

浅い西部の川において、**船**とエンジンの重量は重要だった。

The main advantages of low-pressure engines were safe operation and **economy** of fuel consumption.

低圧エンジンの主要な利点は、安全な操作性と燃料消費の**経済性**だった。

In 1980, 70% of Mount Saint Helens ice cover was **demolished**.

1980年には、セント・ヘレン山の結氷の70パーセントが**破壊**された。

GROUP B

During long **dormant** intervals, glaciers eventually reduce volcanic cones to rubble.

長い**休止**期間の間に、氷河はついには、火口丘を瓦礫にしてしまう。

Snow accumulating yearly in Rainier's summit craters is **compacted** and compressed into a dense form of ice called firn.

レニア山の頂上火口に毎年降り積もる雪は、**固め**られ圧縮されて粒雪と呼ばれる密度の高い氷になる。

To maintain the cave system, the elements of fire under ice must remain in **equilibrium**.

洞窟網を維持するためには、氷の下で火の要素が**つりあっている状態**でなければならない。

If too much volcanic heat is **discharged**, the crater's ice pack will melt away entirely.

もしも火山性の熱が過度に**放出される**と、火口の積氷は完全に溶けてしまうだろう。

The ice pushes against the enclosing crater walls and **smothers** the present caverns.

氷は取り囲んでいる火口の壁を圧迫し、現存する洞窟を**消滅させてしまう**。

GROUP C

The change in a factory system radically **altered** the nature of work during the half century between 1870 and 1920.

工場システムの変化によって、1870年から1920年にわたる半世紀の間に、労働の性質が根本的に**変わった**。

The number of huge plants like the Baldwin Locomotive Works in Philadelphia **burgeoned**.

フィラデルフィアのボールドウイン機関車工場のような巨大工場の数は、**急増した**。

Stars may be spheres, but not every **celestial** object is spherical.

星は球体であるだろうが、あらゆる**天体**が球体とは限らない。

permeate [pə́ːrmièit]	動 浸透する；染み渡る ▶地質学、社会学など、分野を問わず出てくるから、必ず知っておきたい。スペリングと発音にも注意。	penetrate
eject [idʒékt]	動 出す；噴出する；追い出す	emit expel
inherit [inhérit]	動 （遺伝的に）受け継ぐ；相続する ▶素直な同意語問題で頻出。	acquire take over
slab [slǽb]	名 石板；厚板	block thick flat piece
commission [kəmíʃən]	動 委託する	assign contract
patriot [péitriət]	名 愛国者 ▶米国史なら、loyalist「英国擁護派」との対照に。	nationalist
tolerate [tálərèit]	動 耐える；容認する ▶同意語が多く、このグループは最頻出。特に、tolerate が一番狙われている。会話は stand。	endure bear withstand put up with
replenish [riplέniʃ]	動 補給する ▶「再び満たす」が原義。	supply restock
dehydrate [diːháidreit]	動 脱水症状に陥らせる ▶de- は「分離；除去」。hydrate は、hydro- からの類推で、「水」関係とわかる。	lose too much water
intoxication [intàksikéiʃən]	名 中毒；酩酊	poisoning drunkenness
pasture [pǽstʃər]	名 牧草地	grazing meadow
whereby [hwɛərbái]	関係副詞 それによって；従って	by which

When the jets strike the highly rarefied gas that **permeates** intergalactic space, the fast-moving electrons lose their highly directional motion.	その噴出物が、銀河間の空間に**浸透している**非常に希薄な気体に衝突すると、その高速の電子は、非常に指向性の強い動きを失ってしまう。
Why should a galaxy **eject** matter at such tremendous speeds in two narrow jets?	なぜ銀河は、そのように物凄い速さで、2つの細い噴流の形式で物体を**噴出する**のか。
The sculptural legacy that the new United States **inherited** from its colonial predecessors was far from a rich one.	新しい合衆国が植民地時代の先達から**受け継いだ**彫刻に関する遺産は、豊かなものとは程遠かった。
Stone carvers engraved their motifs of skulls and crossbones and other religious icons of death into the gray **slabs.**	石工たちは、どくろと2本の交差した骨の模様や、死を表す他の宗教的な像を灰色の**石板に**彫りこんだ。
In the 1770's Charleston, South Carolina **commissioned** the Englishman Joseph Wilton to make marble statues of William Pill.	1770年代のチャールストンで、サウス・カロライナ州が英国人ジョセフ・ウィルトンにウイリアム・ピルの大理石像の作成を**委託した**。
Wilton made a lead equestrian image of King George that was erected in New York in 1770 and torn down by zealous **patriots** later.	ウィルトンは、1770年にニューヨークで建立されその後、熱烈な**愛国者たち**によって破壊されたキング・ジョージ3世の鉛製の騎士像を制作した。
One strategy of large desert animals is to **tolerate** the loss of body water to a point that would be fatal for non-adapted animals.	大型の砂漠動物のひとつの戦略は、適応していない動物なら致命的となるようなレベルまで体内の水分損失に**耐える**ことである。
An important adaptation of large desert animals is the ability to **replenish** this water loss at one drink.	大型の砂漠動物が持つ重要な適応力は、ひと飲みでこの水の損失を**補給する**能力である。
A very **dehydrated** person cannot drink enough water at one session.	激しい**脱水症状に陥った**人間は、1回で十分な水を飲むことはできない。
The human stomach is not sufficiently big and too rapid dilution of the body fluids causes death from water **intoxication**.	人間の胃は、十分に大きくはないので、あまりにも急激に体液が薄まると、水**中毒**で死亡する原因となる。
The tolerance of water loss enables those animals not to have to remain near a water hole but obtain food from grazing sparse and far-flung **pastures**.	水の損失に対する耐性によって、それらの動物は、水場の近くに留まる必要がなく、まばらで遠く離れた**牧草地**で草を食んで食料を得ることができる。
Rent control is the system **whereby** the local government tells building owners how much they can charge their tenants in rent.	賃貸料制限は、**それによって**自治体政府が建物所有者に対し賃貸者にいくら賃貸料を請求してよいかを告げる制度である。

CD 1 — 56

見出し語	意味	類義
impose [impóuz]	動 押しつける；課す ▶ We impose human civilization on nature.「我々は人間の文明を自然に押しつける」みたいに、on を使う。	inflict
spur [spə́ːr]	動 促す；せきたてる；駆り立てる ▶ 馬の腹を刺激するための、カウボーイ・ブーツの踵についている歯車を覚えていますか。これが spur「拍車」です。	stimulate hasten urge
municipal [mjuːnísəpəl]	形 市の；町の	civil city
subsidize [sʌ́bsədàiz]	動 助成金を出す ▶ finance「資金を提供する」との組み合わせで、同意語問題となることもあるかも。	aid support
exempt [igzémpt]	形 免除された；〜がない ▶ be exempt from 〜「〜から免れている」と暗記！	excused
circulation [sə̀ːrkjuléiʃən]	名 発行部数；循環 ▶「循環」は既知の意味でしょう。「発行部数」が狙い目。	issue cycle
dedicate [dédikèit]	動 (時間・精力などを) 捧げる；専念する ▶「落成式・除幕式をする」や「(著書などを) 献呈する」の意味も出ます。	devote
insulation [ìnsəléiʃən]	名 孤立；隔離；絶縁 ▶「絶縁」の意味の方がやや頻出度は高い。	isolation quarantine
optical [ɑ́ptikəl]	形 光学の；視力の ▶「視力の」も忘れないで。optometrist「検眼士」	using light as a means
associate [əsóuʃièit]	動 結びつけて考える；連想する；交際する ▶「交際する」も出題実績あり。	link connect
stiffen [stífən]	動 堅くする；こわばらせる	solidify harden
induce [indjúːs]	動 引き起こす；誘引する ▶まさに、文脈から cause を選ばせる問題が出ました。	cause

In 1943 the federal government **imposed** rent controls to help solve the problem of housing shortages during wartime.	1943年に連邦政府は、戦時中の住宅不足問題の解決をはかるために、賃貸料制限を**課した**。
Rent controls were **spurred** by the inflation of the 1970's.	賃貸料制限は1970年代のインフレによって**押し進められた**。
In 1979 Santa Monica's **municipal** government ordered landlords to roll back their rents to the levels charged in 1978.	1979年に、サンタモニカの**市**政府は、大家に対し1978年の請求水準まで賃貸料を引き下げるように命令した。
In New York City, except for government-**subsidized** construction, the only rental units being built are luxury units.	ニューヨーク市では、政府が**助成する**建築物件を除いて、建築中の唯一の賃貸住宅は、高級物件である。
New office rental space and commercial developments are **exempt** from rent controls.	新しい賃貸オフィスや商業施設は、賃貸料制限から**免除されて**いる。
By 1892, the **circulation** of the Ladies' Home Journal had reached an astounding 700,000	1892年までにレディーズ・ホームジャーナルの**発行部数**は、驚異的な70万部に達していた。
Edward Bellamy's Looking Backward gave rise to the growth of organizations **dedicated** to the realization of his vision of the future.	エドワード・ベラミーの「ルッキング・バックワード」は、彼の未来への展望を実現することに**献身する**団体の成長を生み出した。
The printed word was intruding on the **insulation** that had characterized United States society in an earlier period.	活字は、初期の時代において合衆国の社会を特徴付けていた**孤立**に侵入しつつあった。
Glass can be decorated in multiple ways and its **optical** properties are exceptional.	ガラスは、様々に飾ることが可能で、その**光学的**な特性は並はずれている。
Glass lacks the crystalline structure normally **associated** with solids, and instead retains the random molecular structure of a liquid.	ガラスには、通常、固体と**関連する**結晶構造がなく、その代わり、液体の持つ無原則な分子構造を保持している。
As molten glass cools, it progressively **stiffens** until rigid.	溶解したガラスが冷えるにつれて、ますます**堅くなり**、ついには固まってしまう。
Uneven cooling **induces** internal stresses in glass.	むらのある冷却が、ガラス中にストレスを**引き起こす**。

locomotion [lòukəmóuʃən]	名 運動(力);移動	movement motion
exert [igzə́:rt]	動 力を及ぼす;発揮する ▶名詞 exertion「努力;骨折り;力の発揮」とともに非常に重要な単語。	apply
furnish [fə́:rniʃ]	動 供給する;与える ▶アパートなどが「家具つき」の場合も、furnished。	equip provide
resin [rézin]	名 ヤニ;樹脂	pitch gum
intricate [íntrikət]	形 複雑な;入り組んだ	complex
army [ɑ́:rmi]	名 〜の大軍 ▶ an army of 〜 はラフに言うと、a lot of 〜のグループ。an array of 〜 もほぼ同じと考えたい。	a large number of
inhibit [inhíbit]	動 抑制する;阻害する	stop interrupt check
foreign [fɔ́:rən]	形 異質の;馴染みのない ▶この意味で頻出。	alien heterogeneous
improvisation [imprɑ̀vəzéiʃən]	名 即興 ▶ Reading の題材として、かなり頻出なのが「即興」。動詞と共に必ず記憶しておこう。	ad-lib playing by ear
strive [stráiv]	動 〜しようと努力する;励む	struggle endeavor
initially [iníʃəli]	副 初めのうちは;まず第一に ▶特に at first との同意関係を忘れないように。	at first
unadorned [ʌ̀nədɔ́:rnd]	形 装飾のない;質素な ▶基となる動詞 adorn「飾る」よりも、はるかに頻出。	plain

A great deal can be learned from the actual traces of ancient human **locomotion**: the footprints of early hominids.	古代の人間の実際の**移動**の跡、つまり、初期の猿人の足跡から、多くのことを学ぶことができる。	**GROUP A**
The pressures **exerted** along the foot indicated that the hominids had been walking slowly.	足に**及ぼされる**圧力は、その猿人がゆっくり歩いていたことを示した。	
Once again, the results **furnished** possible evidence of bipedalism.	ふたたび、結果は二足歩行の証拠となりうるものを**提供した**。	
Detailed silicon **resin** molds of footprints were mostly made by bare feet.	詳細なシリコン**樹脂**の足型は、ほとんどが裸足で作られた。	
The livelihood of each species in the vast and **intricate** assemblage of living things depends on the existence of other organisms.	生物の膨大で**複雑な**集合内のそれぞれの種の生活手段は、他の生物の存在に依存している。	**GROUP B**
A multitude of microorganisms and an **army** of invertebrates, or creatures lacking a spinal column make their livings directly at the expense of other creatures.	多数の微生物や**ずらりと勢ぞろい**した無脊椎動物、つまり脊柱のない生物は、直接、他の生物を犠牲にして暮らしている。	
These substances are capable of killing or **inhibiting** the growth of various kinds of bacteria.	これらの物質は、殺す能力をもっており、すなわち、様々な種類のバクテリアの成長を**阻止する**ことができる。	
The immune system recognizes and takes action against **foreign** invaders and transplanted tissues that are treated as foreign cells.	免疫システムは、**異質な**侵入物や、異質な細胞として扱われる移植組織を認識し、それに対し反応する。	
Improvisation is the changing of a musical phrase according to the player's inspiration.	**即興**は、演奏者のインスピレーションによって、音楽のフレージングを変えることである。	**GROUP C**
Like all artists, jazz musicians **strive** for an individual style.	すべての芸術家と同じように、ジャズ演奏家も、独自のスタイルを求めて**努力する**。	
One distinguishing characteristic of jazz is a rhythmic drive that was **initially** called "hot" and later "swing".	ジャズのひとつの際立った特徴は、**当初は**「ホット」とか後に「スイング」とか呼ばれたリズム感に満ちた音楽の流れであった。	
Many early bands played **unadorned** published arrangements of popular songs.	多くの初期のバンドは、大衆的な曲をそのまま**飾り気なく**アレンジしたものを演奏した。	

CD 1—58

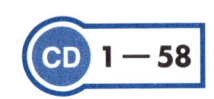

単語	意味	類義語
combustible [kəmbʌ́stəbl]	形 可燃性の；燃えやすい；興奮しやすい ▶ 名詞のcombustionと共に暗記しておきたい。	inflammable flammable ignitable
saturate [sǽtʃərèit]	動 完全に浸す；一杯にする；飽和状態にする ▶ saturation point「飽和点」	soak drench
awkward [ɔ́:kwərd]	形 ぎこちない；不器用な ▶ I'm all thumbs.「私は不器用です」のall thumbsと同意。	clumsy
ascribe [əskráib]	動 〜のせいとする ▶ We ascribe air pollution to cars.「大気汚染は車のせいです」のように使う。	attribute credit
constituent [kənstítʃuənt]	名 成分；選挙民 ▶ これも繰り返し出てくる単語。	component ingredient
straightforward [strèitfɔ́:rwərd]	形 分かりやすい；率直な；すっきりした ▶ 文脈をよく考えないと、意外と訳しにくい。	intelligible simple
ore [ɔ́:r]	名 鉱石	mineral
beam [bí:m]	名 梁（はり）；横柱 ▶ これはTOEFLの隠れた頻出単語。特にiron beamとかsteel beamが出やすい。	girder plank
viable [váiəbl]	形 実行可能な；成功しそうな ▶ 前にcommerciallyがついていることも多い。	possible
span [spǽn]	動 （空間に）橋を渡す ▶ span openings「空間に橋渡しをする」というのが典型。	bridge cross extend across
spawn [spɔ́:n]	動 産む ▶ カエルや鮭の卵のような小粒の卵を産むときに本来は使う	lay produce
outweigh [àutwéi]	動 しのぐ；勝る ▶ Writingで相手の立場をつぶす（refute）時に使う単語。	surpass exceed override

Burning was explained as the release of phlogiston from the **combustible** material to the air.	燃焼は、可燃物から空気中へのフロギストンの放出として説明された。
When the air had become **saturated**, no additional amounts of phlogiston could leave the combustible substance.	空気が飽和状態になってしまうと、それ以上の量のフロギストンは可燃物質から放出されることはできなかった。
Although the phlogiston theory was self-consistent, it was **awkward**.	フロギストン理論は自立したものであったが、ぎこちなかった。
The theory required that imaginary, even mysterious, properties be **ascribed** to phlogiston.	その理論は、架空の、不思議とさえ言える特性がフロギストンのせいであることを必要とした。
Antoine Lavoisier was led to propose a theory of burning that required a **constituent** of air for combustion.	アントワーヌ・ラボワジエは、燃焼のために空気の成分を必要とする燃焼理論を提案するに至った。
Lavoisier's interpretation was more reasonable and **straightforward** than that of the phlogiston theorists.	ラボワジエの解釈は、フロギストン理論派のそれよりも、理にかなっており、分かりやすかった。
Iron production was revolutionized in the early eighteenth century when coke was first used instead of charcoal for refining iron **ore**.	鉄の生産は、鉄鉱石の精錬に木炭の代わりにコークスがはじめて使われた18世紀の初頭に革命的に進歩した。
With the improvement in refining ore, it was now possible to make cast-iron **beams**, columns, and girders.	鉱石精錬法の改善のおかげで鋳鉄の梁、柱、桁を作ることが今や可能となった。
Bessemer's process for converting iron into steel made the material more commercially **viable**.	鉄を鋼鉄に変えるベッセマー工程によって、その材料を商業的により成功可能なものにした。
Apart from its low cost, the appeal of iron as a building material lay in its strength, its resistance to fire, and its potential to **span** vast areas.	その低価格の他に、鉄の建材としての魅力は、強さ、耐火性、広大な領域を橋渡しできる潜在能力であった。
The use of exposed iron occurred mainly in the new building types **spawned** by the Industrial Revolution.	鉄をむき出しにして使用することは、主に、産業革命によって生み出された新しいタイプの建物で始まった。
Iron's practical advantages far **outweighed** its lack of status.	鉄の実際的な利点はそのステータスの無さをはるかにしのいでいた。

見出し語	意味	同義語
☐ **house** [háuz]	動 収容する ▶発音注意！	accommodate lodge
☐ **mock** [mák]	動 あざける；ばかにする ▶おそらくこの意味なら、ridicule との同意語問題が狙い目。	ridicule
☐ **aesthetic** [esθétik]	形 美的な；美的感覚の	refined artistic
☐ **meteorite** [míːtiəràit]	名 隕石 ▶空中を飛んでいる「流星」は meteor。	meteor
☐ **disintegrate** [disíntəgrèit]	動 崩壊する；分解する	break up crumble
☐ **glacier** [gléiʃər]	名 氷河 ▶氷河に関する文章やレクチャーは頻出。「雪が溶けないこと」が氷河発生のポイント。	ice
☐ **stark** [stáːrk]	形 まったくの；むきだしの；荒涼とした	sheer absolute
☐ **hurl** [háːrl]	動 強く放る；投げつける	fling throw
☐ **precursor** [prikáːrsər]	名 先駆者；前任者；前身 ▶具体的に何を指すかという問題が出そう。	predecessor ancestor
☐ **dogma** [dɔ́ːgmə]	名 教義；信条；独断	doctrine creed
☐ **devise** [diváiz]	動 考案する；工夫する；発明する	invent contrive
☐ **reflection** [riflékʃən]	名 映像；写った姿 ▶本来、「反射」、「反映」、「熟考」と語義があるので、文脈から慎重にその場の意味を決定したい。	image picture

Paxton's crystal Palace was designed to **house** the Great Exhibition of 1851.	パクストンのクリスタル宮殿は、1851年の大博覧会を**収容する**ために設計された。	GROUP A
The iron frames were **mocked** by the artistic elite of Paris as expensive and ugly follies.	鉄製の枠は、パリの芸術界のエリートたちによって、高価で醜いおろかな物だと**嘲笑された**。	
Iron, despite its structural advantages, had little **aesthetic** status.	鉄は、その構造的利点にもかかわらず、**美的**地位をほとんど持っていなかった。	
The most easily recognizable **meteorites** are the iron variety.	もっとも見つけやすい**隕石**は鉄の種類である。	
Those meteorites might have once made up the core of a large planetoid that **disintegrated** long ago.	それらの隕石は、かつては遠い昔に**崩壊した**大きな惑星の核を形成していたのかもしれない。	GROUP B
One of the best hunting grounds for meteorites is on the **glaciers** of Antarctica.	隕石探しに最適の場所のひとつは、南極の**氷河**の上である。	
In Antarctica, the dark stones stand out in **stark** contrast to the white snow and ice.	南極では、黒っぽい石は、白い雪と氷とは**まったく**対照的で目立つのである。	
Large impacts blasted out chunks of material and **hurled** them toward Earth.	巨大な衝撃が物質の固まりを爆破し、地球の方へ**吹き飛ばした**。	
These carbon compounds may have been the **precursors** of life on Earth.	これらの炭素化合物は、地球の生物の**前身**であったのかもしれない。	GROUP C
These experiments eroded the behaviorist **dogma** that only humans have minds.	これらの実験が、人間だけが頭脳を有しているという行動主義的な**独断的意見**を解体した。	
In the late 1960's, psychologist Gordon Gallup **devised** a test of the sense of self: the mirror test.	1960年代後半に、心理学者ゴードン・ギャラップが、ミラーテストという自己感覚についてのテストを**考案した**。	
If an animal were able to recognize its **reflection** in a mirror as "self", then it could be said to possess an awareness of self, or consciousness.	もしある動物が鏡の中の自分の**姿**を自分だと認識できるならば、その場合、その動物は、自己についての認識、つまり意識を保持していると言えるだろう。	

milestone [máilstòun]	名 画期的な事件；道標	a very important event
diversity [divə́ːrsəti]	名 多様性；相違 ▶形容詞 diverse と共に頻出。	variety assortment
jolt [dʒóult]	動 衝撃を与える；急激に揺する	shake
habitat [hǽbitæt]	名 棲息地 ▶ inhabit「住む」や inhabitant「住民」などを考えるとやさしい。	home range
runoff [rʌ́nɔ̀ːf]	名 （地中に吸収されずに流れる）雨水	rain
equate [ikwéit]	動 同等とみなす；同一視する	equalize
inflict [inflíkt]	動 （打撃・損害などを）与える；課す ▶「（悪い物を）与える」動詞。	deal impose
flux [flʌ́ks]	名 流動；変化	flow transition change
genetic [dʒənétik]	形 遺伝の；遺伝子の	relating to genes
state [steit]	名 状態；州；国家	condition situation
precipitate [prisípətèit]	動 （雨・雪を）降らせる ▶ precipitation「降雨；降雪」と一緒に覚えよう。	hurl fling
modify [mádəfài]	動 修正する；変更する；修飾する ▶同意語が多く、このグループは最頻出。日本語でも「変化；変容；変遷；変異；変移」のように多義なので不思議ではない。	change alter transform

Gallup report of the experiment was a **milestone** in our understanding of animal minds.	その実験に関するギャラップ・レポートは、動物の知能についての私たちの理解において**画期的な事件**であった。	GROUP A
Biological **diversity** has become widely recognized as a critical conservation issue only in the past two decades.	生物の**多様性**が重大な自然保護問題として広く認識されるようになったのは、ほんの過去20年のことに過ぎない。	
The high rate of species extinctions in these environments is **jolting**.	これらの環境における急速な種の絶滅は、**衝撃的である**。	
In terrestrial ecosystems and in fringe marine ecosystems, the most common problem is **habitat** destruction.	陸上の生態系と周辺の海洋生態系において、最もよくある問題は、**棲息地**の破壊である。	GROUP B
Now humans are beginning to destroy marine ecosystems through other types of activities, such as **runoff** of poisonous waste.	今や人類は、例えば毒性廃棄物を含む**雨水**など、他の種類の活動によって、海洋生態系を破壊し始めている。	
Nothing has ever **equated** the magnitude and speed with which the human species is altering the physical and chemical world.	人間という種が物理的・化学的世界を変えている規模や速度に**匹敵する**ものは今までにない。	
It is the rate of change humans are **inflicting** that will lead to biological devastation.	生物の破壊へと導いているのは、まさに人間が**与えている**変化の速さである。	
Life on Earth has continually been in **flux** as slow physical and chemical changes have occurred on Earth.	地球上の生物は、緩慢な物理的・化学的変化が地球上で起こるにつれて、絶えず**変化**している。	
Life needs time to adapt — time for migration and **genetic** adaptation within existing species.	生物は適応するために時間、すなわち移動や現存する種の中での**遺伝的**適応のための時間を必要とする。	GROUP C
Present on Earth in solid, liquid, and gaseous **states**, water is exceptionally reactive.	地球上に、固体、液体、気体の**状態**で存在するのだが、水は特別に反応しやすい。	
Water dissolves, transports, and **precipitates** many chemical compounds.	水は、多くの化学的化合物を、溶かし、輸送し、**降らせる**。	
Water is constantly **modifying** the face of the Earth.	水は、地球の表面を絶えず**変化させている**。	

CD 1—61

trickle [tríkl]	動 少しずつ流れる；徐々に伝わる ▶ trickle と seep の組み合わせに、permeate「浸透する」まで範囲を広げたい。	seep percolate
rate [réit]	名 速度；比率；料金 ▶ 「速度」の意が最頻出。	speed velocity
fertile [fə́ːrtl]	形 肥沃な；肥えた	fruitful
mechanical [məkǽnikəl]	形 機械的な；自動的な；力学的な	physical
rear [ríər]	動 育て上げる ▶ rear が一番盲点。ちなみに、grow には「子供を育てる」という他動詞の意味はない。	raise bring up
scale [skéil]	動 よじ登る ▶ 同じ綴りで、「目盛り；物差し」、「天秤」、「うろこ」も知っておきたい。	climb
pose [póuz]	動 引き起こす；提示する ▶ pose threat「危険なことを引き起こす」の組み合わせは、要注意。	cause present
hatch [hǽtʃ]	動 (ヒナが)かえる；孵化させる ▶ 戦車やハッチバックの車のハッチ（昇降口：天井窓）とスペリングは同じ。	breed incubate
chick [tʃík]	名 ヒナ	young bird chicken
conspicuous [kənspíkjuəs]	形 目立つ ▶ 対照となる単語は多いが、素直な同意語問題で頻出。	noticeable outstanding remarkable
bias [báiəs]	名 偏見；先入観 ▶ 素直な同意語問題で頻出。	prejudice
exorbitant [igzɔ́ːrbətənt]	形 法外な ▶ out of sight や incredible も「法外な」という意味を持つことがあるので、押さえておこう。	outrageous

Precipitated onto the ground, the water **trickles** down to form brooks, streams, and rivers.	地面に降ると、水は**ちょろちょろと流れ**下り、小川や細流やさらに大きな川を形成する。	**GROUP A**
The **rate** at which a molecule of water passes through the cycle is a measure of the relative size of the various reservoirs.	水の分子がそのサイクルを通り過ぎる**速さ**は、様々な貯水域の相対的な大きさが尺度となる。	
Insoluble ions such as aluminum, iron, and silicon stay where they are and form the thin, **fertile** skin of soil.	アルミニウム、鉄、シリコンなどの不溶解イオンは、その場に留まり、薄い、**肥沃な**表面土壌を形成する。	
The erosion of the continents results from two closely linked and interdependent processes, chemical erosion and **mechanical** erosion.	大陸の侵食は、ふたつの密接に結びついた、相互依存する過程、つまり、化学的侵食と**物理的**侵食が原因で起こる。	
Atlantic puffins use the windswept cliffs of the Atlantic coast of Canada to mate, lay eggs, and **rear** their young.	大西洋ツノメドリは、カナダの吹きさらしの断崖を、配偶者を見つけ、卵を産み、ヒナを**育てる**ために使う。	**GROUP B**
Foxes cannot **scale** the sheer rocks.	キツネは、切り立った岩を**よじ登る**ことができない。	
Kittiwakes simply ignore herring gulls, since they **pose** little threat to nests on cliffs.	ミツユビカモメは、ニシンカモメが断崖の巣に脅威を**与える**ことはほとんどないので、ただ無視するだけである。	
Most gulls keep the nest area clear of droppings, and remove empty eggshells after the chicks have **hatched**.	ほとんどのカモメは、巣の付近から糞を取り除き、ヒナが**孵化した**後は空の卵殻を取り去ってしまう。	
Thanks to gulls' habit of remove empty eggshells after the **chicks** have hatched, the location of the nest is not revealed.	**ヒナ**が孵化した後は空の卵殻を取り除くというカモメの習慣のおかげで、巣の位置が明らかになることはない。	
Kittiwakes' tendency to leave the nest littered with eggshells makes its location very **conspicuous**.	ミツユビカモメの巣を卵殻で散らかしたままにしておく傾向は、巣の位置を非常に**目立たせる**。	
Throughout the nineteenth century and into the twentieth, citizens of the United States maintained a **bias** against big cities.	19世紀を通じて、そして20世紀に入っても、合衆国の国民は、大都市に対する**偏見**を持ち続けた。	**GROUP C**
Reformers feared that the privately owned utility companies would charge **exorbitant** rates for these essential services.	改革者たちは、これらの本質的なサービスに対し、民間の公益事業会社が**法外な**料金を請求するのではないかと恐れた。	

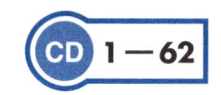

☐ **regulate** [régjulèit]	動 規制する；調整する ▶「調整する」がむしろ盲点。	control restrain adjust
☐ **proponent** [prəpóunənt]	名 提案者；支持者；擁護者 ▶素直な同意語問題で頻出。	advocate supporter
☐ **content** [kəntént]	動 満足させる ▶ content はアクセントによって別々の単語なので注意。「中身」系は前に、「満足」系は後にアクセントあり。	satisfy
☐ **undergo** [ʌ̀ndərgóu]	動 経験する；被る；経る ▶ undergo change が典型的な組み合わせ。	experience
☐ **terminology** [tə̀ːrmənálədʒi]	名 用語	term jargon idiom
☐ **anonymous** [ənánəməs]	形 無名の；匿名の	obscure unknown nameless
☐ **fluctuation** [flʌ̀ktʃuéiʃən]	名 変動；不安定 ▶これも「変化」のグループの中のひとつ。堅い内容で出やすい。	change instability
☐ **reorient** [riːɔ́ːrièn t]	動 新しい方向に向ける ▶ orient は「東洋」つまり「東に向いている；東方の」ということだから、方向が関係していると、筆者は強引に考えている。	adapt
☐ **provincialism** [prəvínʃəlìzm]	名 地方気質；田舎根性；偏屈さ	obstinacy
☐ **velocity** [vəlásəti]	名 速度 ▶前述したように、rate「速度」は頻出なので、この語との組み合わせが狙われる。	rate speed
☐ **dispatch** [dispǽtʃ]	動 送り出す；発送する ▶「（人を）派遣する」場合もこの単語。	send
☐ **freight** [fréit]	名 貨物運送；輸送貨物	transportation cargo

Some city and state governments responded by **regulating** the utility companies.	市政府や州政府の中には、公益事業会社を規制することで反応したものもあった。
Proponents of these reforms argued that public ownership would insure widespread access to these utilities.	これらの改革の擁護者たちは、公的所有がこれらの公益事業の広範囲な利用を保証するであろうと主張した。
Most other cities **contented** themselves with zoning plans for regulating future growth.	他のほとんどの都市は、将来の成長を規制する目的別地域区分に、なんとか甘んじた。
By the outbreak of the Revolution against British rule in 1776, the status of the artist had already **undergone** change.	1776年の英国支配に対する独立戦争の勃発までに、画家の地位はすでに変化を被っていた。
The **terminology** by which artists were described at the time suggests their status.	当時の画家を説明する用語が、彼らの地位をそれとなく示している。
"Limner" was usually applied to the **anonymous** portrait painter up to the 1760's.	「リムナー」という呼び方は、1760年代まで、通常は無名の画家に対して用いられた。
Although subject to **fluctuations** in their economic status, all three portraitists enjoyed sufficient patronage.	彼らの経済的地位は、変動に見舞われることもあったが、この3人の肖像画家はみな十分な後援に恵まれた。
Railroads reshaped the North American environment and **reoriented** North American behavior.	鉄道は北米の環境を一変し、北米の動きを新しい方向に向けた。
Railroads have made the people of the United States homogeneous, breaking through the peculiarities and **provincialisms**.	鉄道は、合衆国の人々を均質化し、その特異性や地方気質を打破した。
The railroad made **velocity** of transport and economy of scale necessary parts of industrial production.	鉄道は、輸送の速度や大量生産によるコストダウンを工業生産にとって欠くことのできないものとした。
The railroad **dispatched** immigrants to unsettled places, drew emigrants away from farms and villages to cities.	鉄道は、外国からの移民を住民のいない場所へ送り込み、農場や村落を離れて移り住む人々を都市へと引きつけた。
Equally important to everyday life were the slow **freight** trains chugging through industrial zones.	毎日の生活にとって同様に大切だったのは、工業地区をシュッポシュッポと走る遅い貨物列車だった。

☐ **nurture** [nə́ːrtʃər]	動 促進する；育成する	develop train rear foster
☐ **fashion** [fǽʃən]	動 作る ▶これも何度か実績あり。	create
☐ **tribe** [tráib]	名 部族；種族	group race family
☐ **staple** [stéipl]	名 主要なもの；必需品 ▶名詞でも形容詞でもこの意味で狙われる。	necessity
☐ **pliable** [pláiəbl]	形 柔軟性のある	flexible supple
☐ **igneous** [ígniəs]	形 火成の ▶ sedimentary rock「堆積岩」と合わせて覚えたい。	volcanic
☐ **well** [wél]	動 湧き出る ▶名詞の「井戸」の意味を想起しよう。	spring
☐ **molten** [móultən]	形 溶けた ▶ molten rock（溶岩）場所によっては呼び方が違う。	melted
☐ **bury** [béri]	動 埋める ▶発音注意！	immerse
☐ **contemporary** [kəntémpərèri]	形 同時代にある ▶「現代の；当代の」はおなじみなので、これを覚えたい。	coexistent
☐ **texture** [tékstʃər]	名 肌理（きめ）；組織；織り方 ▶「手触り」とも訳せそう。	grain
☐ **grained** [gréind]	形 [通例複合語で] 粒が～の；粒状の；ざらざらした ▶「穀物の粒」から派生したと考えよう。	rough

The railroad **nurtured** factory complexes, coal piles, warehouses, and generating stations.	鉄道は、工場地区、石炭の山、倉庫、発電所を**育んだ**。
The Native Americans of northern California used the reeds, grasses, barks, and roots to **fashion** articles of all sorts and sizes.	北カリフォルニアのアメリカ先住民族は、葦、草、木の皮、根を使って、あらゆる種類と大きさの品物を**創り上げた**。
The **tribe** made baskets three feet in diameter and others no bigger than thimble.	その**部族**は、直径3フィートのものから指貫ほどしかない籠を作った。
Though other materials were sometimes used, these four were the **staples** in their finest basketry.	ときどき他の材料も使用されたが、これら4つのものが彼らの最もすばらしい籠作りにおいての**必需品**であった。
They wove **pliable** material around the warp.	彼らは、縦糸の周りに**柔軟な**材料を編み上げた。
Any rock that has cooled and solidified from a molten state is an **igneous** rock.	溶けた状態から冷えて固まった岩はどんなものでも、**火成**岩である。
Periodically, molten material **wells** out of the Earth's interior to invade the surface layers or to flow onto the surface itself.	周期的に、溶解した物質が地球の内部から**湧き出て**、表面の地層に侵入したり、地表自体の上に流れ出す。
In the **molten** state, it is called magma as it pushes into the crust and lava when it runs out onto the surface.	**溶解した**状態の場合、それは、地殻に侵入するとマグマと呼ばれ、地表に流れ出るとラバと呼ばれる。
Slow cooling occurs when the crust is invaded by magma that remains **buried** well below the surfaces.	地表から十分に離れた地下に**埋まった**ままのマグマが地殻に侵入すると、ゆっくりとした冷却が発生する。
Granite may be found on the surface of the **contemporary** landscape.	花崗岩は、**現存する**地形の表面で発見されるかもしれない。
Igneous rocks with this coarse-grained **texture** that formed at depth are called plutonic.	地下の深いところで出来た粒の粗い**肌理**（きめ）の火成岩は、深成岩と呼ばれる。
The resulting rock will be fine-**grained** and appear quite different from granite.	結果としてできた岩は、表面のきめが細かい**粒状で**、見かけは花崗岩とはまったく違うだろう。

GROUP A

GROUP B

GROUP C

☐ **lava** [láːvə]	名 溶岩 ▶ larva「幼虫」と発音が紛らわしい。聞きながら前後の文脈から識別しよう。	molten rock
☐ **disproportionate** [dìsprəpɔ́ːrʃənət]	形 不釣合いな；反比例の ▶内容の把握にとって重要な単語。なぜかというと意外性を示唆することが多いから。	unbalanced imbalanced
☐ **cutting edge** [kʌ́tiŋ édʒ]	名 最先端；辛辣さ ▶雑誌や新聞でもよく見かける単語だろう。	frontier leading edge
☐ **barter** [báːrtər]	名 物々交換	exchange
☐ **outbreak** [áutbrèik]	名 勃発 ▶ break out「(戦争や火事が) 起こる」からできた単語。	occurrence incidence
☐ **dictate** [díkteit]	動 決定する；命令する ▶同意語問題に出てきたら、前後の文脈をしっかり解釈したい。	command impose
☐ **lace** [léis]	動 縁取る；織り交ぜる	border mix
☐ **breadbasket** [brédbæskit]	名 穀倉地帯 ▶ granary は元々は「穀物倉庫」	granary
☐ **optimization** [àptəmàizéiʃən]	名 最適条件 ▶スペリングが似通っているので、optimum を覚えておけばよい。	optimum optimal
☐ **numerical** [njuːmérikəl]	形 数字の；数の	numeral
☐ **variable** [véəriəbl]	名 変数 ▶反意語は constant「定数」。	
☐ **succinct** [səksíŋkt]	形 簡潔な ▶この仲間では、succinct が一番間違いやすい。	concise compact brief

The black obsidian cliffs of Yellowstone National Park are the result of a **lava** flow of basalt running head on into a glacier.	イエローストーン国立公園の黒曜石の崖は、玄武岩の溶岩が真正面から氷河に流れ込んだ結果、できたものである。	**GROUP A**
Although only 1 person in 20 in the Colonial period lived in a city, the cities had a **disproportionate** influence on the development of North America.	植民地時代には、20人に1人しか都市に住んでいなかったけれども、都市はそれに不釣合いなほどの影響を、北米の発達に与えた。	
Those people claimed to be the **cutting edge** of social change.	それらの人々は、自分たちは社会の変化の最先端にいると主張した。	
As modern capitalism first appeared, money and commercial paper began to be used in place of **barter.**	近代資本主義が最初に登場した時、お金と商業手形が物々交換の代わりに使われ始めた。	
In the fifteen years prior to the **outbreak** of the War for Independence in 1775, more than 200,000 immigrants arrived on North American shores.	1775年に勃発した独立戦争以前の15年間に、20万人以上の移民が北米の海岸に到着した。	**GROUP B**
The quality of the hinterland **dictated** the pace of growth of the cities.	後背地の質が、都市の発達のペースを決定した。	
New York and Philadelphia served a rich and fertile hinterland **laced** with navigable watercourses.	ニューヨークとフィラデルフィアは、航行可能な水路を織り交ぜた豊かで肥沃な後背地を供給した。	
The regions around the cities of New York and Philadelphia became the **breadbaskets** of North America.	ニューヨーク市やフィラデルフィア市の周りの地域は、北米の穀倉地帯となった。	
Psychologists who study **optimization** compare the actual decisions made by people with theoretical ideal decisions.	最適化を研究する心理学者は、人々によってなされる実際の決定と、理論上の理想的な決定を比較する。	**GROUP C**
Each consideration is assigned a **numerical** value to reflect its relative importance.	各考慮事項には、その相対的重要性を反映する数値が割り当てられる。	
A worksheet can be especially useful when the decision involves a large number of **variables** with complex relationships.	作業表は、その決定が複雑な関係を伴う多くの変数と関わる場合、特に有益である。	
A decision-making worksheet begins with a **succinct** statement of the problem that will help to narrow it.	意思決定作業表は、問題を絞るのに役立つ、その問題についての簡潔なことばで始まる。	

147

単語	意味	同義語
acclaim [əkléim]	動 賞賛する ▶ claim に目が行って語義を誤解しやすい単語。同意語から攻めて、記憶を定着させよう。	admire praise
toxic [táksik]	形 有毒な；中毒の ▶ poisonous = venomous の組み合わせ問題の方が多い。	poisonous venomous addictive
foremost [fɔ́ːrmòust]	形 第一の；主要な	first
reign [réin]	動 支配する；統治する ▶ reign（統治）、rein（手綱）、rain（雨）、この3語は同音。	rule dominate govern
faction [fǽkʃən]	名 派閥 ▶ camp にも「同志」という近い意味あり。	group sect school side
access [ǽkses]	名 接近；手立て ▶ この意味での access には、動詞用法がない。have access to 名詞、get access to 名詞「利用する；利用できる」の形で使う。	approach
accelerate [æksélərèit]	動 促進する；助長する	encourage increase spur
stump [stʌ́mp]	名 演台；切り株	platform stock
medium [míːdiəm]	名 媒体；情報伝達手段 ▶ 複数形は、media。	vehicle means
immense [iméns]	形 巨大な；広大な	vast
emit [imít]	動 発散する；放出する ▶ Writing でも、give off と織り交ぜよう。	give off send radiate
fusion [fjúːʒən]	名 融合；溶解；混合；核融合 ▶ 動詞の fuse も頻出なので、あわせて記憶しましょう。	assimilation mixture

Elizabeth Hayden and Rachel Brown copatented one of the most widely **acclaimed** wonder drugs of the post-Second World War years.	エリザベス・ヘイデンとレイチェル・ブラウンは、第二次世界大戦後の年月において最も広く**賞賛されている**驚異の薬品のひとつに関し共同で特許を取った。
Scientists had been feverishly searching for an antibiotic **toxic** enough to kill the fungi but safe enough for human use.	科学者たちは、菌類を死滅させるほどの**毒性を持ち**ながら、人間が使えるくらい十分に安全な抗生物質を熱烈に捜し求めている。
The term "Hudson River school" was applied to the **foremost** representatives of nineteenth-century North American landscape painting.	ハドソン川派という用語は、19世紀北米の風景画の**随一の**代表者たちを呼ぶのに用いられた。
The older painters were securely established in the **reigning** American art organization, the National Academy of Design.	年長の画家たちは、国立意匠学院という米国に**君臨した**芸術協会においてしっかりと地位を確立していた。
One of the results of the conflict between the two **factions** was that the Hudson River school became firmly established in the minds of critics and public.	ふたつの**派閥**の対立がもたらした結果のひとつは、ハドソン川派が批評家や一般大衆の心の中にしっかりと定着したことだった。
By giving citizens independent **access** to the candidates, television diminished the role of the political party in the selection of the major party candidates.	国民たちに、候補者への独自の**接近方法**を与えることによって、テレビは、党の主要候補者選びにおける政党の役割を減少させた。
By centering politics on the person of the candidate, television **accelerated** the citizen's focus on character rather than issues.	政治を候補者の人柄に集中させることによって、テレビは、国民の焦点を論点よりも人格に絞らせるよう**拍車をかけた**。
The **stump** speech has given way to the 30-second advertisement and the 10-second "sound bite" in broadcast news.	(**切り株**に乗って行ったことに由来する) 選挙演説は、30秒の広告や放送ニュースの10秒のビデオからの抜粋に取って代わられた。
Because television is an intimate **medium**, speaking through it requires a changed political style that was more conversational.	テレビは親しみやすい**媒体**なので、それを通して話すには、より会話的な今までとは違う政治スタイルが必要とされた。
The aurora brilliance is an **immense** electrical discharge similar to that occurring in a neon sign.	オーロラの輝きは、ネオンサインで発生するそれと類似した**巨大な**放電である。
During huge magnetic storms oxygen atoms **emit** a crimson light.	巨大な磁気嵐の間に、酸素原子は、深紅色の光を**放出する**。
Information about the behavior of plasmas is being applied in attempts to harness energy from the **fusion** of atoms.	プラズマの動きについての情報は、原子**融合**からのエネルギーを取り出す試みに応用されている。

CD 1-66

見出し語	意味	類義語
influx [ínflʌks]	名 流入；流れ込み；殺到 ▶次頁の例文のように、移民の「流入」が出やすい。同意語は文脈から、arrival も選べるようにしたい。	inflow arrival
crude [krúːd]	形 天然のままの；粗い	unrefined natural rough
intriguing [intríːgiŋ]	形 魅力的な；興味をそそる ▶ intrigue「非常に興味をそそる」の形容詞形。intrigue には、「陰謀」の意味もある。	attractive
spinal [spáinl]	形 脊柱の；背骨の ▶ spinal column = backbone「脊柱；背骨」	
slot [slάt]	名 時間帯；位置 ▶ time slot「時間帯」が覚えやすいでしょう。	position
accompany [əkʌ́mpəni]	動 伴奏する；同行する ▶ accompany は常に他動詞。	back follow attend
rusty [rʌ́sti]	形 下手になる；衰えた；錆ついた ▶このような状態から脱出するために「やり直す」のが brush up「復習する；磨きなおす」。	poor bad weak
daydream [déidrìːm]	動 白昼夢を見る；ぼんやりする ▶会話問題で、ときどき狙われます。 pay little attention to ~「ほとんど注意していなかった」と同意の出題あり。	fantasy become absent-minded
handy [hǽndi]	形 便利な ▶ come in handy「役に立つ」で覚えましょう。	useful convenient
bulletin [búlitən]	名 告示；公報；短いニュース；会報 ▶あまりおなじみでない「短いニュース；速報」も狙い目。	notice journal
preservative [prizə́ːrvətiv]	名 保存料；防腐剤	antiseptic
appreciation [əpriːʃiéiʃən]	名 鑑賞；批評；理解 ▶動詞の appreciate は、レクチャーやリーディングなら、「(正しく) 理解する；評価する」、「鑑賞する；味わう」の意味で出てくるでしょう。	understanding

There was a large **influx** of foreign immigrants into the larger cities of the United States during the late nineteenth century.	19世紀後半に、合衆国の大都市への外国からの移民の大規模<u>流入</u>が起こった。	**GROUP A**
The refining of **crude** oil into kerosene brought additional comforts to urban areas that were unavailable to rural Americans	<u>原油</u>を灯油に精製することによって、田舎の米国人の手に入らない付加的な快適さが都会地域にもたらされた。	
The bustle and social interaction of urban life seemed particularly **intriguing** to those raised in rural isolation.	都会生活の活気と社会的相互作用は、田舎の隔絶の中で育った人々には特に<u>魅力的な</u>ようだった。	
The central nervous system consists of the brain and **spinal** cord, and the peripheral nervous system.	中枢神経系統は、脳と<u>脊髄</u>と抹消神経系統で成り立っている。	
I could give you her **slot** on Tuesdays from 7-8 if you wanted.	もし欲しいなら、火曜日の7時から8時という彼女の<u>時間帯</u>を君にあげてもいいよ。	**GROUP B**
The chorus needs someone to **accompany** them on piano.	合唱団は、ピアノで<u>伴奏する</u>人を必要としている。	
Lately, I've just been working on the guitar so I'm a little **rusty** on piano.	最近、ギターばっかりやってるから、ちょっとピアノが<u>下手になって</u>います。	
You want to borrow my notes. Sure, help yourself. But I should warn you, I spent most of the time **daydreaming**.	私のノート、借りたいのかい。もちろんいいよ。自由に使って下さい。でも、言っとくけど、ほとんど<u>ボーッとしてた</u>よ。	
I suppose it'll come in **handy** once you start working.	おそらく、いったん仕事に取り掛かったら、それはとても<u>便利だ</u>と思うよ。	
I saw your note on the **bulletin** board. I thought you already have a roommate.	<u>掲示</u>板の君のメモ見たよ。すでにルームメイトがいるんだと思ってた。	**GROUP C**
The smell of the chemical **preservative** from our biology lab gives me a headache.	生物実験室から漏れてくる化学<u>保存料</u>の匂いで頭が痛くなるよ。	
I just need one more class to complete my schedule. I can't decide between calculus and music **appreciation**.	予定表を達成するのにただあと1クラスが必要なんだけど、微積と音楽<u>鑑賞</u>のどっちにするか決められないんだよ。	

varsity [vá:rsəti]	名 大学代表チーム ▶スペリング注意。e ではなくて、a です。	the main team of a college
renovate [rénəvèit]	動 改築する；復元する	remodel restore
appreciate [əprí:ʃièit]	動 感謝する ▶appreciate は、会話なら意味的には断然、「感謝する」だが、人を目的語に取らないことも覚えておこう。	thank
assign [əsáin]	動 (課題)を課す；割り当てる	allot allocate
overwhelm [òuvərhwélm]	動 圧倒する；困惑させる；やっつける ▶文脈から意味をあぶり出す同意語問題で頻出。	overpower embarrass
genre [ʒá:ŋrə]	名 (絵画・文学・音楽などの)ジャンル；様式	type
breakthrough [bréikθrù:]	名 打開；突破；大発見 ▶例えば AIDS の特効薬が見つかれば、breakthrough ですね。	penetration leap
reinforce [rì:infɔ́:rs]	動 強化する	strengthen
sturdy [stə́:rdi]	形 頑丈な ▶同意語が多いが、同意語問題の場合、比較的素直。	strong solid hardy
bibliography [bìbliágrəfi]	名 参考文献目録 ▶bibliography の作成は決まりなどが厳しく、非常に面倒な作業ですが、英語圏に留学したら、英語で作成するのは避けられませんよ。	list of references
sprout [spráut]	動 芽を出す ▶burgeon も近い意味を持っています。	germinate shoot bud
threaten [θrétn]	動 脅かす；威嚇する	intimidate menace

So, the **varsity** club's planning another fundraiser. Will you be in charge again this year?	**大学代表**のクラブは、また資金集めを計画しています。今年もまた責任者になってくださいますか。
So how do you like living in the **renovated** dorms?	それで、**改築された**寮の住み心地はどうだい。
I'd **appreciate it**. Anything to get a good night's sleep.	**ありがとう**。ぐっすり眠るためなら、何でもやりますよ。
I would rather have the university **assign** a student to share a room with me.	私は、むしろ大学の方から私と同居する学生を**割り当てて**欲しい。
Well, I am a little **overwhelmed**. It's strange I always wanted to go to a big university like this.	うん、少し**困惑してる**よ。いつもこんな大きな大学に通いたかったから、ヘンなんだけどね。
What **genre** of the books gives you the most pleasure to read?	読んでいて最も楽しいのは、どんな**ジャンル**の本ですか。
He is best known for his auto plants in Detroit. He made a **breakthrough** in industrial design.	彼は、デトロイトの自動車工場によって最も知られています。彼は、工業デザインで**大躍進**を遂げました。
When he started designing auto plants around the turn of the century, **reinforced** concrete had just been invented.	20世紀になった頃、彼が自動車工場を設計し始めたとき、**強化**コンクリートがまさに発明されたところだった。
Not only were his buildings **sturdy** and fireproof but they were cheap to put up too.	彼の建物は**頑丈で**耐火性に優れていただけでなく、建設するのも安価だった。
There were some books and articles I included in my **bibliography** that you might want to look up at the library.	私の**参考文献目録**の中に、君が図書館で調べてみたいと思うかもしれない本や論文をいくつか入れておきました。
They may have noticed that some seeds **sprouted** when they dropped them.	種を落とした時、中には**芽を出す**ものがあることに彼らは気がついたのかもしれない。
The new idea is that farming developed in the richest land areas and that the people who started it weren't being **threatened** by starvation.	その新しい見解は、農業は土地が最も肥沃な地域に発達し、農業を始めた人々は飢えに**脅かされ**はしなかったというものである。

見出し語	意味	同意語
☐ **date** [déit]	動 時期を算定する；年代を特定する ▶ geology に関するレクチャーや Reading で頻出。	estimate calculate
☐ **interact** [ìntərǽkt]	動 相互に作用する；やりとりする ▶「相互に作用する」のように堅く訳すばかりでなく、場合によっては少し柔らかく「やりとりをする」のように意味をとりたい。	communicate
☐ **norm** [nɔ́ːrm]	名 規範；標準 ▶ちなみに「ノルマがきつい」などと使うノルマもこの単語。意味は「標準労働量」。	standard
☐ **lyric** [lírik]	名 歌詞；抒情詩	word
☐ **exotic** [igzátik]	形 外来の；新種の；異国風の ▶日本語で言う「エキゾチック」です。	foreign
☐ **overlook** [òuvərlúk]	動 見落とす	miss
☐ **immobilize** [imóubəlàiz]	動 動けなくする	stick
☐ **garbage** [gáːrbidʒ]	名 ゴミ ▶ garbage は、本来は「生ゴミ」。同意語が多く、このグループは最頻出。	trash rubbish litter refuse
☐ **litter** [lítər]	動 (ゴミを) 散らかす ▶ dump にも「(ゴミなどを) 捨てる」という意味がありますね。	scatter mess
☐ **launch** [lɑ́ːntʃ]	動 (ロケットなどを) 打ち上げる ▶この単語も、いろいろな文脈で使えるので、同意語が多い。「新しく着手する；開始する」の意味合いが強い。	rocket shoot off embark
☐ **strand** [strǽnd]	名 (より合わせた) ひも	string
☐ **molecule** [máləkjùːl]	名 分子	particle

This is a new, more accurate method of **dating** a small piece of something like a grain of corn or wheat.	これは、トウモロコシとか小麦のような小さな切片の**年代を特定する**、より新しい、より正確な方法です。
Only later do babies start to **interact** with people.	あとになってはじめて、赤ちゃんは人々と言葉の**やりとり**をはじめる。
It is through play that infants learn to adapt to the **norms** of the rules of their social groups.	遊びを通して、幼児は彼らが属する社会的集団のルールに含まれる**規範**に適応するようになる。
The name "Blues" comes from the loneliness and sorrow typically expressed in the songs' **lyrics**.	「ブルース」という名称は、それらの歌の**歌詞**に表現された孤独と悲しみに由来している。
It is fashionable among students of birds to study rare and **exotic** species.	珍しい**外来の**鳥を研究することが、鳥類専攻の学生の間ではやっている。
I often think that everyday birds are simply **overlooked.**	私はよく思うのだが、ありふれた鳥はまったく**見逃されている**。
You can trap a larger animal like a bear and **immobilize** it with a tranquilizer gun.	熊みたいなより大型の動物は罠にかけて麻酔銃で**動けなくする**ことが可能です。
They are attracted by people who produce enormous amount of **garbage**.	彼らは、膨大な量の**ゴミ**を生み出す人々に引きつけられる。
One reason that park grounds are frequently more **littered** than peoples' backyards is that no one owns them.	公園の地面が人々の裏庭より頻繁に**ゴミを投げ捨てられる**ひとつの理由は、その土地を誰も所有していないからです。
Old satellites orbiting the earth out of the control of the space agency that **launched** them are the main sources of pollution in space.	**打ち上げた**宇宙局が制御できなくなって地球の周りを回っている古い人工衛星は、宇宙の汚染の主要な原因である。
Spiders leave a thin **strand** of sticky material on the outer parts of the web.	クモは、クモの巣の外側の部分に、ねばねばした物質の細い**糸**を残す。
This material is made of compounds that draw water **molecules** out of the air.	この物質は、空気中から水の**分子**を引き寄せる成分でできている。

見出し語	意味	同意語
☐ **grant** [grǽnt]	動 与える；かなえてやる ▶基本的にプラスの意味の単語。文脈から意味を取るべき場合が多いです。	give accept
☐ **retreat** [ritríːt]	動 後退する；退却する	retire back up withdraw
☐ **probe** [próub]	名 調査；探査；無人観測宇宙船 ▶基本的には、「調査・探査」「調査する；探査する」という意味を押さえておけばよい。	investigation examination
☐ **malfunction** [mælfʌ́ŋkʃən]	動 機能不全を起こす ▶ mal- は「悪い；不完全な」の接頭辞。malnutrition「栄養不良」とか malady「病気；弊害」などを記憶しておきましょう。	break down
☐ **saw** [sɔ́ː]	動 のこぎりで切る ▶ sawdust「おがくず」も出題例あり。	cut
☐ **injustice** [indʒʌ́stis]	名 不正	illegality wrong
☐ **conflict** [kɑ́nflikt]	名 対立；争い ▶これも同意語が非常に多く、このグループは最頻出。	opposition collision struggle strife
☐ **endow** [indáu]	動 (才能などを)授ける；遺贈する ▶基本的に良い意味の単語。give 系で同意語が非常に多く、このグループは最頻出。	give grant confer bestow
☐ **legitimate** [lidʒítəmət]	形 正当な；筋道の通った	valid proper appropriate
☐ **consent** [kənsént]	名 承諾 ▶ consent は、動詞も名詞もアクセントの位置が同じ。	acceptance assent nod
☐ **artifact** [ɑ́ːrtəfækt]	名 古い工芸品	handiwork antiquity
☐ **discard** [diskɑ́ːrd]	動 捨てる；廃棄する ▶ give up や abandon、relinquish あたりも当然ながら同意語になる。	dump throw away

The Homestead Act of 1862 **granted** a hundred sixty acre plots to settlers.	1862年のホームステッド法は、入植者たちに160エーカーの土地を**与えた**。
The cattle charged the fence but quickly **retreated**.	牛たちは柵に殺到したが、すぐに**後退した**。
Galileo was launched in 1989 and we had to wait until the end of 1995 for the spacecraft and its **probe** to reach Jupiter.	ガリレオ号は1989年に打ち上げられ、その宇宙船と付属の**無人観測宇宙船**が木星に到達するのを、1995年の末まで待たなければならなかった。
We realized that one of the antennas that were supposed to transmit data had **malfunctioned**.	私たちは、データを送信するはずのアンテナのひとつが**機能不全であった**ことに気がついた。
An art historian discovered that two famous paintings, now held in different museums, were originally parts of the same painting, probably **sawed** apart by some greedy art dealer.	ある美術史家が、今別の美術館に保管中の2つの有名な絵が、元は同じ絵の一部で、おそらく、ある強欲な画商によって**鋸で切り裂かれた**のであろうということを発見した。
The opposition announced the **injustice** of the government before the public.	野党は政府の**不正**を明るみに出した。
Without question, American colonists saw the **conflict** in terms of political issues.	疑いなく、アメリカ植民地住民は、その**対立**を政治的問題の立場から考えた。
We all are **endowed** by our creator with certain inalienable rights.	私たちはみな、神によって、ある譲渡できない権利を**授けられ**ている。
The colonists had a new vision of what made political authority **legitimate**.	植民地住民は、政治上の権力を**正当とする**ものについて新しい考え方を持っていた。
They thought that legitimate government required the **consent** of those who were being governed.	正当な政府は、統治されている人々の**同意**を必要とするものだと、彼らは考えた。
We've discussed the proper way to dig for **artifacts** at an archaeological site.	私たちは、考古学上の発掘地で**工芸品**を掘りだす適切な方法を話し合った。
They finally **discarded** the long-held custom when they realized it was humiliating to some foreigners.	それが一部の外国人にとって屈辱的であると分かったとき、彼らは長年の慣習をついに**捨てた**。

GROUP A

GROUP B

GROUP C

underlying [ʌ̀ndərláiiŋ]	形 背後に隠された；基礎となる ▶ exact な同意語がないので、必ず文脈から意味を判断すること。		hidden potential latent connotative
symmetry [símətri]	名 調和；(左右) 対称 ▶反意語は：asymmetry (非対称)		harmony balance equilibrium
literally [lítərəli]	副 文字通り ▶文字がどうのこうのというより、これは「強意語」の仲間。		actually indeed
harsh [háːrʃ]	形 厳しい；過酷な ▶同意語の hard は多義なので、文脈で判断したい。		hard severe
phenomenal [finámənl]	形 驚くべき；並外れた；自然現象の ▶一見して、「現象」からかけ離れた意味なので要注意。		incredible very impressive
emerge [imə́ːrdʒ]	動 現れ出る；台頭する ▶記者会見の会場から出てくる場面を描く時にも使える。		appear show rise
larva [láːrvə]	名 幼虫		pupa
axis [æksis]	名 軸；中心線 ▶「(国家間の) 枢軸；枢軸国」の意味もあるので歴史でも登場する可能性あり。		shaft stem
reservoir [rézərvwàːr]	名 貯水池 ▶これも同意語が多く、狙われる。雨水が最終的に流れ込む場所も指すので注意したい。lake や ocean など。		receptacle
crater [kréitər]	名 火口 ▶リスニングなどで、火口や火口湖の直径などを聞く問題も多い。		hollow depression
lunar [lúːnər]	形 月の ▶月光の感じから、「青白い」という意味もある。		relating to the moon
thesis [θíːsis]	名 見解；主題 ▶「(学位をとるための) 論文」の意味もあるのでキャンパスの会話などで注意。		proposition theme

For animals a beautiful face and body are reasonably reliable indicators of **underlying** quality.	動物にとって、美しい顔や身体は、その背後にある物の質を示すかなり信頼の置ける尺度である。
Many species appear to look for at least one classic characteristic of beauty, mainly **symmetry**.	多くの種は、少なくともひとつの古典的な美の特徴、つまり主に左右対称を探し求めているようである。
There are **literally** hundreds of inventions that make our lives a little easier, a little more convenient.	私たちの生活を少し容易に、少し便利にしてくれる文字通り何百もの発明品がある。
The thicker the fur, the **harsher** the winter is predicted to be.	毛皮が厚くなればなるほど、その冬がますます厳しくなることが予想される。
Amphibians have endured **phenomenal** change in the earth, all of which adds to the mystery and concern.	両生類は地球上の驚異的な変化に耐え抜いてきたが、その変化のすべてによって神秘と関心がさらに高まる。
When lower animals like ants, flies or sea urchins **emerge** from the eggs, they don't look at all like their parents.	アリ、ハエ、ウニなどの下等な動物が卵から出現するとき、彼らは親たちにまったく似ていない。
After about a month in this stage, a butterfly **larva** spins a cocoon of silk around itself.	この段階が約1ヶ月続くと、蝶の幼虫は絹の繭を自らに巻きつける。
One day is the amount of time the earth needs to spin completely around on its **axis**.	1日とは、地球が地軸を中心に完全に1回転するのに必要な時間の長さである。
Since 1950, human beings have built about ten thousand artificial **reservoirs** all over the world.	1950年以来、人類は約1万個以上の人工の貯水池を世界中に建設してきた。
At that time, most scientists thought that the **craters** on the moon had been created by volcanic action.	その当時、ほとんどの科学者は、月のクレーターは火山活動で作られたと考えていた。
He concluded that the **lunar** craters were so uniform that they had to be the result of the impact of falling bodies such as meteorites.	月のクレーターは非常に均質なので、隕石などの落下物の衝突の結果に違いないと、彼は考えた。
Fifty years later, a graduate student reasserted Gilbert's **thesis**.	50年後に、ある大学院生がギルバートの見解を再び主張した。

CD 1-71

見出し語	意味・解説	類義語
☐ **inspire** [inspáiər]	動 感激させる；鼓舞する ▶ inspire は、比較的、日本語に訳しにくい単語。「鼓舞する」って何？と悩むよりも encourage に近いと記憶する方が実際的。	impress move stir encourage
☐ **confirm** [kənfə́ːrm]	動 裏づける ▶ これも類義の単語が多いので、同意語問題なら、しっかりと文脈から判断したい。verify との組み合わせは素直。	verify
☐ **cram** [krǽm]	動 いっぱいにする；ぎっしり詰め込む ▶ cram for the test のように、「(試験などのために) 知識を詰め込む」ときも使う。	stuff
☐ **commit** [kəmít]	動 すべてを捧げる；全力を傾ける ▶ dedicate や devote の方がおなじみかもしれない。	entrust dedicate
☐ **count** [káunt]	動 頼る；当てにする ▶ 「数える」から派生して「物の数に入れる」、「当てにする」という流れ。count には「重要である」の意もある。	rely depend
☐ **run** [rʌ́n]	動 経営する；運営する ▶ 他動詞の run には、その他、「(機械などを) 動かす」「(映画を) 上映する」もある。	manage operate conduct
☐ **well-rounded** [wèl-ráundid]	形 包括的で多方面にわたる；均整の取れた	comprehensive satisfactory
☐ **prerequisite** [prìːrékwizit]	名 必須前提科目；必須前提条件 ▶ キャンパスで学生同士が交わす casual conversation の問題で頻出。	requirement necessity
☐ **tow** [tóu]	動 (綱・鎖で) 引っぱる；レッカーで移動する ▶ 日本語の「レッカーで移動する」にあたる。違法駐車の掲示でも頻出の単語。	pull
☐ **humanity** [hjuːmǽnəti]	名 人文科学 ▶ 通常、the をつける。	subjects other th those of social sciences and n sciecnes
☐ **aspiring** [əspáiəriŋ]	形 野心に燃える；意欲的な ▶ an aspiring artist は、よくある組み合わせ。	ambitious eager
☐ **breed** [bríːd]	名 品種；種類；系統 ▶ breeding grounds「繁殖地」	kind variety genealogy

A young geologist who read it was so **inspired** that he persuaded NASA to incorporate geology into the Apollo missions.	それを読んだある若い地質学者は、非常に**触発され**、地質学をアポロ計画に組み込むように米国航空宇宙局を説得した。
The Apollo missions eventually **confirmed** most of Baldwin's ideas, which is astonishing considering that he wasn't a professional scientist.	アポロ計画によって、ボールドウィンのほとんどの考えの正しさがついに**裏づけられた**が、それは、彼が本職の科学者ではなかったことを考慮すると、驚くべきことである。
I bet you anything we'll all be **crammed** into the auditorium.	絶対、みんな講堂に**ぎゅうぎゅう詰めにされる**よ。
Chris has **committed** the whole weekend to the assignment.	クリスは、その週末をすべて課題に**捧げた**。
You can probably **count** on Tim.	ティムはおそらく**頼りになる**よ。
With no tuition, how do they **run** the school?	まったく授業料を取らずに、どうやって学校を**運営する**のか。
A college graduate is supposed to be **well-rounded** with a broad education.	学部の卒業生は、幅広い教育を受けているから、知識が**包括的だ**と思われている。
No, no, there's plenty of room, but there's a **prerequisite**. I've got to take *Introduction to Poetry* before I can take the special course in *Poets of the 1960's*.	いやいやまだ十分空いてるよ。**必修前提科目**もあるけどね。「1960年代の詩人」という特別コースを取るには、その前に「詩歌入門」を取らないといけないんだよ。
You're lucky you only got a ticket. Normally, security **tows** any cars that are parked there.	（駐車）違反のチケットだけだったのはラッキーだったね。普通なら、警備員があそこに駐車した車は片っ端から**引っぱっていく**よ。
My problem is that I love philosophy, but that my dad doesn't want me to get a degree in the **humanities**.	哲学が好きですけど、問題は、親父が**人文科学**の学位を取らせたがらないことです。
You can learn a lot working in an art gallery, and there's no place like New York for an **aspiring** artist.	画廊で働きながら多くのことが学べるね。それに、**野心に燃える**画家にとってニューヨークはまたとない場所ですよ。
He has claimed to discover a **breed** of crows with superior tool making abilities.	彼は、優れた道具作りの能力を持ったカラスの**品種**を発見したと主張した。

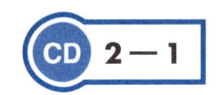

☐ **school** [skúːl]	名 流派；学派 ▶別の単語ですが、「魚の群れ（を作る）」という school も時々出ます。	sect group
☐ **debris** [dəbríː]	名 瓦礫；（破壊された物の）破片；残骸 ▶地質学などで頻出だが、場合によっては、rubbish「がらくた」にも近い。	rubble
☐ **meteor** [míːtiər]	名 流星；隕石 ▶厳密に言うと、meteoroid(大気圏外で) meteor(大気圏内で) meteorite(地面で)の順に呼称が変わる。	shooting star
☐ **streak** [stríːk]	名 筋；線；しま ▶「一続きの期間」の意味なら、同意語は：spell	line
☐ **still** [stíl]	形 静止した ▶映画のスチール写真は、この still。	motionless
☐ **urine** [júərin]	名 尿	piss
☐ **condensation** [kándenséiʃən]	名 凝縮；凝結；濃縮 ▶「集中」か「凝縮」か「濃縮」か、文脈で判断したい。	concentration crystalization
☐ **charter** [tʃáːrtər]	名 認可；特許；特権；設立許可 ▶アメリカ史の初期で頻出。	authorization approval sanction license
☐ **packed** [pækt]	形 すし詰めの；いっぱい詰まった ▶ a packed elevator「ギュウギュウ詰めのエレベーター」	crowded compact
☐ **parasite** [pǽrəsàit]	名 寄生動植物	guest worm
☐ **campaign** [kæmpéin]	名 組織運動；選挙運動；軍事行動 ▶選挙など政治関係で主に使われますが、厳密には、「何かを達成するために行う一連の行動・活動」。	activity crusade operation
☐ **encompass** [inkʌ́mpəs]	動 取り囲む；取り巻く	surround besiege

Abstract Expressionism, which is the main American abstract **school**, is usually associated with the 1950's.	主要な米国抽象**派**であるのだが、抽象表現主義は、通常、1950年代と関わりがある。
More than a thousand tons of **debris** enters the Earth's atmosphere every single day.	1000トン以上の**瓦礫**が、毎日、地球の大気に入ってくる。
Most of the meteoroids that hit the Earth's atmosphere melt or break up in the air, causing **meteors.**	地球の大気圏に突入するメテオロイドは、大気中で溶けるか分解し、**流星**となる。
The **streaks** of light we see in the sky are meteoroids breaking up.	空に見える光の**線**は、分解しているメテオロイドである。
Now the **still** lifes of the nineteenth century reveal a great deal about the time in which the artists lived.	今や、19世紀の**静**物画は、その画家たちが生きていた時代について多くのことを明らかにしてくれる。
Small animals use **urine** to mark their trails.	動物の中には自分の通った跡に目印をつけるために**尿**を使うものも入る。
It seems that dust particles are an important requirement for **condensation**.	塵埃粒子は**凝縮**にとっては欠くことのできない必要条件であるようだ。
The Hudson bay company had royal **charter** that is the monopoly in the area where the operating costs were low.	ハドソン湾会社は、事業費の安い地域での独占権である王室**認可**を得ていた。
When the herds was attacked by the hyenas, the elands deliberately drive their young into the center of a tightly **packed** group, the center being the safer than the periphery.	エランド(レイヨウ)は、群れがハイエナに襲われると、きつく**密集した**集団の中心に、周到に子供たちを追い込む。それは周辺よりも中心の方が安全だからだ。
A **parasite** is the organism that lives in or on another organism called the host.	**寄生動物**は、宿主と呼ばれる別の生物の中や表面に棲みつく生物である。
The sculpture was sometimes arranged in the form of the story to show success of the events–say the reign of the King or the military **campaign**.	彫刻は、例えば王の統治や軍事**行動**などの出来事が成功したことを示すために、時に物語形式で配列された。
The Northwest Coast **encompasses** all the territory west of the Cascade and Coast Ranges.	北西海岸は、カスケード海岸山脈の西側の地方を**取り囲んでいる**。

CD 2-2

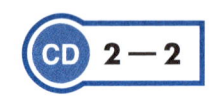

見出し語	意味	同意語
navigate [nǽvəgèit]	動 航行する ▶ navigable（航行可能な）も頻出。	steer sail
game [géim]	名 (狩猟用の)動物；獲物 ▶ big game「(ライオンや像などの)狩猟用大型動物」	animals
exploit [iksplɔ́it]	動 最大限に活用する；搾取する ▶プラスとマイナスの意味があるので、内容一致や同意語問題では、その点に注目したい。	utilize make the most of squeeze
teem [tíːm]	動 〜でいっぱいである ▶ team とスペリングを勘違いしないように。	be filled overflow
elaborate [ilǽbərət]	形 精密な；精巧な ▶厳密に言うと、2つ意味があるので、ambiguous です。「細工が細かい」場合と「注意深い」場合の区別。	precise delicate sophisticated
identical [aidéntikəl]	形 同一の；まったく同じ ▶「ピッタリ一緒」といったニュアンス。exactly の意味はもともと入っている感じ。	same equal equivalent
counterpart [káuntərpɑ̀ːrt]	名 相対物；片割れ ▶そのままの訳ではなく、具体的に文中で何を指すのかが大切な単語。	match equivalent duplicate
density [dénsəti]	名 密度；濃度 ▶文脈で、「濃度」か「密度」かを見極めたい。	thickness concentration
sprawl [sprɔ́ːl]	動 不規則に広がる；手足をだらりと伸ばす ▶ urban sprawl「都会のスプロール現象」	straggle loll
impact [ímpækt]	名 (強い)影響；衝突；衝撃 ▶「影響」の意味の方が盲点になりやすいので注意！	influence effect collision shock
broaden [brɔ́ːdn]	動 広げる；深める ▶「視野を広げる」は broaden one's horizons、ライティングで使える表現。	spread expand extend deepen
coin [kɔ́in]	動 (新語を)造語する ▶辞書的なピッタリ同じの同意語ではなく、文脈からあぶりだすタイプの同意語問題で頻出。	originate invent create

To exploit the sea and the rivers required the development of super craft to **navigate** stormy and rough waters.	海や川を最大限に活用するには、嵐の中や荒れ狂う水域を**航行する**ための優れた船舶の発達が必要だった。	GROUP A
The forests were rich with **game** and many edible plant foods.	森林は、**狩猟用の動物**と多くの食用植物でいっぱいだった。	
The people, over thousands of years, developed techniques and equipment to **exploit** their environment.	何千年もの間、人々は、身の周りの環境を**最大限に利用する**ために、技術や器具を開発してきた。	
Streams and coastal waters **teemed** with salmon, halibut, and other varieties of fish.	小川や湾岸の水域は、鮭やオヒョウやその他の様々な魚で**いっぱいだった**。	
That stability allowed the development of a complex social and ceremonial life, and an **elaborate** technology	その安定のおかげで、複雑な社会と儀式を伴う生活や**精巧な**技術の発達が可能となった。	GROUP B
Although the urban expression is similar in the two countries, it is not **identical**.	都市の表情は2国において似通っているが、**まったく同一**ということはない。	
The Canadian city is more compact than its United States **counterpart** of equal population.	カナダの都市は、同じくらいの人口の合衆国の**それ**よりも無駄なスペースがない。	
A similar population is housed on a smaller land area with much higher **densities**.	同じくらいの人口が、はるかに高い**密度**でより狭い地域に収容されている。	
Form and structure are now lost in the **sprawling** United States Metropolis.	形式や構造は、**不規則に広がる**合衆国の大都市では今や失われてしまっている。	
All the microphone and the sound amplifier have significant **impact** on the nature of orchestration and popular vocal style.	すべてのマイクと拡声装置は、管弦楽編曲法や大衆声楽スタイルの性質に重要な**影響**を与えた。	GROUP C
All the microphone and the sound amplifier tended to **broaden** the audience for popular music.	すべてのマイクと拡声装置は、大衆音楽の聴衆の**底辺を拡大する**傾向があった。	
The era of the American popular music industry was born–an inevitable result of the electronic age's "mass media", which term was not yet **coined**.	アメリカ大衆音楽産業の時代が誕生した。そして、そのマスメディアという用語はまだ**造語されて**はいなかったが、電子時代のマスメディアが生んだ必然的結果だった。	

165

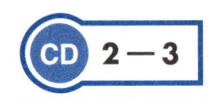

単語	意味	同義語
specific [spisífik]	形 特定の；具体的な ▶ "Be more specific."「もっと具体的に」と、留学したら、English101の講座で言われる方も多いでしょう。	particular explicit definite concrete
dune [djúːn]	名 砂丘	sand hill
mitigate [mítəgèit]	動 (怒り・苦痛などを) 和らげる	relieve ease
substantially [səbstǽnʃəli]	副 十分に；たっぷりと；実質的には ▶ substantially lower のように、マイナスの時にも使える。	significantly
sparse [spáːrs]	形 まばらな ▶本来、「量が少ししかないこと」を形容する単語。例えば、sparse hair「薄くなった髪」。	sporadic scattered thin
repertoire [répərtwàːr]	名 レパートリー；技術のすべて	stock accumulation repertory
opt [ápt]	動 選ぶ	choose select pick
provoke [prəvóuk]	動 怒らせる；じらす ▶これも同意語が多く、狙われやすい。	exasperate irritate tantalize
cue [kjúː]	名 合図；きっかけ ▶ clue「手がかり」にも近い。	sign signal trigger
reside [rizáid]	動 居住する	live inhabit dwell
restless [réstlis]	形 絶えず変化する；落ち着かない	unstable uneasy
forsake [fərséik]	動 見捨てる；縁を絶つ；やめる ▶ desert「見捨てる」も近いが、かなりマイナスな意味。	leave abandon give up

Mass media made available kinds of popular music heard previously only in limited geographical areas or by **specific** ethnic and social groups.	マスメディアは、以前は地理的に限られた地域や**特定の**民族的・社会的集団だけに聞かれた種類の大衆音楽を、誰もが聞けるようにした。
About ten percent of the world's deserts are composed of sand **dunes**, which are driven across the desert by the wind.	世界の砂漠の約 10 パーセントは、**砂丘**で成り立っているが、それは風によって砂漠一面に吹き寄せられたものである。
Methods to **mitigate** damage to structures from sand dunes include building windbreaks and funneling sand out of the way.	砂丘からの建物に対する損害を**和らげる**方法には、暴風設備の建設や、砂を他所へ流すことがある。
Sand dunes' length is **substantially** greater than their width.	砂丘の縦の長さは、その幅よりも**相当に**長い。
Parabolic dunes form in areas where **sparse** vegetation anchors the side arms.	放物線型砂丘は、**まばらな**草木が側面の突き出た部分を固定しているところで形成される。
Hognose snakes have a complex **repertoire** of antipredator mechanisms, of which feigning death is one option.	シシバナヘビは捕食動物回避装置という複雑な**手法一式**を保有しており、死んだ振りをするのもそのうちのひとつである。
When first disturbed, the hognose **opts** for bluffing the predator.	最初に脅かされると、シシバナヘビは、捕食動物を、はったりで脅すことを**選ぶ**。
When further **provoked**, the hognose drops the bluff and begins to twist its body violently.	さらに**怒らされると**、シシバナヘビは、はったりの脅しを止め、荒々しく身体をねじり始める。
Young snakes are capable of using rather subtle **cues** to make adjustments in their antipredator behavior.	若いヘビには、捕食動物回避行動において様々な情況に順応するために、かなりかすかな**手がかり**を使う能力がある。
About 80 percent of the population actually **resided** on farms or in small villages.	人口の約 80 パーセントが、実際、農場あるいは小規模な村落に**居住していた**。
The vitality, dynamic quality, variety, and **restless** experimentalism in society centered in the urban communities.	社会における生命力、活動的資質、多様性、**絶えず変化を求める**実験主義は、都市社会において中心をなしていた。
People **forsook** the countryside and rushed to the larger towns and cities.	人々は、田舎を**捨てて**大きな町や都市に殺到した。

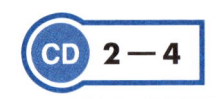

単語	意味	同意語
chronological [krànəládʒikəl]	形 年代順の ▶ in chronological order「年代順に」などは、リスニング問題の指示でも登場。	sequential consecutive
raise [réiz]	動 提起する；育て上げる ▶ この単語は基本的に「(〜を) 上げる」意味。	bring up rear
prescribe [priskráib]	動 処方する；指示する ▶ 元来、「正式に文書などで、指示する」	order indicate instruct
overlap [òuvərlǽp]	動 重複する ▶ 筆者は、個人的には「かぶる」という言い方が好きではありません。	ride hang over
compel [kəmpél]	動 無理強いする	force coerce
stumble [stʌ́mbl]	動 偶然出くわす；つまずく ▶ これも時々狙われる単語。run into「出くわす」にも近い。	encounter come across trip fall over
tedious [tíːdiəs]	形 退屈な；うんざりする ▶ これも同意語が多く、狙われやすい。	boring weary tiresome
facilitate [fəsílətèit]	動 容易にする ▶ facility「施設」は、「物事を容易にする場所」と考えよう。	simplify ease assist
burden [báːrdn]	名 重荷	load weight
grasp [grǽsp]	動 理解する；つかむ ▶ grip と同じように、物理的にも精神的にも使う。	understand comprehend grip
spell [spél]	名 呪文；まじない；魔法 ▶「期間」の spell も知っておこう。	charm incantation magic
render [réndər]	動 〜にさせる；変える ▶ 筆者は、まず give か使役の make の意味を当てはめてみることにしている。	make cause 〜 to be

A **chronological** framework has divided the history of the Anasazi into three Basket Maker stages and six Pueblo stages.	**年代順の**枠組みは、アナサジ族の歴史を3つの籠作り段階と6つのプエブロ住居段階に分けた。
This situation **raises** the question of the relative importance of each of these two components.	この状況は、これら2つの構成要素のそれぞれの相対的重要性についての疑問を**提起する**。
You should have the physician **prescribing** medicine as soon as possible.	できるだけ早く、医者に薬を**処方して**もらうべきです。
Another type, **overlapping** somewhat with voluntary organizations, is the utilitarian organization.	もうひとつのタイプは、ボランティア組織とやや**重複する**のだが、実利組織である。
There are coercive organizations–organizations that people are **compelled** to participate in, such as the military in some countries.	強制的組織、つまり、いくつかの国家における軍隊のように、人々が参加を**強制される**組織がある。
Thomas Edison, an inventor of the late 1800's, always said that the phonograph was his only real discovery, the only invention he **stumbled** upon rather than deliberately set out to find.	1800年代後半の発明家トーマス・エディソンは、蓄音器こそが自分の唯一の真の発見で、そのために周到に手がけたというより**偶然出くわした**唯一の発明であると言った。
A talking machine could be used to replace the **tedious** exchange of letters with the recorded message of the speaker on a phonograph cylinder.	レコード・プレーヤーは、**うんざりする**ような手紙のやりとりを、蓄音シリンダー上の話し手のメッセージで代替するために使うことができた。
The electric appliances **facilitated** the task of managing the larger business organization of the late nineteenth century.	電気器具は、19世紀後半の大会社を管理する仕事を**容易**にした。
When used as a dictating machine, the phonograph promised to further ease the **burden** of business administration by mechanizing correspondence.	口述録音機として使われたとき、録音機は通信を機械化することによって企業経営の**重荷**をさらに軽減する期待を持たせた。
Edison had **grasped** the idea of mass production using standardized parts.	エディソンは、標準部品を使う大量生産というアイデアを**理解していた**。
The television set casts its magic **spell**, freezing speech and action, turning the living into silent statues so long as the enchantment lasts.	テレビ受像機は魔法の**呪文**を投げかけ、その魔法が続く限り、言葉と動きを凍りつかせ、生きているものを沈黙の像に変えた。
The needs of adults are being better met than the needs of children, who are effectively shunted away and **rendered** untroublesome.	大人の欲求は子供のそれよりも十分に満たされ、子供は実質的にはわきに押しやられてしまい、扱いやすいものに**された**。

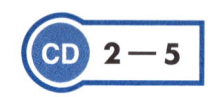

extract [ikstrǽkt]	動 取り出す；抽出する；抜粋する ▶広い意味なら、remove も近い。	pull out distill excerpt
destine [déstin]	動 運命づける ▶名詞は destiny。	doom
feature [fíːtʃər]	名 特徴 ▶これも同意語がたくさん。	characteristic distinction trait
confront [kənfrʌ́nt]	動 直面させる ▶ be confronted with = be faced with と受身で使うことも多い。	face
depression [dipréʃən]	名 不景気；へこみ；憂鬱 ▶精神、景気、物体の「へこみ」。	recession dent gloom
handle [hǽndl]	動 処理する；扱う ▶ちなみに名詞の handle は、「取っ手」で「車のハンドル」は steering wheel。	deal with tackle
flourish [fləˊːriʃ]	動 繁茂する；繁栄する ▶おおむねプラスの意味だが、「(武器を)振り回す」とか「(物を)見せびらかす」などのマイナスな意味もある。	thrive prosper
algae [ǽldʒiː]	名 (複) 藻類；藻 ▶この形が頻出なので、複数形で示しましたが、単数形は：alga [ǽlgə]。	
tidal [táidl]	形 潮の；干満の ▶ tidal wave は正確には「津波」ではなく「高潮」。	relating to the regular rising and falling of the ocean
crucial [krúːʃəl]	形 決定的な；重大な ▶ very important ということ。	decisive critical
score [skɔ́ːr]	名 総譜；楽譜；付帯音楽 ▶多義語なので厄介。「得点；点数」のほかに scores of meanings がある。この score は「20」という意味から派生した「多数」。	note notation
preeminent [priːémənənt]	形 きわめて優秀な；抜群の	distinguished outstanding

Capuchin monkeys **extracted** the nutmeat by inserting sticks into the shell openings and removing it.	オマキザルは、殻の隙間に棒を差し込んで殻を取り除き、実の仁を取り出した。
The tiny pupa is **destined** to become a brightly colored moth.	その小さなさなぎは、鮮やかな色の蛾になることを運命づけられている。
The caterpillar chews its way out of the leaf and moves actively about on the surface, appearing to assess the leaf's **features**.	イモムシは、葉を噛みちぎり、その表面を活発に動き回り、葉の特徴を値踏みしているようだ。
The most profound mystery **confronting** physics at the end of the twentieth century is neatly captured in a Charles Adams cartoon.	20世紀末に物理学が直面した最も深遠な謎は、チャールズ・アダムズの漫画できちんと捉えられている。
The United States experienced a severe economic **depression** during the 1930's.	合衆国は、1930年代に過酷な経済恐慌を経験した。
For more than a century such matters had been **handled** by ten different committees, officials, and departments.	1世紀以上にわたって、そのような問題は、10の異なる委員会や高官や省によって処理されてきた。
Growing where the water is warm, shallow, salty, and calm, mangrove trees **flourish** in fine-grained soils rich in nutrients.	マングローブの木は、水が温かく、浅く、塩分を含み、流れが穏やかな場所で育つのだが、栄養分を多く含むキメの細かい土壌で繁茂する。
The roots of some species of mangrove create surfaces on which **algae**, barnacles, and other organisms can settle.	幾種類かのマングローブの根は、藻類やフジツボや他の生物が定住するための地面を形成する。
Other species of fish, such as jacks and barracuda, can move far up **tidal** streams during dry periods, feeding on the rich food produced by the forest.	例えばジャックスやカマスといった他の魚類は、乾季には干潮河川をさかのぼり、森によって生み出された豊富な食物をエサとする。
The nature of the work gave painters a **crucial** economic advantage over the engraver, composer, or writer.	その仕事の性質が、画家たちに、版画家や作曲家や作家をしのぐ決定的な経済的利点を与えた。
Prints, musical **scores**, novels, or plays could be imported cheaply, personal portraits could not.	新聞や雑誌などの印刷物、楽譜、小説、戯曲は安く輸入できたが、肖像画は無理だった。
Only the **preeminent** painters managed to establish themselves for long in one place.	きわめて優秀な画家だけが、なんとかひとつの場所に留まることができた。

CD 2-6

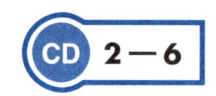

roam [róum]	動 放浪する；ぶらつく ▶携帯電話 (cellular phone) を外国など指定地域外で使うことを roaming と言います。	wander stroll ramble
prestigious [prestí:dʒəs]	形 名声のある；一流の ▶これも広く見ると多数の同意語があります。	famous admired first-class
pueblo [pwéblou]	名 先住民の集団住居；プエブロ族；先住民の部落 ▶特に Reading で頻出なので、知っていると試験中にぐっと安心できます。	
soak [sóuk]	動 吸収する；浸す；びしょ濡れにする ▶次頁の例文、soak up で「吸収する」。ゆえに、その同意語なら absorb となる。	penetrate seep moisten
liner [láinər]	名 裏地	lining reverse
scorching [skɔ́:rtʃiŋ]	形 焼けつくような	exceedingly hot
humidity [hju:mídəti]	名 湿気；湿度 ▶素直な同意語問題で頻出。	moisture dampness
trait [tréit]	名 特徴 ▶発音もスペリングも意味も、すべて重要。	characteristic distinction
missionary [míʃənèri]	名 宣教師；伝道師	propagandist
stimulus [stímjuləs]	名 刺激 ▶複数形は stimuli。	incentive spur inspiration
entrepreneur [à:ntrəprəná:r]	名 起業家	
timepiece [táimpì:s]	名 時計	clock watch

Most painters belonged to the large band of traveling artists, actors, and musicians who **roamed** the colonies.	ほとんどの(肖像)画家たちは、植民地を放浪する巡業画家、役者、音楽家の大集団に属していた。
The relative costliness of the work and the demand for it made painting in colonial America a competitive and **prestigious** profession.	作品が相対的に高価なこととその需要のせいで、植民地時代のアメリカの画業は、他に負けない名高い職業となった。
Southwestern dwellings, called **pueblos**, built above ground level, used the same heat-retention principle.	プエブロと呼ばれていたのだが、南西部の住居は、地面よりも上に建てられており、同じような熱保持の原理を使っていた。
Their thick adobe walls **soaked** up heat from the sun during the day, and at night radiated warmth into the rooms.	日中は、その建物の厚い日干しレンガの壁は、太陽からの熱を吸収し、夜には、室内に温かみを放射した。
In the northern Plains, tents made of animal skins had an inner **liner** that created an insulating air pocket.	北部の平原では、動物の皮でできたテントの内側に、断熱された空気のかたまりを作り出す裏地が施されていた。
In **scorching** weather they frequently splashed the cover with water; evaporation lowered the shaded area's temperature by ten degrees or more.	焼けつくような天気のとき、彼らは覆いにたびたび水をかけた。そして、蒸発作用によって、日陰の部分の気温は 10 度かそれ以上に下がった。
In the Southeast, where **humidity** as well as heat was a problem, houses needed as much airflow as possible.	南東部では、暑さと共に湿度が問題であったから、家屋は、可能な限りの空気の流れを必要とした。
At times, soldiers serve as intermediaries in spreading a culture **trait**.	時々、兵士たちが、ある文化的特徴を広める仲介者の役割を果たす。
In the nineteenth century Western **missionaries** brought Western-style clothing to such places as Africa and the Pacific Islands.	19 世紀には、西洋の宣教師たちが、西洋式の衣類を、アフリカや太平洋の諸島などの場所にもたらした。
U.S. President George W. Bush repeated his call for Congress to pass a **stimulus** package that would cut taxes by $60 billion US to $75 billion US.	ジョージ W. ブッシュ米大統領は、議会に対し、600 億ドルから 750 億ドルの減税を実施する景気刺激法案の可決要求を繰り返した。
Clocks were made in the United States long before **entrepreneurs** began to produce them in large numbers in factories.	時計は、起業家たちが工場で多量に生産するずっと以前に合衆国で作られた。
Clockmakers, working in small shops, produced small numbers of **timepieces**; their clocks were works of art.	時計職人は、小さな店で働いていたが、少数の時計を生産した。そして、彼らの時計は芸術作品だった。

CD 2-7

単語	意味	類義語
☐ **account** [əkáunt]	動 (ある割合を) 占める ▶ひとひねりの意味なので注意。通常は後ろに 30％などの数字が来ます。	occupy take
☐ **afford** [əfɔ́ːrd]	動 与える ▶私の授業の口頭単語テストでは、「余裕があるという意味以外の afford の意味は」と出題されます。	give accord award
☐ **profusion** [prəfjúːʒən]	名 おびただしい数 ▶ほとんどの場合、例文にあるように、a profusion of ~「おびただしい数・量の~」で出ます。	abundance
☐ **occupy** [ákjupài]	動 占める；占有する；占領する ▶戦争関係だったら、「占領する」かもしれませんよ。	take stand account for dominate
☐ **invaluable** [invæljuəbl]	形 計り知れないほど貴重な ▶ in- が打ち消しの in- ではないので注意！	highly useful
☐ **plane** [pléin]	名 面；平面	level surface smooth
☐ **seep** [síːp]	動 しみ込む；浸透する；しみ出る ▶これも TOEFL の隠れた最頻出単語。地質学では、まず絶対出てきます。permeate も近い。	trickle percolate leak
☐ **dissolve** [dizálv]	動 溶かす	melt thaw
☐ **crevice** [krévis]	名 狭い割れ目	crack split chasm crevasse
☐ **collapse** [kəlǽps]	動 崩壊する；崩落する ▶これも地質学で出ることが多い。	fall down crumble crush
☐ **rubble** [rʌ́bl]	名 瓦礫 ▶ debris の方が頻出ですが、こっちも覚えたい。	debris
☐ **diminish** [dimíniʃ]	動 減らす ▶これも同意語多数。	reduce decrease lessen dwindle

By 1800 wood clocks **accounted** for the majority of American clock production.	1800年までに、木製の時計は、アメリカの時計生産の大多数を**占め**た。
Of all the musical riches that exist in our lives, the orchestra **affords** us the most varied source of genuine listening pleasure.	我々の生活において存在するすべての音楽的財産の中で、オーケストラは、純粋な音楽鑑賞の楽しみの最も多様な源泉を**与えてくれる**。
The great orchestras of the world can now reach even the most remote areas due to a **profusion** of recorded performances.	世界中の偉大なオーケストラは、今や、**おびただしい数の**録音演奏のために、最も遠く離れた地域でも聴くことができる。
Both in a musical and sociological sense, the orchestra today **occupies** a central position in our cultural life.	音楽的意味と社会学的意味の両面で、オーケストラは、私たちの文化生活において中心的な地位を**占めている**。
A look at the evolution of the orchestra provides us with **invaluable** insight into the development of music.	オーケストラの進化に目を向けることが、私たちに、音楽の発達に対する**計り知れないほど貴重な**洞察を与えてくれる。
It is along these **planes** of weakness that caverns develop.	大洞窟が発達するのは、このようなもろい**平面**沿いである。
Rain, snowmelt, and other ground waters containing carbon dioxide **seep** or flow downward along cracks, joints, fault planes, and fissures.	二酸化炭素を含んだ雨水、雪解け水、そしてその他の地下水は、割れ目、継ぎ目、断層面、深い裂け目にそって**染み込み**あるいは、流れ下る。
This water actually constitutes a weak form of carbonic acid and slowly **dissolves** the limestone.	この水は実は一種の薄い炭酸水を形成しており、ゆっくりと石灰岩を**溶かす**。
This dissolving action enlarges the cracks, joints, and **crevices** into passageways, rooms, or huge halls.	このような溶解作用によって、亀裂や継ぎ目や**狭い裂け目**の幅が広げられ、通路、部屋、巨大な広間となる。
This water acts on the walls of the room, gradually expanding the chamber by dissolving the walls and causing the ceiling to **collapse**.	この水は部屋の壁に作用して、壁を溶かし、天井を**崩落**させることによって、次第に部屋を拡大する。
The ceiling **rubble** is then attacked by the water, which in turn dissolves it and carries it away.	次にその水が天井の**瓦礫**に押し寄せ、今度は、その瓦礫を溶かし、運び去ってしまう。
First, we should tackle the issue of how to **diminish** greenhouse gas emissions.	私たちは、まず温室効果ガスの排出をどのようにして**減らす**かという問題に取り組むべきだ。

175

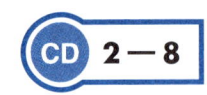

☐ **identify** [aidéntəfài]	動 確認する；認定する ▶まさに recognize and name something です。	recognize name single out
☐ **perch** [pə́ːrtʃ]	名 止まり木	roost
☐ **feed** [fíːd]	動 エサとする ▶ consume なども同意語になる可能性があります。	eat devour
☐ **rodent** [róudnt]	名 (ネズミ・リスなどの) げっ歯類	
☐ **tactics** [tǽktiks]	名 戦略	strategy game plan
☐ **restriction** [ristríkʃən]	名 制限；限定；制約	limit restraint constraint
☐ **invariably** [invɛ́əriəbli]	副 いつも変わらず ▶これは狙い目です。選択肢のない同意語問題では、正解率がとても低いですよ。	always without exceptio
☐ **mill** [míl]	名 工場 ▶昔の工場の意味だと、この単語が使われることが多いようです。	factory plant work
☐ **regional** [ríːdʒənl]	形 地域の	local provincial
☐ **outgrowth** [áutgròuθ]	名 当然の結果；自然の成り行き ▶ consequence や outcome の方がもっと頻出かも。	result consequence outcome
☐ **incentive** [inséntiv]	名 刺激策；報奨金 ▶最近は「インセンティブ契約」なる言葉が使われ「出来高払い」と訳されている。但し、文字通りの「出来高払い」は piecework basis です。	stimulus inducement encouragement
☐ **harness** [háːrnis]	動 (自然の力を) 利用する ▶分かりやすい表現だと：We harness the river to generate electricity.「電気を産み出すために川のエネルギーを利用する」	exploit utilize control

The best approach is to observe the eagles and **identify** the prey they capture.	最良の方法は、ワシを観察し、ワシが捕らえる獲物を**確認する**ことだ。
The vast diversity of prey that eagles exploit is exemplified by the variety of prey remains found at their nests or under their feeding **perches**.	ワシが餌とする獲物の多様さは、ワシの巣や餌を食べる**止まり木**の下でみつかる様々な餌の残り物から例証される。
Eagles are distributed widely throughout the world and **feed** on prey of any size.	ワシは世界中に広く分布しており、あらゆるサイズの獲物を**エサとする**。
Bald eagles are known to eat small **rodents**, but they also dine on beached whales.	ハクトウワシは、小型の**げっ歯類**を食べることで知られているが、浜辺に打ち上げられたクジラも食べる。
Their food habits can change daily or seasonally and from one location to next, and their varied foraging **tactics** mean that their diet will also be diverse.	彼らの食餌習慣は、日々あるいは季節ごとに、また場所によって変化する可能性があり、彼らの多様な餌とり**戦略**が意味するのは、その食事の多様性である。
The only **restriction** the eagle faces is in the location in which it seeks prey.	ワシが直面する唯一の**制約**は、餌を求める場所におけるものである。
When a choice is available, bald eagles **invariably** select fish over other prey.	選択が可能な場合、ハクトウワシは**いつも決まって**、他の餌よりも魚を選ぶ。
The early textile **mills** marketed their own products and constructed their own machinery.	初期の紡績**工場**は独自の製品を市場に出し、独自の生産機器を建設した。
The essential features of the Industrial Revolution were mechanization, specialization, and a trend from local to **regional** and national distribution.	産業革命の本質的な特徴は、機械化、専門化、そして、ある特定の地域から、**地域全体**、全国規模の流通傾向であった。
United States industrial technology was in part copied from Europe, especially England, and was in part an **outgrowth** of the efforts of American inventors, skilled mechanics, and entrepreneurs.	合衆国の工業技術は、幾分はヨーロッパの、特にイギリスの真似であったし、また幾分かはアメリカの発明家、熟練工、起業家の努力の**当然の結果**であった。
Manufacturers found an impelling **incentive** for mechanization in the relative scarcity and high cost of domestic labor.	製造業者たちは、国内の労働力の相対的不足と経費高の中に、機械化へと駆り立てられる**動機**を見出した。
Another incentive was the presence of cheap waterpower to which machinery could easily be **harnessed**.	もうひとつの動機は、機械を容易に**利用できる**安価な水力発電の存在であった。

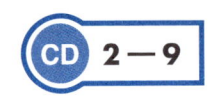

☐ **innovation** [ìnəvéiʃən]	名 革新；刷新；新導入	reform novelty change alternation
☐ **impede** [impíːd]	動 邪魔する；遅らせる ▶広い意味では、hold up = delay でも近いですね。	obstruct hamper hinder block
☐ **radiation** [rèidiéiʃən]	名 放射；発散；放射能	emission radioactivity
☐ **attribute** [ətríbjuːt]	動 〜のせいである；おかげである ▶ The doctor attributed her quick recovery to her physical fitness.「医者は、彼女の素早い快復は身体が健康であったからとした。	ascribe
☐ **intrigue** [intríːg]	動 興味を起こさせる；引きつける ▶この単語は、TOEFL 最頻出のひとつです。Writing でも、It interested me. を強く言い換えるときは、It intrigued me. です。	attract interest fascinate charm
☐ **geometric** [dʒìːəmétrik]	形 幾何学的な；幾何学上の	formal
☐ **scan** [skǽn]	動 走査する；細かく調べる ▶「(新聞や本に) ざっと目を通す」のもこの単語。	examine investigate scrutinize
☐ **orbit** [ɔ́ːrbit]	動 〜の周りを回る；軌道に乗せる ▶もちろん、名詞は「軌道」。	revolve circle
☐ **reasoning** [ríːzəniŋ]	名 推論 ▶ゆえに、reason の動詞には「推論する」の意味あり。	inference deduction
☐ **address** [ədrés]	動 講演する；焦点を当てる	discourse lecture narrow
☐ **exhibit** [igzíbit]	動 明示する；提示する	express display manifest show
☐ **inductive** [indʌ́ktiv]	形 帰納的な ▶「具体的なことから一般的なことを導き出すこと」です。	generalizing

In the United States, such conditions provided many inducements for mechanical **innovation**.	合衆国では、そのような条件が機械革新に対する多くの誘因を提供した。
The relative youth of the society meant that there were few established political and social structures that would be likely to **impede** technological change.	社会が比較的初期段階であったことは、技術的変化を阻害するおそれのある既成の政治的・社会的構造がほとんど存在しないことを意味した。
The tall buildings and the concrete and asphalt of the city absorb and store greater quantities of solar **radiation** than do the vegetation and soil typical of rural areas.	都市の高層建築とコンクリートやアスファルトは、田園地域に特有の植物や土壌よりも多量の太陽放射を吸収し貯蔵する。
Part of the urban temperature rise must also be **attributed** to waste heat from such sources as home heating and air conditioning, power generation, industry, and transportation.	都市の気温上昇の幾分かは、例えば、家庭暖房、エアコン、発電、工業、交通輸送に元を発する廃熱のせいでもあるに違いない。
The development of advanced radio telescopes has allowed astronomers to attempt to answer a question that has long **intrigued** scientists, philosophers, and laypersons alike.	高度な電波望遠鏡の発達によって、天文学者は、科学者、哲学者、一般の門外漢たちを同様に長い間引きつけてきた疑問に答えることが可能になった。
One plan envisioned the building of huge canals in the desert in the shape of easily recognizable **geometric** symbols.	ある計画は、砂漠ですぐに見分けられる幾何学的記号の形をした巨大な運河を建設することを思い描いた。
One half of this search plan calls for using radio telescopes in its Deep-Space Network to repeatedly **scan** the entire sky.	この探索の半分において、空全体を繰り返し走査するために、遠距離宇宙通信網の電波望遠鏡を使う必要がある。
The other half the search involves using its 1,000-foot telescope to listen to nearby stars similar to the Sun that may have Earthlike planets **orbiting** around them.	残り半分の探索は、周りに地球のような惑星が周回している、太陽に似た近隣の恒星の音を聞くために１０００フィート望遠鏡を使用することを必要とする。
The power of the imagination is every bit as important as the power of deductive **reasoning**.	想像力の力は、演繹的推論の力とまったく同じくらい重要である。
The long history in the development of a concept or any of the unproductive approaches that were taken by early mathematicians is not always **addressed** in mathematics courses.	ある概念の発達の長い歴史や初期の数学者が採用した非生産的な方法のいずれについても、数学の講座では必ずしも焦点があてられるわけではない。
One way we can learn much about mathematics and in the meantime find enjoyment in the process is by studying numerical relationships that **exhibit** unusual patterns.	数学について多くのことを学び、その間、その過程に喜びを見出すひとつの方法は、珍しいパターンを提示する数的関係を研究することである。
This is an example of **inductive** reasoning since the prediction is based on a large number of observed cases.	これは、予測がたくさんの観察事例に基づいているから、帰納的推論のひとつの例である。

CD 2-10

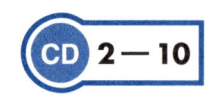

語	品詞・意味	類義語
excavate [ékskəvèit]	動 発掘する	dig up / unearth / mine
overhang [óuvərhæ̀ŋ]	名 突出部；張り出し	projection
posterity [pɑstérəti]	名 後世；後代の人々；子孫 ▶よく出てくる割に、他の単語と混同したりして、覚えにくい単語のようです。CDを聞きながら耳と口で定着させましょう。	descendant / offspring
sequence [síːkwəns]	名 連続；一連のもの	series / succession
millennium [miléniəm]	名 1000年間 ▶2000年とか2001年の頃にはよく耳にした単語です。単複の変化が、um → a 型なので注意。medium → media と同じタイプ。	a period of a thousand years
attain [ətéin]	動 到達する；達成する ▶同意語が多く、このグループは最頻出。	reach / accomplish / achieve / realize
nuance [njúːɑːns]	名 (表現・意見・色などの) 微妙な差異	shade / subtlety
shroud [ʃráud]	動 覆い隠す；包む ▶あせって読むと、form と from、quiet と quite、tired と tried のように、shoulder と勘違いする方がいます。	hide / conceal / veil / wrap / cover
solitary [sɑ́lətèri]	形 連れのいない；孤独な ▶名詞の solitude「孤独；独居」も覚えましょう。	lonely / lone / alone / lonesome
vertical [və́ːrtikəl]	形 縦の；垂直の ▶反意語は horizontal「水平の」。	upright / perpendicular / erect
pop [pɑ́p]	動 ひょいと出る；ひょっこり現れる	appear / show / emerge
allocate [æləkèit]	動 割り当てる；分配する	assign / allot / distribute

Much of our knowledge of the earliest hunters and gatherers is found by **excavating** abandoned living sites.	最も初期の狩猟採集民についての私たちの知識の多くは、廃棄された居住地を**発掘する**ことによって見出されたものである。
These groups of people favored lakeside camps or convenient rock **overhangs** for protection from predators and the weather.	これらの人々の集団は、湖畔の野営地や猛禽類や天候から身を守るのに便利な岩の**突出部**を好んだ。
The gently rising waters of a prehistoric lake slowly covered the bone caches and preserved them for **posterity**, with the tools lying where they had fallen.	先史時代の湖の穏やかに増水する水によって、ゆっくりと骨の隠し場所が被われ、骨が落ちたところに横たわる道具と共に、**後世**のために保存された。
The **sequence** of occupation layers can be uncovered almost undisturbed from the day of abandonment.	文化層の**経過**は、放棄された日からほぼまったく元のままで発掘されることもある。
Higher population densities and more lasting settlements left more conspicuous archaeological sites from later **millennia** of human history.	より高い人口密度やより持続性の高い定住地のおかげで、後の**数千年**の人間の歴史のより際立った遺跡が残った。
It appears that female humpback whales **attain** sexual maturity when they are between four and five years old.	雌のザトウクジラは、5歳から6歳にかけて成熟期に**到達する**ようだ。
In the wild, the **nuances** of cetacean pregnancy and birth are rarely seen by human observers.	野生においては、クジラ目の動物の妊娠と分娩の**微妙な差異**が人間の観察者によって見られることは珍しい。
Perhaps because of a tendency to give birth under the cover of darkness, the actual birth is still **shrouded** in mystery.	おそらく暗闇に乗じて分娩する傾向があるので、実際の誕生はいまだに神秘に**包まれている**。
For more than a minute, the **solitary** female gray whale is vertical in the water, her head down, flukes held stiffly six feet above the surface.	1分以上の間、**連れのいない**雌のコククジラは、頭部を下にし、尻尾を水面上6フィートにしっかり止めて、水中で直立する。
The calf submerges as its mother whale returns to her **vertical** position but reappears as the mother rests belly-up, just under the surface.	子クジラは、母親が**直立の**姿勢に戻ると隠れるが、母親が水面すれすれで仰向けになって静止すると再び現れる
Within thirty seconds the calf **pops** up to the surface, separate from its mother for the first time.	30秒以内に、子クジラは、母親からはじめて離れて、水面に**ひょっこり現れる**。
Political science deals with the ways in which society **allocates** the right to use legitimate power.	政治学は、正当な権力を行使する権利を社会が**割り当てる**方法を取り扱う。

concrete [kánkri:t]	形 具体的な；明確な ▶反意語は abstract「抽象的な」。	specific	
discipline [dísəplin]	名 学問分野；学科 ▶「規律；しつけ」も頻出。	academic subject	
credit [krédit]	名 功績；手柄 ▶ do someone credit「人の功績とする」	merit responsibility	
paradigm [pǽrədàim]	名 方法論；パラダイム；対応策 ▶「模範；範例」という意味もあるので、example や model で言い換えることも可能。	methodology method	
pesticide [péstisàid]	名 殺虫剤；農薬 ▶ご存知のように、pest は「害虫」、cide は「殺す」。同様の組み合わせとして、genocide「大量虐殺」、homicide「殺人」、suicide「自殺」などがある。	insecticide agricultural chemicals	
incorporate [inkɔ́:rpərèit]	動 組み込む；合体させる ▶この単語は TOEFL では本当に頻出。絶対覚えよう。	combine unite integrate	
monitor [mánətər]	動 監視する	check watch	
restore [ristɔ́:r]	動 戻す；回復する ▶これも同義語が多く、同意語問題で頻出。	recover return retrieve revive	
yield [jí:ld]	動 屈服する；譲る ▶ yield は基本的に意味はふたつ。「産み出す」と、「屈服する；譲る」。	surrender give way give up	
advocate [ǽdvəkéit]	動 主張する；支持する ▶名詞の advocate「主張者；支持者」を知っていれば、この単語も自然に覚えられる。	maintain support	
census [sénsəs]	名 (人口の)一斉調査；国勢調査		
figure [fígjər]	名 数字；形；人物 ▶この単語も多義語なので、文脈で注意深く判断したい。会話にもレクチャーにも出る。	number shape person	

The subject matter should be something **concrete**, specific, and easily identified.	主題は何か具体的で、明確で、簡単に確認できるものであるべきだ。
That subject matter is claimed as the central object of study of some other established **discipline**.	そのような主題は、何か別の確立した**学問分野**の中心的な研究対象として主張される。
Credit for first conceiving of the Earth as a spaceship usually goes to the inventor and philosopher Buckminister Fuller.	地球を最初に宇宙船とみなした**功績**は、通常、発明家で哲学者のバックミニスター・フラーへ行き着く。
All these qualities make the spaceship paradigm far better than other proposed **paradigms** for modeling a dynamic society on a finite planet.	これらすべての性質によって、宇宙船**パラダイム**は、ある制限された惑星上の動的社会のモデル化に関して他に提案された理論的枠組みよりはるかに優れたものになっている。
An increasing number of people are advocating a switch from chemical **pesticides** to a more organic approach to raising and protecting the world's food supply.	益々多くの人たちが、世界の食糧供給源を育て保護するために、化学的**農薬**からより有機的方法へ移行するようにと主張している。
Although IPM **incorporates** the use of some pesticides, its primary control measures are non-chemical.	IPMはいくつか農薬の使用を**組み込んでいる**が、その主要な管理手段は非化学的である。
Fields are carefully **monitored** for damage, and appropriate control measures are applied only when pests reach an economically damaging level.	田畑は損害に関して注意深く**監視され**、害虫が経済的に損害を及ぼすレベルに達して初めて、適切な駆除方策が適用される。
By introducing natural control methods, farmers can actually **restore** areas to more natural systems and thus help reclaim land that has become unproductive.	自然駆除方式の導入によって、農民は実際、土地をより自然なシステムに**戻し**、このようにして、不毛になった土地の再生を促進することができる。
Being speechless, John **yielded** to Dr. Bryant's arguments.	何も言うことができず、ジョンはブライアン博士の主張に**屈した**。
An increasing number of people are **advocating** a switch from chemical pesticides to a more organic approach to raising and protecting the world's food supply.	益々多くの人たちが、世界の食糧源を育て保護するために、化学的農薬からより有機的方法へ移行することを**主張している**。
There was no known public national **census** anywhere before the eighteenth century.	18世紀以前には、現存するような公けの**国勢調査**は、まったくどこにも存在しなかった。
Any **figures** indicating a nation's military and economic power were guarded as state secrets.	国家の軍事力や経済力を示すどんな**数字**も、国家機密として守られた。

comprehensive [kàmprihénsiv]	形 包括的な；広範囲な ▶ CTBT(Comprehensive Test Ban Treaty)「包括的核実験禁止条約」を知っておこう。	inclusive all-embracing extensive
representation [rèprizentéiʃən]	名 代表者；議員団 ▶ -tion で終わっていても、代表者など人も表すところがミソ。	representative delegate
constitution [kànstətjúːʃən]	名 憲法 ▶ 知らなかったら、近所でも評判になります。	
preliminary [prilímənèri]	形 準備の；予備の ▶ キャンパスの会話なら、次の学期の preliminary list「科目予備リスト」で、設置される科目を調べる場面などで登場。	preparatory spare reserve
detect [ditékt]	動 見つける；見抜く ▶ うそ発見器：lie detector	find discover spot
catastrophic [kætəstráfic]	形 壊滅的な；大異変の	disastrous devastating tragic
asteroid [æstərɔ̀id]	名 小惑星 ▶ 日常では使わない単語ながら、TOEFLでは、頻出。	a small planet
track [træk]	動 跡をたどる；探知する ▶ 会話でもレクチャーでも、Readingでも、あらゆる場面で、動詞・名詞として頻出。名詞は、「通った跡；道」。	trail trace detect
subject [sʌ́bdʒikt]	動 支配する；服従させる ▶ 文脈を丹念に訳して同意語を探させる問題で出る。	subdue conquer subordinate
fraction [frǽkʃən]	名 少し；断片 ▶ 「分数」もこの単語。	bit piece fragment
crust [krʌ́st]	形 地殻；外皮 ▶ 地球は、外側から順に、crust「地殻」、mantle「マントル」、core「地核」。	shell skin rind
fold [fóuld]	名 ひだ；折り目 ▶ 地質学で頻出。山や洞窟の内部などを説明する場面で出るでしょう。	crease gather pleat

A different kind of accounting was the goal in the earliest recorded **comprehensive** census of a population and its food supply.	違う種類の分析が、人口とその食物供給についての最古の**包括的**国勢調査における目標であった。
Representative governments have required periodic public censuses of population in order to determine **representation**.	代議政体においては、**代表者**を決めるために定期的な、公の一斉国勢調査が必要だった。
The framers of the **Constitution** of the United States pioneered in this area by providing for a national census every ten years.	合衆国**憲法**の起草者たちは、10年ごとに国勢調査を行うことで、この領域の先駆者となった。
In 1776 during the American Revolution, the committee working on a **preliminary** body of laws for the new nation proposed the requirement of a census every three years.	アメリカ革命中の1776年に新国家用の法律の**仮の**本体に取り組んでいた委員会は、3年ごとに国勢調査を義務づけることを提案した。
Astronomers did not **detect** asteroid 1989 FC until it was already moving away from Earth.	天文学者たちは、それが地球から既に遠ざかってはじめて、小惑星1989FCを**探知した**のだった。
Though a collision with Earth would have been **catastrophic**, a fluke of orbital geometry might have lessened the impact a little.	地球と衝突したら**壊滅的な**ことになったであろうが、軌道幾何学の幸運が、衝撃を少し弱めたかもしれない。
The **asteroid's** approach was rather slow compared to other celestial objects.	その**小惑星**の接近は、他の天体と比べてかなり遅かった。
To avoid the danger of an asteroid collision, the threatening body would first have to be **tracked** by telescopes and radar.	小惑星衝突の危険性を回避するために、まず、その危険性のある天体を望遠鏡かレーダーで**探知**しなければならないだろう。
Within the earth's crust, rock exhibits a plastic or fluid character if **subjected** to great forces.	地殻内では、岩は、多大な力に**さらされる**と、柔軟性や流動性を発揮する。
These folds, or wrinkles, may be less than a **fraction** of an inch wide or they may be several miles in width.	これらの褶曲部、つまりしわは、**わずか**1インチ以下か、あるいは数マイルの幅があることもある。
Folding in the earth's **crust** partly accounts for the formation of many mountain ranges, such as the Appalachian Mountains.	**地殻**の褶曲作用によって、アパラチア山脈など、多くの山脈の形成が一部説明される。
The **folds** in these mountains were originally formed during the Appalachian Revolution, roughly 200 million years ago.	これらの山の**褶曲部**は、ほぼ2億年前のアパラチア大変革の間に、元々は形成されたものである。

CD 2−13

☐ **stabilize** [stéibəlàiz]	動 安定させる ▶ stable「安定した」を知っていれば楽勝。	settle firm steady
☐ **distribute** [distríbju:t]	動 分配する ▶ 語義自体は難しくはないが、同意語問題に出る率は高い。	hand out deliver ration
☐ **till** [tíl]	動 耕す ▶ 接続詞や前置詞の till と同じスペリングなので、一度気がつけば、かえって記憶には残りやすい。	cultivate plow
☐ **fertilizer** [fə́:rtəlàizər]	名 肥料 ▶ fertilize「肥沃にさせる」から来ているので簡単。	manure
☐ **decline** [dikláin]	動 減少する；下降する；衰える；辞退する ▶「衰える」と「お断りする」も合わせて記憶しておこう。苦手な語義だけを単語帳に書く。	decrease descend deteriorate refuse
☐ **critical** [krítikəl]	形 重大な ▶ もちろん、crucial も近い。	important
☐ **trace** [tréis]	動 (跡を) たどる；探し出す ▶ track も近い。	follow
☐ **mine** [máin]	動 採掘する；掘る ▶ 名詞ももちろんあります。coal mine「炭鉱」	dig bore
☐ **extinction** [ikstíŋkʃən]	名 絶滅 ▶ 合わせて、become extinct = die out「絶滅する」を必ず暗記しよう。	extermination
☐ **markedly** [má:rkidli]	副 著しく；際立って	remarkably strikingly significantly notably
☐ **bill** [bíl]	名 広告；ちらし ▶ TOEFL では、会話なら主に「請求書」「紙幣」、レクチャー系なら「くちばし」「法案」の意味が頻出。	advertisement publicity flier
☐ **precede** [prisí:d]	動 前に起こる；先立つ ▶ 形容詞の preceding「先立つ；(すぐ) 前の」が頻出。	antecede go before predate

In recent geologic periods these folds have become **stabilized**, that is, they have not been significantly further distorted, pushed together, or pulled apart.	近年の地質学時代では、これらの褶曲部は**安定し**、すなわち、それらは、著しくさらに歪曲したり、押し込められたり、引き離されたりしてはいない。
The objective of agriculture is to collect and store solar energy as food energy in plant and animal products, which are then **distributed** to serve as food for the human population.	農業の目的は、太陽エネルギーを食物エネルギーとして植物や家畜の中に集積することであり、それらは人間集団の食物として役立つために**分配される**。
Farmers spend fossil-fuel energy and electric energy in **tilling** the soil, fertilizing, irrigating, harvesting, and processing.	農民は、土壌**耕作**、肥料、灌漑、収穫、加工に、化石燃料エネルギーや電気エネルギーを使う。
The first major contributions that energy made to farming were in the use of commercial **fertilizer**, an energy-intensive product.	農業に対してエネルギーがなした最初の主要な貢献は、商業**肥料**、つまりエネルギー集約商品の使用におけるものだった。
During the period of 1900 to 1971, the size of the average farm in the United States more than doubled while the farm population **declined** to one-third of its 1900 level.	1900年から1971年の間に、合衆国の平均的農場のサイズは、2倍以上になったが、一方、農民の数は1900年レベルの3分の1まで**減少した**。
The use of commercial fertilizer is a **critical** factor in the ability to increase crop yield per unit of land cultivated.	市販肥料の使用は、耕作地当たりの作物収穫高を増やす能力の**重要な**要素である。
Geologists can measure geologic time by **tracing** fossils through the rock strata, or layers.	地質学者は、岩石層、つまり重なりを通して化石を**たどる**ことから、地質学的時期を測定することができる。
Geologists could determine where to **mine** coal by studying the fossil content of rocks.	地質学者は、岩の化石含有物を調べることで、どこで石炭を**掘る**べきかを決定できるようだ。
Both large and small **extinctions** of different groups of species were used by 19th century geologists to define the boundaries of the geologic timescale.	生物種の様々な集団の**絶滅**数の多少が、19世紀の地質学者によって、地質学的時代区分を規定するのに使われた。
By the mid-eighteenth century, the variety of American figureheads increased **markedly** and a national style began to emerge.	18世紀半ばまでに、アメリカの船首像の種類は**著しく**増加し、国を代表する形式が出現し始めた。
While the makers of most ship carvings remain anonymous, the work of some craftspeople has been documented through primary sources such as **bills** of sale, or customs house records.	ほとんどの船の彫刻物の作者は無名のままだったが、幾人かの熟練職人の業績は、販売用**チラシ**や税関の文書を通して記録されている。
The crouching action that **precedes** take off is known as an "intention movement."	飛び立つ**前に起こる**身を低くする動作は、「意志行動」のひとつとして知られている。

CD 2-14

見出し語	意味	同意語
deliberate [dilíbərət]	形 故意の；計画的な	conscious intentional
repel [ripél]	動 追い払う；寄せつけない ▶同意語問題に出た実績あり。形容詞の repellent「寄せつけない」も頻出。	drive ward off defy keep off
periodically [pìəriádikəl]	副 周期的に；定期的に ▶ periodical「定期刊行物（の）」も知っておきたい。magazine が同意語になる。	intermittently regularly
prevailing [privéiliŋ]	形 優勢な；支配的な ▶動詞形が最頻出語。	dominant predominant
laden [léidn]	形 どっさりと積み込んだ	filled loaded
split [splít]	動 分裂する；分かれる；裂く；割る	divide part tear crack
latitude [lǽtətʃùːd]	名 緯度 ▶経度：longitude	
liability [làiəbíləti]	名 不利な点；負債；責任 ▶文脈の中で同意語が決まることが多い。「この単語は具体的にどの語句を指しているか」などのタイプでも狙われる。	disadvantage debt obligation
soar [sɔ́ːr]	動 （物価・利益などが）急に上がる ▶ soarer という車がありますね。「舞い上がる物」なのか「高性能グライダー」なのか。	rise ascend
deteriorate [ditíəriərèit]	動 悪化する；低下する ▶「年月を経てガラスが劣化する」といった内容の文章でこの単語が何度も出ました。	become worse decline
masonry [méisnri]	名 石造り建築；レンガ工事；レンガ	stone brick
precedent [présədənt]	名 前例；慣例 ▶ unprecedented「前例のない」が、最も出る単語のひとつ。	antecedent example custom practice

Other forms of communication have evolved through such patterns of behavior being modified into **deliberate** signals.	他の伝達形式は、例えば**故意の**信号に変化したような行動パターンを通して進化した。
Most commonly, displays are used to advertise a territory, **repel** a rival, and attract a mate.	最も一般的には、自分の縄張りを目立たせ、敵を**追い払い**、配偶者を惹きつけるために、誇示が使われる。
Whales and dolphins glide through the water, **periodically** rising to the surface to breathe.	クジラやイルカは、水中を滑るように進み、**周期的**に水面へ上がってきて息をする。
The eastward rotation of the Earth produces the **prevailing** trade winds, blowing east to west at the equator.	地球の東向きの回転が、赤道付近で東から西へ吹く、**優勢な**貿易風を産み出す。
The huge mass of water moves fast, chilled by water from the Antarctic Region, but **laden** with masses of plankton.	南極地方の水に冷やされてはいるが多量のプランクトンを**満載している**膨大な量の海流は流れが速い。
This cold, swift current is **split** when it strikes the southwestern extremities of the three southern continents.	この冷たくすばやい海流は、3つの南方の大陸の南西の先端に衝突すると、**分裂する**。
Part of this same cool eastward-flowing current, enriched with water from higher **latitudes**, is diverted north along the southwest coast of South Africa.	これと同じ冷たい、東へ流れる海流の一部は、より高**緯度**からの海水によって栄養分を高められており、南アフリカの南西海岸に沿って北の方へそれて行く。
Other architects thought that wood had serious **liabilities** and were thus attracted to solid construction of stone, brick, or concrete.	他の建築家は、木材は深刻な**マイナス部分**を持っており、そのため、石造りやレンガ造りやコンクリートの頑丈な建築様式に引きつけられた。
Their choice was based on economic reasons– when the price of wood **soared**, as it occasionally did, they questioned the financial advantages of timber.	彼らの選択は経済的理由に基づいていた。つまり、時折そうなったのだが、木材の価格が**高騰した**時、彼らは木材の金銭的な利点に疑問を抱いたのだった。
Other architects pointed out that unlike the materials used in solid construction, timber **deteriorated** quickly, needed constant upkeep, and attracted harmful insects and rodents.	他の建築家は、頑丈な建造物で使われる建材と違って、木材は急速に**劣化し**、絶えず保全を必要とし、有害な昆虫やげっ歯類を引きつけると指摘した。
These arguments were reinforced by the fact that **masonry** could be considered just as natural as wood.	これらの主張は、**石造り建築**は木造とまったく同じくらい自然とみなされるという事実によって強固なものとなった
There were many fruitful historical **precedents** for the use of these materials.	これらの材料の使用に関して、多くの有益な、歴史的**前例**があった。

CD 2-15

☐ **nucleus** [njúːkliəs]	名 原子核；中心；核心	center core
☐ **neutral** [njúːtrəl]	形 中立の；公平無私の；中性の	indifferent impartial neuter
☐ **offset** [ɔ̀fsét]	動 相殺する；埋め合わせる	balance compensate make up
☐ **stray** [stréi]	形 さまよっている；道に迷った ▶ stray sheep「迷える羊」は聞いたことがあるでしょう。	wandering lost
☐ **retain** [ritéin]	動 保持する；維持する ▶「チャンピオンがベルトをretainする」とも言えます。	hold save maintain
☐ **hive** [háiv]	名 ミツバチの巣箱	beehive
☐ **mature** [mətjúər]	動 成熟する	grow up ripen
☐ **gland** [glǽnd]	名 腺 ▶ lymph gland「リンパ腺」	
☐ **forage** [fɔ́ːridʒ]	動 食糧をあさる；捜し回る ▶ 名詞の意味は「飼料；かいば」。	hunt search scavenge
☐ **ensure** [inʃúər]	動 確実にする；保証する ▶ 保険をかける場合は、通常、insureのスペリングを使う。	make sure guarantee assure
☐ **duplicate** [djúːplikèit]	動 複写する；複製する ▶ du-は、「二つの；二重の」を表します。そこから語意も予想できるのでは。	copy reproduce replicate
☐ **credential** [kridénʃəl]	名 信用証明物；信任状	certificate license warrant authorization

By looking at examples of atoms, one discovers that each contains an equal number of electrons and protons in the **nucleus**.	原子の例に目を向けることで、各原子が同数の電子と陽子を原子核に含んでいることに気がつく。
When in this condition, the atom is considered to be in its balanced state (sometimes referred to as the **neutral** state).	この状況にあるとき、原子はつり合いの取れた状態（時に中性状態と呼ばれる）にあると見なされる。
When the balanced condition is upset, the number of negative charges no longer **offsets** the number of positive charges, thus the atom is left with a net charge.	つりあった状態がくつがえされると、もはや負電荷の数は正電荷の数を相殺することはない。だから、原子は正味電化の状態になる。
When an atom picks up a **stray** electron, it has one additional negative charge that is not offset by a corresponding positive charge.	原子がさまよえる電子を手に入れると、対応する正荷電によって相殺されない別の負荷電を手に入れる。
The ion still **retains** all the basic characteristics of the original atom since the protons in the nucleus are not disturbed.	そのイオンは、核内の陽子がかき乱されることはないので、それでも元の原子のすべての基本的な特徴を保持している。

GROUP A

The majority of members are workers, sterile females who, as the name implies, do most of the work around the **hive** or dwelling place.	構成メンバーの大多数は、働きバチ、つまり、その名が示すように、ミツバチの巣箱つまり棲家の周りでほとんどの労働をこなす繁殖力のないメスである。
As a honeybee **matures**, it assumes different tasks, depending on its age and physiological state.	成熟するにつれて、ミツバチは、その年齢や生理状態次第で、様々な仕事を引き受ける。
Honey bees assume this position as the nurse **glands** in their heads become active and secrete various nutritive substances for growing bees.	ミツバチは、頭部にある保母腺が活性化し、様々な物質を成長中のハチのために分泌すると、この地位を引き受ける。
Two or three weeks after emerging from their hive cells, worker bees are ready to leave the hive and **forage** for nectar and pollen.	ハチの巣穴から出て2、3週間後には、働きバチは巣箱を出て蜜や花粉を捜し回る準備ができている。

GROUP B

Guard bees take stations near hive entrances with antennae poised to touch entering bees in order to **ensure** that they are colony members rather than outsiders intending to rob honey.	番人バチは、巣箱の入口近くで、入ってくるハチが蜜を盗むつもりのよそ者ではなくその集団員であることを確認するために入場者に触る触角を構え持ち場についている。
Because there was no negative, as in modern film, the image, called a daguerreotype, was unique and could not be **duplicated**.	現代のフィルムにおけるようなネガはまったく存在しなかったので、銀板写真と呼ばれた画像は唯一のものであり、複写することはできなかった。
Philadelphia's **credentials** as an early center of photography were further established by the exhibitions of daguerreotypes in 1839.	写真の初期の中心としてのフィラデルフィアの信用は、1839年の銀板写真の展覧会によってさらに確固たるものとなった。

GROUP C

☐ **elastic** [ilǽstik]	形 弾性のある；伸縮自在の ▶ elastic には名詞もあり、「ゴムひも；ゴム入り素材」の意味です。ゆえに、rubber band = elastic band です。	flexible pliable
☐ **inhabit** [inhǽbit]	動 住む；居住する ▶ 使うときは、他動詞なので前置詞無用。	live in (on) dwell in (on)
☐ **refine** [rifáin]	動 (技術を) 磨く；精製する	improve purify
☐ **dominate** [dάmənèit]	動 支配する ▶ 同意語多数なので注意。	rule govern control reign
☐ **emigrate** [émigrèit]	動 (他国へ) 移住する ▶「移民となって出て行く」なので、immigrate と区別して下さい。	migrate settle
☐ **envision** [invíʒən]	動 心に描く ▶ visualize との組み合わせに注意。	visualize picture conceive of envisage
☐ **call** [kɔːl]	名 判定；決定 ▶ 以下の例文は、He passed the exam by a narrow margin. と言いかえが可能。by a narrow margin「僅差で」。	decision
☐ **whereabout** [hwɛ́ərəbaut]	名 行方 ▶ 通常、複数形で使います。	dwelling place residence
☐ **enigmatic** [ènigmǽtik]	形 なぞの	mysterious
☐ **china** [tʃáinə]	名 磁器	porcelain pottery
☐ **bogus** [bóugəs]	形 にせの	counterfeit phony false fake
☐ **phase** [féiz]	動 段階的に実施する ▶ phase out「段階的に廃止する」で出ることがほとんど。	gradually introdu gradually stop

If the two ingredients are brought together in a bread mix, the result is a spongy mass consisting of tiny gas bubbles, each enclosed in an **elastic** skin of gluten.	その２つの材料がパンの粉に混ぜ合わされると、でき上がるのは、グルテンの**柔軟な**薄い膜でそれぞれが包まれ、小さな気泡でできたふわふわした固まりである。
From approximately 300 B.C. to A.D. 1540, three major cultural groups **inhabited** the Southwest.	およそ紀元前300年から紀元後1540年まで、主要な３つの集団が南西部に**居住した**。
The Hohokam settled in southern Arizona along the Gila, Salt and Santa Cruz rivers, where they **refined** the artistry of creating jewelry from shells.	ホホカム族は、ギラ川、ソルト川、サンタクルーズ川沿いの南アリゾナに住み着き、そこで貝殻から装身具を作る技術を**磨いた**。
Glassware that was made in England **dominated** the early North American market.	イギリス製のガラス製品が、初期の北米市場を**支配していた**。

GROUP A

Glassmakers were discouraged from **emigrating** because if English-quality glass were produced in the colonies, the home industry would be threatened.	もしイギリス製品と同じ品質のガラスが植民地で生産されると本国の産業が脅かされるであろうから、ガラス製造者は(他国へ)**移住する**ことを邪魔された。
The founders of the settlement **envisioned** a glass factory to provide goods for commercial trade.	入植地の創立者たちは、商業貿易に商品を供給するためのガラス工場を**心に描いた**。
He passed the exam by the worst score. What a close **call**!	彼は最低点で試験にパスした。まさに**危機一髪**（ぎりぎりの**判定**）だった。
Three days later, only one clue to their **whereabouts** was found.	３日後、彼らの**行方**に対する唯一の手がかりが見つかった。

GROUP B

There has been much speculation about this **enigmatic** episode in early American history.	初期のアメリカ史におけるこの**なぞの**出来事については、多くの推測が存在する。
Once the artist captured the shade on paper, it could be transferred onto ivory, plaster, **china**, or glass.	いったん画家がその陰影を紙に捉えると、それは象牙、漆喰、**磁器**、あるいはガラスに転写された。
Those living in the immediate vicinity of the **bogus** Martian invasion appeared to have been the most frightened.	**にせの**火星人侵略のすぐ近くに住んでいた人たちは、もっとも恐怖に駆られたようだった。
Fortunately, the use of CFCs in aerosols has been **phased** out in most countries.	幸いなことに、エアゾールへのフロンガスの使用は、ほとんどの国々で**段階的に廃止されている**。

GROUP C

193

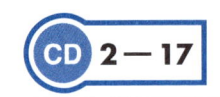

単語	意味	同意語
susceptible [səséptəbl]	形 影響を受けやすい ▶発音もしっかり聞き取れるように。subjectとの同意語問題が多い。	subject sensitive responsive
abide [əbáid]	動 遵守する ▶ abide by ~の形が頻出。	keep observe
infirmary [infə́ːrməri]	名 病院；診療室	hospital clinic
scrutinize [skrúːtənàiz]	動 細かく調べる ▶ examine との組み合わせが頻出です。単語帳に日本語を書かず、＝だけで表示しましょう。	examine investigate
torso [tɔ́ːrsou]	名 胴体	trunk
contaminate [kəntǽmənèit]	動 汚染する ▶素直な同意語問題で頻出。	pollute
fetch [fétʃ]	動 ~で売れる；行って取ってくる ▶本来は、go, get and bring something つまり「取ってくる」の意味。	sell collect
deplete [diplíːt]	動 枯れさせる；枯渇させる ▶ ozone depletion「オゾン層の枯渇」で名詞も覚えましょう。	empty drain use up
illicit [ilísit]	形 違法な ▶単語帳は、＝ illegal で決まり！	illegal
loot [lúːt]	動 略奪する ▶ Los Angeles の暴動、近いところでは New Orleans のハリケーン災害、そういう時はよく、looting「略奪」が起こります。	plunder rob snatch
inventory [ínvəntɔ̀ːri]	名 在庫目録 ▶ museum や library に関するもので頻出。	list index
embrace [imbréis]	動 喜んで応じる；歓迎する ▶これは同意語問題として、非常に狙われています。要注意です！	accept adopt welcome

We need to discover how **susceptible** young people are to change.	私たちは、若者がどれくらい変化の影響を受けやすいかを知る必要がある。
The ozone layer will recover completely by the year 2060 as long as we all **abide by** the international agreements.	オゾン層は、私たちが皆、国際的な同意事項を遵守する限り、2060年までに完全に快復するでしょう。
I have to go to **infirmary** to have my callus removed.	たこを取ってもらいに病院へ行かなければならない。
The members **scrutinize** the business plan of their peers.	メンバーは、仲間の事業計画を詳細に調べる。

GROUP A

The largest and strongest muscles in the body are in the hips, legs, and **torso**.	身体中の最大で最強の筋肉は、腰と脚と胴体部にある。
I turned in my history research paper on a diskette that might be **contaminated**.	（ウイルスで）汚染されている可能性のあるフロッピーで歴史のリサーチペーパーを提出した。
The spice saffron can **fetch** up to sixty dollars a gram.	香辛料サフランは、１グラムあたり60ドルでも売れることがある。
Such activities have seriously **depleted** the stock of national treasures.	そのような活動が、国家的財宝の在庫を深刻なまでに枯渇させている。

GROUP B

Illicit trafficking in cultural property has become a massive criminal activity.	文化財の違法売買は大規模な犯罪活動になってきた。
Works of art are stolen from museums and **looted** from historic buildings.	芸術作品は美術館から盗まれ、歴史的建物から略奪されている。
The police are now stressing the importance of owners making accurate **inventories**	警察は、今や、所有者が正確な在庫目録を作成することの重要性を強調している。
Each film having its own music was not **embraced** by the movie industry.	それぞれの映画が独自の音楽を持つことに対し、映画産業が喜んで応じることはなかった。

GROUP C

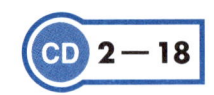

synchronization [síŋkrənàizeiʃən]	名 同時に動くこと ▶出るとすれば、例文のように、無声映画からトーキー映画への変遷に関する英文でしょう。	simultaneity
knack [nǽk]	名 コツ ▶会話問題で出ています。	secret recipe trick art
mint [mínt]	動 造幣する；鋳造する ▶ mint は、貨幣が語源。「王立造幣局」: Royal Mint	coin cast
drag [drǽg]	動 引きずる；だらだら長引く ▶会話でよく出ています。「パンクしたので、自転車をひっぱって来た」みたいな時も使えます。	trail linger
conical [kánikəl]	形 円錐形の ▶ cone「円錐形」はご存知のはず。	
pulmonary [pʌ́lmənèri]	形 肺の；肺病の	lung
stethoscope [stéθəskòup]	名 聴診器	
ripple [rípl]	名 さざ波；小じわ ▶元来は、池などの「さざ波」ですが、そこから「波紋」や「小じわ」へと派生。	wave wrinkle
vulnerable [vʌ́lnərəbl]	形 弱みがある ▶反対語の invulnerable「弱みのない；不死身の」も頻出。	weak fragile
dose [dóus]	名 一服；服用 ▶ Have you taken large doses of Vitamin C?「ビタミンCをたくさん飲みましたか」みたいに、会話でも出ます。	
sport [spɔ́:rt]	名 楽しみ	pastime amusement
obsolete [àbsəlí:t]	形 時代遅れの；すたれた ▶素直な同意語問題で頻出。	outdated old-fashioned out of date

In 1922, a system that made possible the **synchronization** of recorded sound and image was developed.	1922年に、録音された音声と画像の**同調**を可能にするシステムが開発された。
She has a **knack** for getting people to donate their time and money.	彼女は、人に時間やお金を提供させる**コツ**を心得ている。
The Roman treasury **minted** shaved edges of the silver coins into new coins.	古代ローマの財務省は、銀貨からそぎ落とした縁で新しい硬貨を**鋳造した**。
Even though the course work is more intensive, it doesn't **drag** on the way the regular semesters do.	学習課題はより集中的だけど、通常の学期みたいに**だらだら長引く**ことはないです。
The sinkhole typically takes on a **conical** shape.	ドリーネ地形は、典型的に**円錐形の**形をしています。
You can take this **pulmonary** patient through the entire care process.	このような**肺病**患者を、全治療過程を通して取り扱うことができる。
If you use this interactive computer system, you can listen to the lungs as if you were listening through a **stethoscope**.	この双方向性のコンピュータ・システムを使えば、まるで**聴診器**を通して聴くように肺の音を聴くことができる。
When water flows down the inclined ceiling of a cave, mineral solution is deposited in thin trails and builds up a series of **ripples** and folds.	水が洞窟の傾斜した天井を流れ下ると、鉱物性溶液が細い通路に溜まって一連の**シワ**や折り目を形成する。
The basic principle of the American juvenile justice system provided for the individualizing of treatment and services to **vulnerable** children.	米国の青少年法体系の基本原理は、**弱者である**子供たちに対する個別の処置や執行を認めた。
The **dose** method of the pills is to take two tablets every four hours.	その錠剤の**服用**法は、4時間おきに2錠飲むことです。
The passenger pigeon was killed relentlessly by colonists, sometimes merely for **sport**.	リョコウバトは、時にただ**楽しみ**のために、植民地の人々によって情け容赦なく殺された。
Unfortunately, those weapons they used at the battle were **obsolete** even for the then prevailing standard.	残念ながら、その戦闘で彼らが使用した武器は、当時の一般的な基準からしても**時代遅れの**ものだった。

GROUP A

GROUP B

GROUP C

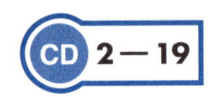

単語	意味	類義語
famish [fæmiʃ]	動 飢えさせる ▶会話問題で頻出。	starve
verify [vérəfài]	動 証明する ▶confirm の項でも言ったように、非常に重要。	confirm prove witness
outcome [áutkÀm]	名 結果 ▶「結果」では、この単語が盲点。	result consequence
collide [kəláid]	動 衝突する ▶自動詞なので、目的語をとるためには、with をともなう。	crash impact
vicinity [visínəti]	名 付近 ▶nearby areas などの同意句と組み合わされる可能性もある。	periphery neighborhood
satire [sǽtaiər]	名 風刺；皮肉 ▶素直な同意語問題で頻出。	innuendo irony sarcasm cynicism
proprietary [prəpráiətèri]	形 私有の；所有の；独占の ▶アメリカ史の植民地時代で出る可能性大。	private possessive monopolistic
swat [swát]	動 ピシャリと打つ	hit (an insect)
blur [blə́:r]	動 ぼやける；ぼやけさせる ▶ed や ing 形で、r が重なるので要注意。	dim mist film
articulate [ɑ:rtíkjulət]	形 考えをはっきり説明できる ▶単に「雄弁なのではなく、論理的で明晰であること」を含めた意味を持つ。	eloquent intelligible
notoriety [nòutəráiəti]	名 悪名高さ ▶形容詞は・・・・notorious。	disrepute infamy bad publicity
blackout [blǽkàut]	名 停電	power failure

I'm **famished**, but I have a class in five minutes.	お腹がペコペコですが、5分で授業が始まるんですよ。
It is impossible to **verify** whether or not his story is true.	彼の話の真偽を証明することは不可能である。
Which statement do you think best describes possible **outcome** from the Roman eyesight test?	どの言葉が、ローマの視力試験がもたらしたであろう結果について最もよく説明していると思いますか。
Two cars **collided** head on in front of his house last night.	昨晩、彼の家の前で、2台の車が正面衝突した。
A number of tiny fragments of the meteor have been found in the **vicinity** of the crater.	その流星のたくさんの小さな破片が、クレーターの付近で発見されている。
Mark Twain is a master at combining humor and **satire**.	マーク・トゥエインは、ユーモアと風刺を組み合わせる名人である。
A **proprietary** colony was under the control of an individual, the proprietor.	領主植民地は、個人つまり領主の支配下にあった。
Possibly some of you have been frustrated while trying to **swat** a fly.	おそらくあなた方のうちの何人かは、ハエをピシャリと打とうとしてイライラしたことがあるでしょう。
A compound eye sees one image that is **blurred** because of the huge number of lenses in the compound eye.	複眼には膨大な数のレンズがあるので、ぼやけた像が見える。
He was **articulate** enough to join one of the best debating clubs in the US.	彼は、合衆国の最高の討論クラブのひとつに入れるくらい考えをはっきり述べる人だった。
Winchester rifles were the ones of note and **notoriety** in the American West.	ウイチェスターライフル銃は、アメリカの西部では、有名で悪名高いライフルだった。
The storm last night damaged some of the neighbors' roofs and caused a **blackout** in the community.	昨晩の嵐で近所の何軒かの家の屋根が壊れ、地域が停電になった。

見出し語	意味	同意語
☐ **reunion** [ríːjúːnjən]	名 再会；同窓会 ▶ family reunion「（クリスマスなどの）家族との再会」	meeting again alumni meeting
☐ **audition** [ɔːdíʃən]	名 動 オーディション（を受ける） ▶ 名詞でも動詞でも使えます。	try out
☐ **hassle** [hǽsl]	名 わずらわしいこと；混乱；激論	annoyance fuss argument
☐ **remedy** [rémədi]	動 治療する；改善する ▶ illness にも problem にも、また名詞でも動詞でも使えます。	treat cure improve reform
☐ **devour** [diváuər]	動 むさぼり食う ▶ 範囲を広げれば、eat、ingest consume も仲間。	gorge oneself on
☐ **hinder** [híndər]	動 邪魔をする ▶ hinder はマイナスの意味だけですが、prevent は「防ぐ」などのプラスの意味もある。	interfere prevent disturb
☐ **withstand** [wiðstǽnd]	動 耐える ▶ 素直な同意語問題で頻出。おそらく挙げた5つのうちのどれかとの組み合わせか。	endure bear put up with tolerate
☐ **prairie** [préəri]	名 大草原 ▶ A Little House on the Prairie「大草原の小さな家」	grassland meadow
☐ **unprecedented** [ʌnprésidentid]	形 前例のない；先例のない ▶ novel などは、一見結びつかないような、かなり広い意味からの同意語に注意。	original novel unheard-of
☐ **outrageous** [autréidʒəs]	形 とんでもない；法外な ▶ 物の値段に関して出ることが多いので、当然、知っているはず。	exorbitant intolerable unreasonable
☐ **ethical** [éθikəl]	形 倫理的な ▶ ethics「倫理学；道義」	moral
☐ **wean** [wíːn]	動 巣立ちさせる ▶ wean their young「ヒナを巣立ちさせる」で、コンパクトにして覚えましょう。	stop feeding a baby on its mother's milk

Mr. Updike's class of 1990 had an alumni **reunion** after a long interval.	アプダイク先生の1990年度のクラスは、久しぶりに**同窓会**を開いた。
Have you ever **auditioned** for this type of part in the play?	芝居でこのタイプの役柄の**オーディションを受けた**ことがありますか。
Checking out a dormitory room is sometimes a big **hassle**, because you might be charged the damage you hadn't made.	寮の部屋から引っ越すのは、ときに非常に**厄介なこと**です。なぜなら、自分が壊してもいないのに損害賠償を請求されたりするから。
Nature would exert the ability to **remedy** human destruction if it were given enough time.	自然は、十分に時間を与えられれば、人類の破壊を**救済する**能力を発揮するだろう。

GROUP A

If it were not for this faculty, sea cucumbers would **devour** all the food available in a short time.	このような能力がなければ、ナマコは手に入るすべての食べ物を短期間で**むさぼり食ってしまう**だろう。
An architect must consider whether the design **hinders** or enhances the use of the building.	建築家は、設計が建物の機能を**妨げるのか**、それとも高めるのかを考慮しなければならない。
An architect must consider whether the materials will **withstand** wear from weather on the outside and wear from use on the inside.	建築家は、建材が外部の天候による磨耗や内部の使用からの消耗に**耐えられるか**どうか、考慮しなければならない。
Wright felt that low homes emphasizing horizontal lines blended well with the midwestern **prairies**.	ライトは、水平の線を強調する低層家屋は中西部の**大草原**にうまく溶け合うと感じた。

GROUP B

Mass transportation exerted **unprecedented** effect on the nation's economy.	大量輸送は、その国の経済状況に**前例のない**影響を及ぼした。
The statesman made an **outrageous** comment on the delicate issue between the two nations.	その政治家は、二国間の微妙な問題に関して、**とんでもない**意見を述べた。
Some business schools ask their applicants about the experience of an **ethical** dilemma in the statement of purpose.	ビジネススクールの中には、志望理由の中で、**倫理的**板ばさみの状況という体験について志願者に尋ねる学校もある。
Some female birds leave their nests before they **wean** their young.	雌鳥の中には、ヒナを**巣立ちさせ**ないうちに巣を去るものもいる。

GROUP C

☐ **fungi** [fʌ́ŋɡɑi]	名 菌類 ▶複数形。発音が2種類なので注意。あまり出ない単数形は fungus。	mold mushroom
☐ **metabolize** [mətǽbəlàiz]	動 新陳代謝する	change food into energy
☐ **hibernate** [háibərnèit]	動 冬眠する	hole up
☐ **posture** [pástʃər]	名 姿勢	attitude position pose
☐ **sedimentary** [sèdəméntəri]	形 堆積の ▶堆積岩は igneous rock「火成岩」と合わせて暗記。	accumulating
☐ **treason** [tríːzn]	名 反逆	rebellion insurrection
☐ **prosaic** [prouzéiik]	形 退屈な；つまらない；平凡な ▶同意語で出ると、正解率が低い単語。どれか自信のある単語と組み合わせましょう。	dull tedious boring
☐ **unwarranted** [ʌ̀nwɔ́ːrəntid]	形 不当な；正当性を欠く ▶例文のように、二重否定風に使われることが多い。	unjustified unjust
☐ **elude** [ilúːd]	動 避ける；すり抜ける ▶これも最頻出語のひとつ。絶対はずしたくない。	avoid evade
☐ **flee** [flíː]	動 逃げる ▶活用は、fled、fled で、名詞形は flight(飛んで逃げるから fly と同型)。その他、豆知識としては、flea「蚤」と同音。	escape run away avoid
☐ **replicate** [réplikèit]	動 複製する ▶replica「複写；模写；複製品」は、おなじみなので連想可能なはず。	duplicate copy
☐ **tag** [tǽɡ]	動 くっついて行く ▶名詞の「荷札」から連想可能。	follow trail

The algae provide the **fungi** with food through photosynthesis.	藻類は、菌類に光合成を通して食物を提供する。
The bacteria around the black smokers are able to **metabolize** the minerals.	ブラックスモーカーの周りのバクテリアは、ミネラルを代謝することができる。
A bear **hibernating** in the winter is comparable with the sea cucumber living at a low metabolic rate.	冬にクマが冬眠することは、ナマコが低い代謝率で生きるのに類似している。
In its normal swimming **posture,** a shark's fins are outstretched to the sides.	通常、泳いでいる時の姿勢では、サメのヒレは横にさし伸ばされている。
Oil and gas are trapped within porous **sedimentary** rocks.	石油と天然ガスは通水性の堆積岩の中に閉じ込められる。
Aaron Burr was faced with **treason** charges when President Jefferson was in office.	アーロン・バーは、ジェファーソン大統領の在職中に、反逆罪に問われた。
Darwin was actually a sober and **prosaic** man, having no eureka moment in the manner of Archimedes in his tub.	ダーウィンは、実は生真面目で退屈な人で、お風呂の中でアルキメデスのような「見つけたぞ」というような瞬間を経験することはなかったのです。
The reason why wariness for an octopus is not **unwarranted** is that some types of octopuses are poisonous.	タコに対しての用心が正当性を欠くことではない理由は、タコの中には有毒のものもいることである。
One technique that the octopus uses when **eluding** a danger is to eject a volume of dark-colored ink.	危険を避けるときにタコが使うひとつの技術は、多量の黒い墨を噴出することである。
The ink temporarily clouds the water and confuses the sense of smell of the attacker while the octopus quickly **flees**.	墨が一時的に水を濁らせ、攻撃者の嗅覚を混乱させる間に、タコは素早く逃げ延びる。
This new paper money was easy for counterfeiters to **replicate**.	この新しい紙幣は、偽造者が複製しやすいものだった。
Agents **tag along** with the president's children on dates and any type of social events.	情報員は、大統領の子供たちのデートやあらゆるタイプの社交行事にくっついて行く。

CD 2−22

単語	意味	同義語
☐ **counterfeit** [káuntərfit]	形 ニセの ▶これも同意語問題では最頻出のひとつ。	fake bogus false
☐ **premiere** [primíər]	名 初演 ▶日本語で言う、「プレミア試写会」の「プレミア」。	opening first night
☐ **undermine** [ʌ̀ndərmáin]	動 蝕む；徐々に衰えさせる ▶ under「下を」+ mine「掘る」	weaken impair ruin
☐ **nocturnal** [nɑktə́:rnl]	形 夜行性の ▶ active during the night です。	nightly
☐ **friction** [fríkʃən]	名 摩擦 ▶例文にあるように、resistance とコンビで出てくることも多い。ちなみに不可算。	rub attrition conflict
☐ **duration** [djuréiʃən]	名 持続期間 ▶クラスの期間などにも使う。	continuance term spell period
☐ **maternal** [mətə́:rnl]	形 母性の ▶「父性の」は paternal/fatherly。	motherly
☐ **polygon** [páligɑ̀n]	名 多角形 ▶ poly- は、「多」を意味する。	
☐ **kinetic** [kinétik]	形 運動の ▶ kinetic energy で覚えよう。	locomotive
☐ **stationery** [stéiʃənèri]	名 文房具；便箋 ▶ stationary と区別するために、筆者は「e（イー）文房具」でこの単語を覚えました。	writing materials writing utensils
☐ **elliptical** [ilíptikəl]	形 楕円の ▶レクチャーなどで、oval で言い換えられることも多いから、= oval で決まり。	oval
☐ **apply** [əplái]	動 色を塗る ▶ apply paint で耳に残そう。	paint

GROUP A

Because the new paper money was easy to replicate, **counterfeit** bills flooded the country.
その新紙幣は偽造しやすかったので、ニセ紙幣が国中に溢れた。

The unanticipated success of *The Iceman Cometh* led to the **premiere** of *A Long Day's Journey into Night*.
「氷屋来る」の予期せぬ成功が、「夜への長い旅路」の初演へとつながった。

American income from shipbuilding and commerce declined abruptly, **undermining** the entire economy of the urban areas.
造船や貿易からのアメリカの収入は急速に下降し、都市部の全経済を蝕んだ。

Scorpions live in the dry area and are **nocturnal**.
サソリは乾燥した場所に生息し、夜行性です。

GROUP B

New materials make sports wear more comfortable and protective and can increase performance by decreasing **friction** and resistance.
新しい材料によって、スポーツウェアはより快適で保護力のあるものとなり、摩擦や抵抗を減らすことでプレーの質を高めることができる。

One factor affecting latitudinal variations in heating is the **duration** of daylight.
熱量の緯度による変化に影響するひとつの要素は、日照の持続期間である。

The female American alligator is not a very **maternal** animal.
雌のアメリカワニは、あまり母性的な動物ではない。

Polygons are many-sided figures, with sides that are line segments.
多角形は複数の辺を持った平面図形で、その辺は線分です。

GROUP C

If the hammer is moving downward, this shows **kinetic** energy.
金づちが下方に向かって動いている場合、これは運動エネルギーを示す。

"Did you find the flowered **stationery** you wanted?" "No, I had to settle for the pale blue."
「君が欲しがってた花柄の便箋はみつかったかい。」「いや、薄い青色のもので手を打つしかなかったよ。」

Elliptical galaxies shows little or no structure and vary from moderately flat to spherical in general shape.
楕円銀河は、ほとんどあるいはまったく構造というものを持たず、通常の形状は穏やかな扁平から球状のものまで様々である。

The artists might **apply** the paint roughly to depict the group of battered old things.
画家は、一群の使い古した昔のものを描くために、粗く絵の具を塗るかもしれない。

CD 2−23

nomad [nóumæd]	名 遊牧民；放浪者	wanderer
thaw [θɔ́ː]	動 解凍する ▶外国製の冷凍食品の解凍方法には、必ずこの単語が書いてあるはず。	melt
ingestion [indʒésʃən]	名 摂取 ▶これも定番といえるほど、言いかえが頻出する。	eating consumption
consume [kənsúːm]	動 消費する；食べる ▶「食べる」という意味は、頻出の割りに、盲点。絶対、覚えよう。	use eat ingest
edible [édəbl]	形 食べられる	eatable
deficit [défəsit]	名 欠損；赤字 ▶ trade deficit「貿易赤字」、ちなみに、反対語は surplus。	minus shortage red
organic [ɔ́ːrgǽnik]	形 有機的な；基本的な ▶「器官の」や「基本的な」が盲点かもしれない。	natural biological fundamental
pier [píər]	名 桟橋；埠頭	wharf jetty
lateral [lǽtərəl]	形 横の；横からの；側面の ▶ lateral thinking「水平思考」	side sideway
legible [lédʒəbl]	形 判読できる ▶会話問題で、最頻出単語のひとつ。反対語は illegible。	readable
flattering [flǽtəriŋ]	形 お世辞の；うれしがらせる ▶ I'm flattered you say so.「そう言ってもらうと、光栄だね」	complimentary
ignoble [ignóubl]	形 卑劣な；恥ずべき；不名誉な	mean despicable dishonorable

The history of human civilization began when people changed from being wandering **nomads** into being farmers.	人類の文明の歴史は、人々がさまよえる**遊牧民**から農民へと変化した時に始まった。	**GROUP A**
A thin surface layer may **thaw** if air temperature above freezing occur in the summer.	表面の薄い層は、夏に氷点以上の気温が発生すると**溶ける**こともある。	
Most animals take into their bodies pre-formed organic molecules by **ingestion**, that is, by eating other organisms or organic material.	たいていの動物は、あらかじめ作られた有機分子を**摂取すること**、すなわち他の生物や有機物質を食べることによって体内に取り入れる。	
The diversity of animal life on Earth today is the result of over half a billion years of evolution from those first ancestors who **consumed** other life forms.	今日、地球上にいる生物の多様性は、他の生物を**食べた**最初の先祖からの5億年以上にわたる進化の結果である。	
Farming started when people discovered that certain grasses produced **edible** seeds, which could be planted to produce a new crop.	農業は、ある草が**食べられる**種を産み出し、その種が植えられて新しい作物を産み出すことを人々が発見したとき、始まった。	**GROUP B**
Many states are suffering from **deficits** because the slowing economy has reduced sales tax revenues.	景気が減速して売上税からの歳入が減っているため、多くの州が**赤字**に苦しんでいる。	
Animals cannot construct **organic** molecules from inorganic chemicals, as plants can during photosynthesis.	動物は、植物が光合成の間にやれるように、**有機**分子を無機化学物質から構築することはできない。	
The pressure is received by the **piers**, the two vertical structures on either side of the opening.	その圧力は、空間の両側にある2個の縦型の建造物である**橋脚**によって受け止められる。	
The arch is supported only from the sides, the downward pressure being transformed into **lateral** thrust through the piers.	アーチは横からしか支えられていない。だから、下向きの圧力は、橋脚を通して**横に向かう**押圧力へと変わる。	**GROUP C**
Professor Jones will accept handwritten reports as long as they are **legible**.	ジョーンズ教授は、レポートが**読める字で書かれて**いれば、手書きでも受け入れるだろう。	
The woman's supervisor said something **flattering**.	その女性の監督は、なにか**ひどくうれしがらせるような**ことを言った。	
Some people say anonymity on the Internet might reinforce an **ignoble** part of the human capability.	インターネットの匿名性が、人間の能力の**卑劣な**部分を強めることになるかもしれないと言う人たちがいる。	

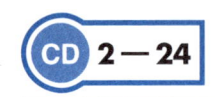

見出し語	意味・メモ	同義語
weathering [wéðəriŋ]	名 風化作用 ▶「weathering の意味を漢字4字で」とテストしてください。	
murky [mə́ːrki]	形 陰気な ▶割合と知られていない単語。得意な単語ひとつと組み合わせよう。	gloomy depressing
rage [réidʒ]	名 怒り；大流行 ▶「激怒」と動詞の「(伝染病などが) 猛威をふるう」が、もっともおなじみ。	fury wrath angry fashion
cement [simént]	動 結合する；セメントでつなぐ	join
expel [ikspél]	動 放逐する ▶会話内で kick out が出てきて、選択肢で expel かな。	kick out eject
cereal [síəriəl]	名 穀物 ▶ケロッグだけではダメです。	grain
temperate [témpərət]	形 穏やかな；温暖な ▶素直な同意語が出ます。	moderate mild
hardy [háːrdi]	形 頑丈な；耐寒性の ▶単に「頑丈な」ではなく、「寒さに強い」がポイント。	strong sturdy
dough [dóu]	名 (パイなどの)生地 ▶筆者は、なぜか菓子メーカーの dough boy のキャラクターが大好き。	paste
mural [mjúərəl]	名 壁画 ▶出ると知らない人が多い単語。形容詞だと、「壁の」です。	wall painting
stagnate [stǽgneit]	動 よどむ；停滞する ▶stagflation という経済用語もありますよね。「不況下のインフレ」だそうです。	stand
subduction [səbdʌ́kʃən]	動 (地質学の) 沈み込み ▶普通の辞書には載っていないけど、TOEFL では頻出という単語の代表。	

Weathering is a process that breaks up or disintegrates rocks.	**風化作用**は、岩を崩しバラバラにする過程です。	GROUP A
The principal colors of the Victorian period were **murky** shades of brown, red, lavender, and purple.	ヴィクトリア時代の主要な色は、**陰気な**色合いの褐色、赤、ラヴェンダー、紫であった。	
In those days, the Russian Ballet was the **rage**, and dazzling colors of the ballet became the colors of high fashion.	当時、ロシアのバレーが**大流行**であった。そして、目がくらむようなバレーの色彩が最新流行の色となった。	
The shells may be dissolved and thus supply much of the lime that **cements** marine rocks.	貝殻は溶けて、海洋性の岩を**接着する**石灰分の多くを供給するようだ。	
Professor Rubin **expelled** three students last semester, including my roommate.	ルビン教授は、前学期に、私のルームメイトを含めて３人の学生を**放逐**しました。	GROUP B
Bread and **cereals** have a long history of about 10,000 years.	パンと**穀物**は、約１万年もの長い歴史を持っている。	
The most important grain crop in the **temperate** regions of the world today is wheat.	今日、世界の**温暖な**地域の最も重要な穀類作物は、小麦である。	
Rye is the **hardiest** cereal and is more resistant to cold, pests, and disease than wheat.	ライ麦は最も**丈夫な**穀物だから、小麦よりも寒さや害虫や病気に対し抵抗力がある。	
Primitive bread was simply flour **dough** dried on heated stones.	初期のパンは、熱した石の上で乾燥させた単なる小麦粉でできた**生地**だった。	
A **mural** has to endure conditions like the wall being washed.	**壁画**は、壁が洗われるなどの状況に耐えなければならない。	GROUP C
I've seen companies with the pyramid structure **stagnate** when the management becomes as rigid as the management structure.	私は、管理構造と同じように経営陣が硬直するとピラミッド組織の会社が**不活発になる**のを見てきました。	
This process of rock being "swallowed" or forced back into the Earth's mantle is called **subduction**.	このように岩が地球のマントルに「飲み込まれ」たり無理やり押し戻されたりする過程は、**沈み込み**と呼ばれる。	

CD 2—25

見出し語	意味・解説	類義語
☐ **trigger** [trígər]	動 誘発させる ▶「引き金」から類推可能でしょう。	prompt
☐ **seedling** [síːdliŋ]	名 苗木 ▶これも botany「植物学」が出たら必ず出てくる単語。	sapling
☐ **germination** [dʒə́ːrmənéiʃən]	名 発芽 ▶ germ には「細菌」の意味だけではなく、「胚芽；萌芽」もあるんですよ。	shoot sprouting
☐ **penetrate** [pénətrèit]	動 染み透る；突き通す ▶「染み透る」系統の意味で出ることが多い。	permeate pierce
☐ **allergic** [əlɜ́ːrdʒik]	形 アレルギーがある ▶ allergic to pollen で、2 つの単語を一気にいただき。	intolerant
☐ **buoyancy** [bɔ́iənsi]	名 浮力 ▶ buoy「ブイ」からの連想可能。	flotation
☐ **respiratory** [réspərətɔ̀ːri]	形 呼吸作用の ▶ respiration「呼吸作用」とセットで。	breathing
☐ **pluck** [plʌk]	動 むしり取る	pick
☐ **illiteracy** [ilítərəsi]	名 文字が読めないこと ▶反対語 literacy と共に、よく出ます。	ignorance
☐ **contact** [kántækt]	名 接触；付き合い ▶動詞「連絡をとる」の場合は、with 不要の他動詞。	touch association connection
☐ **mandatory** [mǽndətɔ̀ːri]	形 命令の；義務的な；必修の ▶反対語は、elective「選択の」。	required
☐ **tendon** [téndən]	名 腱 ▶ tendonitis「腱鞘炎」	sinew

The small incident involving some African Americans and Koreans **triggered** riots and looting.	何人かのアフリカ系アメリカ人と韓国人とが関わった小さな事件が、暴動と略奪を<u>誘発させた</u>。
The **seedling** pushes its tiny roots outward into the soil to anchor itself.	<u>苗木</u>は、自身を支えるために、土の中へ小さな根っこを出す。
Germination requires a special combination of temperature and light.	<u>発芽</u>には、気温と光の特別な連携が必要である。
The germination of the plant begins when water **penetrates** the seed's outer coating and reaches inside to the live embryo.	植物の発芽は、水が種の外皮内に<u>浸透し</u>、生きた胚芽に到達するとき、始まる。
It is beautiful now that all the flowers are blooming, but they make my nose itch. I'm **allergic** to pollen.	今やすべての花が咲き乱れてきれいですが、花のおかげで鼻が痒くなります。私は花粉<u>アレルギーなんです</u>よ。
For birds to dive, reducing **buoyancy** is a concern.	鳥が潜るためには、<u>浮力</u>を減らすことが重大事である。
Some water birds compress their feathers and **respiratory** air sacs to force out air.	水鳥の中には、羽根や<u>呼吸器官</u>の空気袋を圧縮して空気を押し出すものもいる。
The frigatebird can **pluck** its food from the water without getting wet.	グンカンドリは、濡れることなく水の中から食べ物を<u>むしり取る</u>。
Illiteracy was very high in the mostly rural South, while in the more urbanized North it was barely five percent.	<u>非識字率</u>が、ほとんど農村である南部では非常に高く、一方、より都市化した北部では、5％行くか行かないかであった
Thanks to this assignment, we have made various professional **contacts**.	この課題のおかげで、いろいろな職業の人と<u>付き合い</u>ができました。
Advanced accounting is **mandatory** in your program.	上級会計学は、君のプログラムでは<u>必修</u>です。
She was suffering from a swollen **tendon**.	彼女は、<u>腱</u>が腫れて、苦しんでいた。

単語	意味	同義語
☐ **peer** [píər]	動 じっと見る；目を凝らす ▶通常、前置詞は at です。	gaze stare
☐ **localize** [lóukəlàiz]	動 局地的に限定する ▶ earthquake や storm と共に出ることが多い。	limit
☐ **rabies** [réibi:z]	名 狂犬病；恐水病 ▶複数形ではない。このままのスペリング。しかも不可算。	
☐ **caulk** [kɔ́:k]	動 隙間を詰める	fill insulate
☐ **top-notch** [táp-nátʃ]	形 一流の；最高の	first-rate the most excellent
☐ **disguise** [disɡáiz]	動 変装する；姿を変える ▶名詞も動詞もある。比較的良く出る単語。	camouflage sham
☐ **peck** [pék]	動 （嘴で）つつく ▶ woodpecker「キツツキ」から連想は容易だろう。pecking order「序列、階級の順位」	pick poke
☐ **vaccinate** [væksənèit]	動 ワクチンを投与する ▶ vaccine「ワクチン」	inoculate
☐ **camouflage** [kǽməflὰ:ʒ]	名 偽装；迷彩；ごまかし ▶ disguise とセットで。	disguise trick
☐ **startle** [stá:rtl]	動 驚かせる	surprise
☐ **apprehensive** [æ̀prihénsiv]	形 懸念する；恐れる ▶ about に注目して、be concerned about を想起したい。	concerned anxious afraid
☐ **peril** [pérəl]	名 危険；危難 ▶素直な同意語が出ます。	danger hazard jeopardy

Starlings push the tip of the bill into the earth, force it open, and **peer** down the hole for insects.	ムクドリは、嘴の先を土の中に押し込み、こじ開けて、昆虫を求めてその穴の中に**じっと目を凝らす**。	GROUP A
Unless accompanied by movements of the ocean floor, the effects of earthquakes are usually **localized**.	海底面の運動がともなわない限り、地震の影響は通常、**局地的である**。	
Bats are the most likely carriers of **rabies** in our area.	コウモリは、おそらく私たちの地域におけるもっとも可能性の高い**狂犬病**の病原菌媒介者である。	
To avoid having bats in your house, find all possible entry points into the house and close them by **caulking** the gap.	家にコウモリが侵入するのを避けるためには、可能性のあるすべての屋内への侵入口を捜し、隙間に**詰め物をして**、その侵入口を閉ざしなさい。	
We had a **top-notch** pitcher last year, but he graduated.	昨年、私たちには**一流の**ピッチャーがいたのだが、卒業しました。	GROUP B
The detective wore a false mustache to **disguise** himself.	その探偵は、**変装**のために付髭をつけていた。	
The bird starts **pecking** at leaves in the hope that they are moths.	その鳥たちは、蛾であることを期待して葉を**つつき**始める。	
Please make sure your dogs and cats are **vaccinated** against rabies.	どうか、みなさんの犬や猫に、狂犬病の**予防接種を受けさせるよう**にしてください。	
Another common insect defense is **camouflage**.	よくあるもうひとつの昆虫の外敵防御は、**偽装**である。	
That reporter and his assistants burst into tenements, **startling** the destitute residents.	その記者は、助手たちと共に安宿に押し入り、極貧の住民を**びっくりさせた**。	GROUP C
He is **apprehensive** about his interview for the summer internship.	彼は、サマーインターンシップの面接のことが**気になっている**。	
Her baby's life was in great **peril** because it was suffering from various allergies.	様々なアレルギーに苦しみ、彼女の赤ちゃんの命は大変な**危険**にさらされていた。	

単語	意味	同意語
disposal [dispóuzəl]	名 処分の自由；処分 ▶この単語よりも前後と合わせて、イディオムを覚えましょう。	command clearance
tangible [tǽndʒəbl]	形 触ることができる；明白な ▶素直な同意語が出ます。	palpable perceptible evident
bewilder [biwíldər]	動 当惑させる；狼狽させる	dismay upset
deplore [diplɔ́:r]	動 嘆く；遺憾に思う ▶ complain と組み合わされることも多い。	lament regret criticize
withhold [wiðhóuld]	動 与えずにおく；保留する ▶ suspend と組み合わせて、確実に覚えよう。	suspend hold
pragmatic [prægmǽtik]	形 実用的な	practical down-to-earth realistic
plaintiff [pléintif]	名 原告；申立人 ▶反意語は defendant (被告)。	accuser suitor
presume [prizú:m]	名 推定する；仮定する	suppose calculate estimate presuppose
turbulence [tə́:rbjuləns]	名 大荒れ；動乱；乱気流 ▶天文学や気象学で頻出。飛行機に乗ると耳にする単語でもある。	disorder disturbance storm
tariff [tǽrif]	名 関税 ▶素直な同意語が出ます。	custom duty
tame [téim]	動 飼いならす ▶非常に頻出だが覚えやすいはず。	domesticate
merger [mə́:rdʒər]	名 合併；吸収 ▶ merger and acquisition で暗記しよう。	amalgamation incorporation consolidation

Musicians in those days had **at their disposal** music that could be used for any scene from any movie.	当時の演奏家たちは、どんな映画のどんな場面でも使用できる**自由に使える**音楽を保有していた。
The world of architecture has one huge, very **tangible**, and eye-catching reminder of Sarah's belief in ghosts.	建築の世界は、サラが幽霊の存在を信じていたことを思い出させる、ひとつの巨大で、とても**明白な**、人目を引くものを保有している。
At first, background music was used only if there was an orchestra on screen because it was believed that people would be **bewildered** about the origin of the sound.	人々が音の出所に関して**当惑する**と信じられていたので、最初は、BGMは映画のスクリーンに管弦楽団が映っているときだけ使われた。
It is hard to discriminate between those forms of aggression which we all **deplore** and those which we must not disown if we are to survive.	誰もが**非難する**攻撃行動と、生き残ろうとするならば認めないわけにはゆかない攻撃行動とを区別するのは難しい。
No animal is clever enough, when there is a drought, to imagine that the rain is being **withheld** by evil spirits.	どんな動物も、旱魃が起こったとき、雨は悪霊によって**降らないように止められている**のだと想像するほど賢くはない。
The **pragmatic** function of the woman's question is to ask the man whether or not he needs to be told the location of the housing office.	その女性の質問の**実際的**役目は、住宅供給室の場所を教えてもらいたいかどうか男性に尋ねることである。
When Barr was accused of making a treasonable effort, Jefferson was the **plaintiff**.	バーが反逆の試みによって訴えられた時、ジェファーソンは**原告**だった。
It would be a mistake to **presume** that English is widely spoken in the world because it has some overwhelming intrinsic appeal to foreigners.	英語には、ある圧倒的で、本質的な魅力が外国人に対してあるから、世界中で広く使われているのだと**推定する**のは誤りだろう。
As **turbulence** may affect the aircraft at any time, please keep your seat belt fastened at all times while you are seated.	航行中、**気流の乱れ**で突然機体が揺れることがございますので、座席ベルトは、常にお締めおきください。
Jackson was forced to come to grips with the state of South Carolina on the issue of the protective **tariff**.	ジャクソンは保護**関税**問題に関してサウスカロライナ州と真剣に渡りあわざるを得なくなった。
People learned to **tame** the hoofed animals that roamed wild across the land.	人々は、陸の荒野をうろついていたひづめのある動物たちを**飼いならす**ようになった。
Merger and acquisition has come to be considered a new type of popular business.	**合併**吸収は、新しいタイプの人気事業とみなされるようになった。

CD 2-28

☐ **abolish** [əbɔ́liʃ]	動 廃止する ▶同意語が多く、このグループは最頻出。	repeal / abrogate / do away with
☐ **ponder** [pándər]	動 熟考する ▶これも同意語が多い。	contemplate / reflect / speculate / brood
☐ **perplex** [pərpléks]	動 当惑させる ▶puzzle で組み合わせよう。	puzzle / embarrass / confuse
☐ **oxidize** [ɑ́ksədàiz]	動 酸化する	burn
☐ **virtue** [[vɜ́ːrtʃuː]	名 徳；美徳；善；長所 ▶いわゆる「徳」だけでなく、むしろ、「長所；価値」などが出る。	goodness / righteousness / merit
☐ **imaginative** [imǽdʒənətiv]	形 想像力の豊かな ▶imaginary「架空の；想像上の」と区別しよう。Writing で間違いが多い。	creative / inventive / ingenious / resourceful
☐ **concede** [kənsíːd]	動 (負けなどを) 認める ▶単に「認める」では暗記の努力がもったいない、「負けなどを認める」と覚えること。	admit / acknowledge / surrender
☐ **sterilize** [stérəlàiz]	動 殺菌する；消毒する ▶sterile「不毛な」から類推して、「不毛にする」と考える。	disinfect
☐ **impair** [impέər]	動 損なう；(価値などを) 下げる；害する ▶これも同意語が多く、非常に頻出。絶対、音も含めて叩き込んでおこう。	ruin / mar / spoil / degrade
☐ **philanthropic** [fìlənθrɑ́pik]	形 慈善の；博愛の	charitable / humanitarian
☐ **surge** [sɜ́ːrdʒ]	動 押し寄せる；湧き上がる ▶元々は「波が打ち寄せる」だから、「押し寄せる」となっている。	rush / gush
☐ **embark** [imbɑ́ːrk]	動 乗船する；乗り出す ▶bark は、もともとは「バーク船」という「船」だから、それに en がついて、b があるので em に変わった。en は「中に入れる」の意味。	launch / venture

Massachusetts **abolished** slavery in 1783, and by 1784 the rest of New England also had taken steps to end slavery.	マサチューセッツ州は、1783年に奴隷制度を**廃止し**、1784年までにニューイングランドの残りの州もまた奴隷制度終結の措置を講じた。
Unfortunately, most students were not interested in **pondering** the autonomy of the university.	残念ながら、ほとんどの学生たちは、大学の自治について**じっくり考えること**には興味がなかった。
Students were **perplexed** with too many difficult questions on that quiz.	学生たちは、その小テストのあまりの難問の多さに**当惑した**。
Any hydrocarbons remaining on the surface are soon **oxidized** by bacteria.	表面に残っているどんな炭化水素も、すぐにバクテリアによって**酸化される**。
Most America universities and their students believe in the **virtue** of tutorial system.	アメリカのほとんどの大学側とその学生たちは、チュートリアル制度の**価値**を信じている。
Wright loved the **imaginative** use of scientific knowledge.	ライトは、科学的知識の**想像的な**使用というものを愛好した。
The French **conceded** defeat in 1763, and Canada was split into French- and English-speaking regions.	1763年にフランス側が敗北を**認め**、カナダは、仏語圏と英語圏の地域に分割された。
In the aseptic process the food and the package are **sterilized** separately.	無菌処理において、食物と容器は別々に**殺菌される**。
The wrong diet can seriously **impair** an athlete's performance and health.	間違った食餌法は、運動選手のプレーと健康をひどく**損なう**可能性がある。
They gained prominent positions in business, in literature and law, and in cultural and **philanthropic** institutions.	彼らは実業界、文壇、法曹界および文化的、**慈善的**機関において主だった地位を得たのである。
The students **surged** forward together when they noticed the singer.	その歌手に気づくと、学生たちはどっと前に**押し寄せた**。
Jefferson also **embarked** the Lewis and Clark Expedition.	ジェファーソンはまた、ルイス＆クラーク探検にも**乗り出した**。

CD 2-29

見出し語	意味	同意語
irrelevant [irélәvәnt]	形 不適切な；見当違いの ▶ relevant「適切な；要点をついた」と合わせると、頻出度はとても高い。	unsuitable inappropriate foreign
outlook [áutlùk]	名 見解；見通し；眺望 ▶ 当然、「見る」ことと関連する単語だが、文脈で決定しないと意味をはずしやすい。	view prospect vista
exile [égzail]	名 追放；亡命 ▶ banishment or exile と耳で覚えよう。	banishment purge asylum
imaginary [imǽdʒәnèri]	形 架空の；想像上の ▶ imaginary figure「架空の人物」と imaginative writer「想像力の豊かな作家」みたいに、具体的に区別したい。	unreal fanciful illusory fictitious
defiance [difáiәns]	名 挑戦的態度；反抗；無視 ▶ 動詞の defy と一緒に覚えよう。	resistance opposition neglect
itinerant [aitínәrәnt]	形 巡回する；放浪の ▶ 名詞だと、「旅芸人」「行商人」「巡回布教師」なども指します。	wandering
oath [óuθ]	名 誓約 ▶ 素直な同意語が出ます。	pledge vow
doom [dú:m]	動 運命づける	destine ordain condemn
nuisance [njú:sns]	名 迷惑行為；厄介な物（人）	trouble annoyance
whim [hwím]	名 気まぐれ	caprice fancy
outset [áutsèt]	名 初め；発端 ▶ at the outset「最初の時点で」で暗記。	beginning start
authentic [ɔːθéntik]	形 本物の；（事実に基づき）信頼できる ▶ 素直な同意語が多い。プラスの意味。	real genuine reliable trustworthy

I'm sick and tired of your **irrelevant** questions.	おまえの**見当違いの**質問にはもううんざりだ。
His writings naturally reflected his **outlook** on life.	彼の著作は、当然ながら、彼の人生**観**を反映していた。
Penalties consisted primarily of public humiliation, beatings or torture, banishment or **exile**, death, fines, or confiscation of property.	刑罰は、主に、公衆の面前での見せしめ、鞭打ちつまり拷問、流刑つまり**国外追放**、死罪、罰金、財産の没収などから成り立っていた。
One day is the amount of time the earth needs to spin completely around on its axis, an **imaginary** line that runs through the center of the earth, from north to south.	1日とは、地球が地球の中心を北から南へ走っている**想像上の**線である地軸の周りを完全に一回転するのに要する時間の量である。
White Southerners were embittered by Northern **defiance** of the 1850 Federal Fugitive Slave Act.	南部の白人たちは、1850年の連邦逃亡奴隷法による北部側の**反抗**に憤激した。
Itinerant workers move from town to town offering their services to whoever could pay for them.	**渡り**労働者たちは、町から町へとさまよい、報酬を払える人なら誰にでも労働を提供した。
A friend of the defendant took an **oath** to tell the truth at the trial.	被告の友人は裁判において真実を話すと**誓約した**。
I don't want to be **doomed** to repeat the same mistakes my elder brother made.	僕は、兄が犯したのと同じ間違いを繰り返す**運命**には決してなりたくない。
In the late 19th century, wolves were considered a **nuisance** by park visitors.	19世紀後半には、オオカミは、公園を訪れる人々によって**厄介者**とみなされていた。
The fundamental law of the land is not easily subject to the **whims** of special-interest groups.	国家の基本法は特定の利益団体の**気まぐれ**に容易に従うものではない。
Our plan of founding a company was doomed at the **outset** because we were short of money.	資金不足だったため、会社を設立するという私たちの計画は**最初**から失敗する運命にあった。
There was no **authentic** record to verify that a tortoise could live to be more than one hundred years old.	カメが100歳以上まで生きることができるということを証明する**信頼できる**記録がまったくなかった。

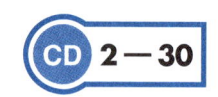

☐ **finite** [fáinait]	形 限定された；限界のある	restricted limited
☐ **prototype** [próutətàip]	名 原型；模範 ▶ original との組み合わせにしよう。	original model archetype
☐ **anchor** [ǽŋkər]	動 固定する；錨で止める ▶ 意外によく出される単語。植物の根の働きなどでもよく使われる。	fasten fix berth
☐ **maneuver** [mənúːvər]	動 操る；動かす；作戦行動をとらせる	operate handle manipulate
☐ **coherent** [kouhíərənt]	形 筋の通った；一貫した；密着した ▶ これも同義語が多く、同意語問題で頻出。	consistent logical connected
☐ **soothe** [súːð]	動 なだめる；鎮める；和らげる	calm suppress appease
☐ **rebel** [rébəl]	動 反抗する；謀反を起こす	resist oppose revolt
☐ **appraise** [əpréiz]	動 評価する ▶ やや覚えにくいようなので、得意な同意語ひとつと組み合わせよう。	estimate evaluate assess
☐ **dissent** [disént]	動 意見が違う；宗教上の意見を異にする	object question remonstrate
☐ **segregation** [sègrigéiʃən]	名 人種差別；分離；隔離 ▶ 昔ほど使われなくなった。今は、discrimination の方が汎用型か。	discrimination isolation quarantine
☐ **sober** [sóubər]	形 節度のある；まじめな；酔っていない	moderate serious not drunk
☐ **perish** [périʃ]	動 死ぬ；滅びる；腐敗する ▶ perishable「腐りやすい」もよく出る。	die pass away die out rot

GROUP A

All these qualities make the spaceship paradigm far better than other proposed paradigms for modeling a dynamic society on a **finite** planet.	これらすべての性質によって、宇宙船パラダイムは、ある**有限の**惑星上の活動的社会のモデル化に関して他の既出の理論的枠組みよりもはるかに優れたものになっている。
The Mutoscope was a less sophisticated earlier **prototype** of the Kinetoscope.	ミュートスコープは、それほど精巧ではないが、キネトスコープの初期の**原型**である。
Parabolic dunes form in areas where sparse vegetation **anchors** the side arms.	放物線型砂丘は、まばらな草木が側面の突き出た部分を**固定している**ところで形成される。
The flagship, the Santa Maria, was much larger but harder to **maneuver**.	旗艦のサンタマリアは、はるかに大型だったが、**操る**のがより難しかった。

GROUP B

Those cities are marked by a **coherent** central area.	それらの都市は、**一貫した**中心部で特徴づけられている。
When rain falls steadily against a windowpane, it can have a **soothing** rhythm.	雨が窓ガラスに絶え間なく当たる時、それは**気持ちを和らげるような**リズムとなることがある。
When a child **rebels** against authority, it is being aggressive.	子供が権威に**反抗する**ときは、攻撃的になっている。
That Rembrandt has been **appraised** at five million dollars.	あのレンブラントの絵は、500万ドルの**評価を受けています**。
That faction **dissented** from the policy of the party.	その派閥は、党の方針に**異議を唱えた**。

GROUP C

President Harry Truman gave an executive order to end **segregation** in the armed forces.	ハリー・トルーマン大統領は、軍隊における**人種差別**を終わらせるために、大統領行政命令を発した。
Darwin was a quiet, **sober** family man who rarely left his house.	ダーウィンは、めったに家をあけることがない、物静かで、**まじめな**家庭人だった。
Thousands of people **perished** by a big fire after the earthquake.	地震の後の大火事で、何千もの人々が**死んだ**。

単語	意味	同意語
arbitrary [áːrbətrèri]	形 任意の；気ままな；恣意的な ▶決まった同意語が少ないので、辞書にとらわれることなく、文脈から意味をあぶり出すことが必要。	capricious unreasonable
prompt [prάmpt]	動 促進する；誘発する；刺激する	urge encourage induce stimulate
preside [prizáid]	動 議長を務める；統括する ▶「(議長や司会を) 務める」だけでなく、普通の「管理する；統括する」意味でも使う。	chair moderate control
comply [kəmplái]	動 従う；応じる ▶最近よく耳にする、日本語のコンプライアンス (規則の遵守) の動詞形。	obey abide by observe agree
personnel [pə̀ːrsənél]	名 全職員；全隊員；総人員；人事課 ▶「人事」関係を除くと、訳しにくい単語なので、staff「職員」と同意語と考えよう。	staff
bankruptcy [bǽŋkrʌptsi]	名 破産 ▶スペリングを間違いやすいので、writing のときなど注意！	crash liquidation ruin
consecutive [kənsékjutiv]	形 連続した ▶ consecutive wins「連勝」	successive continuous serial
criterion [kraitíəriən]	名 基準 ▶ criteria は複数形。	standard basis norm
whirl [hwə́ːrl]	動 渦巻く ▶ whirlpool「(風・水の) 渦」	swirl spin
testimony [téstəmòuni]	名 証明；証拠；証書 ▶同意語多数。	proof certification verification witness
expire [ikspáiər]	動 (契約などが) 終了する；期限が切れて無効になる	end finish terminate
margin [mάːrdʒin]	名 縁；ぎりぎりの状態；端；余白 ▶多義語なので厄介。場合分けして、ひとつひとつ潰そう。by a narrow margin「危機一髪で；ぎりぎりで」を暗記。	edge brink verge border space

If you have some specific purpose or reason for your action, nobody will consider it **arbitrary**.	あなたの行動にもし何か具体的な目的とか理由とかがあるのなら、だれもそれを**行き当たりばったり**とはみなさないでしょう。
The incident **prompted** the city officials to make a thorough investigation into domestic child abuse.	その事件によって、家庭内児童虐待に関する市の役人による徹底的な調査の実施が**促される**こととなった。
The Constitution gives the Vice President no duties aside from **presiding** over the Senate.	合衆国憲法は、副大統領に対し、上院を**統括すること**の他には何の責務も与えなかった。
Many dwellers moved to the city in order to **comply** with a government ordinance.	多くの住民たちは、政府の条例に**従う**ために、都市へ引っ越した。
Firefighters and other rescue workers joined state and city emergency **personnel** searching the rubble for survivors.	消防士や他の救助隊員は、州や市の救助**隊員**に合流し、生存者を求めて瓦礫の中を探し回った。
Because of the laws governing **bankruptcy**, stocks are more risky than bonds.	**倒産**に適用される法律のため、株式は社債よりも危険性が高い。
Several **consecutive** years of drought have made life miserable for lettuce farmers in Southern California.	数年**続いた**干ばつで南カリフォルニアのレタス農家の生活は惨めなものとなった。
The chart above lists some of the **criteria** to consider when selecting a checking account.	上記の表に、当座預金口座を選ぶ時の、考慮**基準**のいくつかが列挙されています。
It is rather like a heavy object **whirling** around on the end of a piece of string.	それはどちらかと言うと、1本のヒモの先でぐるぐる**回転している**重い物体みたいなものだ。
At the hearings, committee members listened to **testimony** from supporters and opponents of S.837.	その公聴会で、委員たちはS.837号法案の支持者と反対者からの**証言**を聞いた。
You credit card has already **expired**.	あなたのクレジットカードは、すでに**期限が切れています**。
They escaped the accident by a narrow **margin**.	彼らはほんとに**ぎりぎり**で事故を逃れた。

GROUP A

GROUP B

GROUP C

CD 2-32

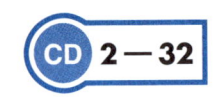

☐ **ordinance** [ɔ́ːrdənəns]	名 法令；布告；条例 ▶ TOEFL の同意語だと、大きくまとめた law が答えとなることが多い。	law act decree statute
☐ **fierce** [fíərs]	形 獰猛（どうもう）な	savage ferocious cruel
☐ **adverse** [ædvə́ːrs]	形 不都合な；反対する；敵意に満ちた ▶ マイナスの意味の単語。比較的良く出る。	unfavorable opposing hostile
☐ **innate** [inéit]	生得の；固有の ▶ 素直だが、文脈で確かめて確実に意味を把握したい。	inborn inherent natural
☐ **virtually** [və́ːrtʃuəli]	副 ほぼ；ほとんど；実質的には；事実上 ▶「事実上；実質的には」よりも almost の意味合いだと記憶しておけばはずさない。	almost nearly practically as good as
☐ **solicit** [səlísit]	動 請い求める；せがむ ▶「勧誘員；セールスマン」は solicitor と記憶して、この単語を覚えられる生徒も多い。	beg entreat press nag
☐ **leak** [líːk]	動 漏らす	seep ooze drip trickle
☐ **agent** [éidʒənt]	名 因子	force vehicle cause
☐ **nominal** [nάmənl]	形 ほんの少しの ▶「名ばかりの」と覚えれば大丈夫かな。	minimal small
☐ **abuse** [əbjúːz]	動 濫用する；悪用する ▶ 頻出単語。マイナスの意味合いは明白だが、文脈で吟味したい。	exploit misuse misapply pervert
☐ **barely** [béərli]	副 かろうじて〜する；ほとんど〜ない ▶ 否定語だが、「かろうじて〜である」と肯定的に訳すことも多いので、厄介。	narrowly by a hair scarcely hardly
☐ **withdraw** [wiðdrɔ́ː]	動 取り下げる；退く ▶ 広く捉えると、同意語はかなり多い。	retreat draw back pull out secede

A good citizen should comply with a government **ordinance**.	よき市民は、政府の布告に従うべきだ。
The thylacine was a large, dog-like animal with striped sides and an enormous mouth lined with **fierce** teeth.	ザイラシーヌは大型の犬に似た動物で、腹には縞模様で、巨大な口には獰猛（どうもう）な歯がずらりと並んでいた。
Large shifts in population had the most **adverse** effect on the Middle West.	人口の大きな変化は、中西部に最も不利な影響を与えた。
It is this **innate** knowledge that explains the success and speed of language acquisition.	言語習得の成功と速度を説明するのがまさにこのような生得の知識である。
The sun, the closest star to the earth, is the source of **virtually** all of the earth's energy.	太陽は地球に最も近い恒星で、地球のほぼすべてのエネルギーの源泉である。
Students were unable to **solicit** any support from the university.	学生たちは、大学に何の援助も要請することができなかった。
If the President has to tell Congress, the information is more likely to **leak** out and ruin the plan.	もし大統領が連邦議会に告げなければならない義務があるとすれば、情報が漏れ、計画が台無しになる可能性がより高くなる。
Condensation from the clouds provides the essential **agent** of continental erosion: rain.	雲からの凝縮は、大陸の浸食に不可欠な因子、つまり雨を与えてくれる。
The material is then ordered and checked out through this interlibrary loan system, which costs the user only **nominal** shipping fee.	それから、資料は注文され、図書館相互貸し出しシステムを通して借り出されますが、それにかかるユーザーの負担はほんの少しの配送料です。
The need for strong presidential leadership must be balanced against the need to protect ourselves against **abuse** of power.	大統領の強力な指導力の必要性と、権力の悪用から私たちを守るための必要性のバランスを保たなければならない。
A little more than 100 years ago there were no automobiles, and bicycles had **barely** been invented.	百年ちょっと前、自動車はまったく存在していなかったし、自転車はというと、かろうじて発明されたところだった。
The remainder of the constitution was largely based on that of the Union from which the states of the lower South were **withdrawing**.	憲法のその他の部分は、南部の諸州がそこから退くことになる北部政府の憲法に大方は基づいていた。

CD 2-33

見出し語	意味	同義語
coverage [kʌ́vəridʒ]	名 報道 ▶ media coverage「メディア報道」で覚えよう。	news report
postulate [pástʃulèit]	動 (自明のこととして) 仮定する；前提とする；主張する ▶間違いやすいし、覚えにくい単語。欲張らず、得意な単語ひとつと組み合わせよう。	assume take for granted
raid [réid]	名 襲撃	attack incursion assault
sluggish [slʌ́giʃ]	形 怠惰な；のろい ▶素直な同意語問題で狙われる。	lazy tardy slow
redundant [ridʌ́ndənt]	形 冗長な；余分な ▶ new innovation「新しい新機軸」も redundant. の例。	wordy repetitious superfluous surplus
reckless [réklis]	形 向こう見ずな；気にかけない	rash thoughtless careless heedless
wedge [wédʒ]	名 くさび	pin
boost [búːst]	動 上昇させる；増加させる；高める ▶これも同義語が多く、同義語問題で頻出。しかも重要な意味なので、絶対押さえたい。	increase augment raise enhance
haunt [hɔ́ːnt]	動 取りつく ▶ a haunted mansion「お化け屋敷」	obsess beset plague torment
plateau [plætóu]	名 高原；台地	highland tableland terrace
infrastructure [ínfrəstrʌ̀ktʃər]	名 インフラ (文明社会の基本となる設備)；下部構造；構造基盤 ▶ Writing などでも使えそうな単語。	basic systems
tentative [téntətiv]	形 一時的な	temporary

Recognizing the power of television's pictures, politicians craft televisual, staged events, called pseudo-event, designed to attract media **coverage**.	政治家は、テレビ画像の力を認識しているので、メディア**報道**を引きつけるための、擬似イベントと呼ばれる、テレビ向けの、芝居がかった出来事を丹念に作り上げる。
It has been **postulated** that the immune system responds only when it receives signals from injured cells.	免疫機構は傷ついた細胞からの信号を受けた時だけ反応すると**仮定されている**。
White Southerners were alarmed by the **raid** at Harpers Ferry, W. Va., led by the white abolitionist John Brown.	南部の白人たちは、白人の奴隷制度廃止論者ジョン・ブラウン率いるウエスト・バージニア州ハーパーズ・フェリーでの**襲撃**で警戒感を強めた。
The whale shark is a **sluggish** fish that feeds on plankton and is found only in tropical seas.	ジンベイザメは**動作が緩慢な**魚で、プランクトンを餌とし、熱帯の海域でしか見つからない。
If you say "clearly evident," it sounds rather **redundant**.	「明らかに明白な」という言い方は、どちらかと言うと、**冗長**です。
He has been arrested several times for **reckless** driving.	彼は**無謀**運転で数回検挙されたことがある。
It is primarily the **wedge** shape of the block that gives the arch its stability.	アーチに安定性を与えているのは、主にブロックの**くさび**形である。
Athletic shoes are continually improved to **boost** athletes' speed and endurance while providing comfort and protection from injury.	運動用シューズは、選手のスピードと持久力を**向上させる**一方で、よい履き心地と怪我防止力を与えるために、絶えず改良されている。
People in the United States in the nineteenth century were **haunted** by the prospect that unprecedented change in the nation's economy would bring social chaos.	19世紀の合衆国の人々は、前例のない国家経済の変化が社会的な混乱をもたらすのではないかという予想に**取りつかれていた**。
The Anasazi occupied the high-**plateau** country of the Four Corners area.	アナサジ族は、四角地帯(アリゾナ州、コロラド州、ニューメキシコ州、ユタ州が接する地域)の**高原**地方を占有していた。
Our city has to make the most use of its existing **infrastructure** for the time being because of the financial difficulties.	我が都市は、財政困難のために、当分の間、既存の**インフラ**を最大限に活用しなければならない。
We have made a **tentative** offer but have to confirm it as soon as possible.	我々は**仮の**提示を行ったが、できるだけ早く、確認を取らないといけない。

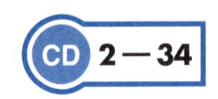

esteem [istíːm]	動 尊敬する；高く評価する ▶素直な同意語問題で狙われる。	respect admire value
negligence [néglidʒəns]	名 怠慢；不注意 ▶最近よく目にし、耳にする単語だろう。neglectと音も似ているので暗記は簡単か。	neglect carelessness
ambiguous [æmbígjuəs]	形 曖昧な；2つ以上の意味にとれる	vague obscure equivocal
dismiss [dismís]	動 解雇する；解散する ▶fireよりも堅い意味の単語	fire discharge let go disband
cumbersome [kʌ́mbərsəm]	形 厄介な；かさばる ▶someがついているので形容詞なのは明らか。	troublesome tiresome annoying burdensome
latently [léitəntli]	副 潜在的に	potentially
recession [riséʃən]	名 不況；景気後退	depression slump stagnation
leukemia [ljuːkíːmiə]	名 白血病	cancer of the blood
intervene [intərvíːn]	動 介入する；干渉する；仲裁する ▶interfereと組み合わせれば簡単だが、違いは、プラスの意味もあること。	intrude interfere arbitrate
ratify [rǽtəfài]	動 批准する	confirm approve acknowledge
bureaucracy [bjuərάkrəsi]	名 官僚制度；官僚	official system of government official bureaucr
thrive [θráiv]	動 栄える；繁茂する；すくすく育つ	prosper flourish grow up

I have **esteemed** his work very highly for years.	私は、長年、彼の仕事ぶりを**高く評価してい**ます。	**GROUP A**
She was found guilty of **negligence** because she did not look after those children properly.	その子供たちの適切な世話を怠ったので、彼女は、保護**怠慢**で有罪となった。	
No one has yet received an **unambiguous** signal from an extraterrestrial civilization.	地球外の文明から**明瞭**な信号を受け取ったものはいまだ誰もいない。	
My cousin was **dismissed** from his post for neglect of duty.	私の従兄弟は、職務怠慢のために、その地位を**解雇された**。	
The amendment process is time-consuming and **cumbersome**.	（憲法）改正の過程は、時間を要し、**厄介なものである**。	**GROUP B**
Even though the F1 generation appears purple in color, it **latently** carries recessive white genes.	F1世代は見かけの色はムラサキだが、**潜在的に**白の劣性遺伝子を保有している。	
By 1992 a **recession** had many Americans worried.	1992年まで、**景気後退**が多くのアメリカ人を心配させた。	
My nephew died of **leukemia** when he was sixteen years old.	私の甥は、16歳の時、**白血病**でなくなった。	
He tried to **intervene** between the two angry men.	彼は、怒った2人の男の間に**割って入った**。	**GROUP C**
The Senate **ratified** the treaty, and Congress agreed to pay France for the territory.	上院はその条約を**批准し**、連邦議会はフランスにその領土の代価を支払うことを是認した。	
Many people believe that **bureaucracy** is preferable to dictatorship.	**官僚制度**は独裁制よりましであると信じている人が多い。	
The wolf population **thrived** in their new home.	オオカミの数は、新しい縄張りで**栄えた**。	

dividend [dívədènd]	名 配当金	allotment distribution
meticulous [mətíkjuləs]	形 細部にこだわりすぎる；細心な	fastidious fussy precise
dump [dʌ́mp]	動 どさっとおろす；ごみを捨てる ▶ dump truck「ダンプカー」を想起しよう。	drop discharge throw away discard
wharf [hwɔ́ːrf]	名 埠頭；波止場；岸壁	pier quay
strife [stráif]	名 争い；闘争 ▶動詞は strive「努力する；奮闘する」。	conflict struggle fight quarrel
delete [dilíːt]	動 削除する ▶会話問題なら、cross out が会話の中には出そう。そして選択肢で、この単語。	eliminate erase cross out cancel
prone [próun]	形 傾向がある；しがちな ▶動詞なら、tend が近い。	likely inclined apt
carnivore [káːrnəvɔ̀ːr]	名 肉食動物 ▶ herbivore「草食動物」omnivore「雑食動物」insectivore「食虫植物」	
harass [həræs]	動 困らせる；悩ます ▶ harassment「ハラスメント」	annoy bother
reciprocal [risíprəkəl]	形 相互の；互恵的な	mutual interchangeable interactive
entity [éntəti]	名 実体；実在 ▶堅い単語ですが、Reading ではよく出ます。	thing object body existence
imperative [impérətiv]	形 避けられない；必須の；命令的な ▶強い意味です。	absolutely necessary urgent

Most companies turn over only about half of their earnings to stockholders as **dividends**.	ほとんどの企業は、その収益の約半分しか配当として株主に還元してはいない。
He paid **meticulous** attention to detail.	彼は細心すぎるほどの注意を細部に配った。
Today newly found sinkholes are often filled with soil or cement in an attempt to stop people from **dumping** their garbage in them.	今日、新たに発見されたドリーネは、しばしば、人々がゴミをその中に捨てるのを防ぐために土やセメントで埋められている。
Sea anemones often attach the lower part of their cylindrical bodies to rocks, shells, or **wharf** pilings.	イソギンチャクは、しばしば、岩や貝や埠頭の杭に、その円筒形の身体の下の方をピッタリとくっつけている。
The previous century was a time of widespread industrial **strife**.	前世紀は、広範囲にわたる産業紛争の時代だった。
We should **delete** his name from the list of applicants.	彼の名前を志願者名簿から削除すべきです。
He has discovered that his secretary is **prone** to forget to give him the messages if she is busy.	彼の秘書は忙しいと、彼にメッセージを伝え忘れる傾向があることに彼は気がついた。
Carnivores were usually more solitary and their fossils are therefore more rare.	肉食動物は、通常、他より単独行動で、その化石はゆえにより珍しい。
He said that the police have been **harassing** him since he came out of prison.	彼が言うには、警察は彼が出所して以来、彼を悩ませ続けた。
During the summer there is a **reciprocal** reinforcement between the higher nighttime temperatures of the city and the human-made heat that helped create them.	夏の間は、都市における夜の高気温とその発生を助長する人為的熱気の間に相互強化がある。
Man emerges with the new quality which differentiates him from the animal: his awareness of himself as a separate **entity**.	人間は、自身と動物を区別する新しい資質、つまり、別個の実体として自分自身を認識する能力を持って出現する。
It is **imperative** that this assignment be finished by the end of this month.	この課題は、今月末までに仕上げることが絶対に必要だ。

単語	意味	同意語
precarious [prikέəriəs]	形 運次第の；不安定な ▶同意語問題として実績ありです。precarious life で覚えましょう。	uncertain unsure unsteady unstable
canine [kéinain]	名 イヌ；イヌ科の動物 ▶略して、K-9 と書いたりします。	dog hound
preamble [prí:æmbl]	名 前置き；前文；序文 ▶素直な同意語問題で出るでしょう。preface あたりと組み合わせて記憶すれば大丈夫か。	introduction preface exordium prologue
analogy [ənǽlədʒi]	名 類推；類似 ▶意外に訳しにくいピンとこない単語だという生徒には、一種の comparison だよと言うことにしています。	comparison parallel similarity resemblance
plausible [plɔ́:zəbl]	形 妥当な；もっともらしい ▶素直な同意語問題で出ます。	appropriate reasonable
assimilate [əsíməlèit]	動 吸収する；同化する；消化する ▶非常に重要。表題の3つの意味と同意語を覚えましょう。	absorb incorporate digest
mediocre [mì:dióukər]	形 並みの；二流の ▶「まあまあ」という感じ。	average ordinary so-so undistinguished
brittle [brítl]	形 （固いが）もろい ▶筆者が、この単語集のために米国で iBT を受験した時、同意語問題で出ました。	fragile frail breakable
coalesce [kòuəlés]	動 合体する ▶incorporate は最頻出なので、同意語もすべて覚えましょう。	incorporate unite combine integrate
transcend [trænsénd]	動 超える；超越的である；しのぐ ▶これも「超える」系統の単語群の仲間です。	surpass exceed excel outdo
emancipation [imæ̀nsəpéiʃən]	名 解放；釈放；自由 ▶emancipation proclamation「解放宣言」	liberation release freedom
deterrent [dité:rənt]	名 妨害物；引きとめる物 ▶「戦争抑止力」の意味もある。	impediment obstacle discouragement restraint

Thousands of people abandoned the **precarious** life on the farm for more secure and better paying jobs in the city.	何千人もの人々が、都市のより安定した実入りのよい仕事を求めて、農家の不安定な生活を捨てた。
Hunters would often poison the carcass of a downed elk in an attempt to decrease the wild **canine** population.	狩猟者たちは、このイヌ科の野生動物の数を減らそうと、撃ち倒されたヘラジカの死体にしばしば毒をぬったものだった。
The **preamble** of the new Confederate constitution declared that each state was "acting in its sovereign and independent character."	南部連合の新しい憲法の前文は、各州が「自治を有し独立した特性の下に行動する」と宣言した。
I'll answer your important question with an **analogy**.	君の重要な質問に類似を使って答えましょう。

GROUP A

His story sounded **plausible** enough for us to believe.	彼の話は、信じるに足るほどもっともらしく聞こえた。
Plants **assimilate** nutrients from the earth.	植物は、地中から栄養物を吸収する。
His novels are rather **mediocre** than his elder brother's.	彼の小説は、兄のものに比べるとかなり二流だった。
Glass and dry twigs are **brittle**.	ガラスや乾いた木の枝は固いがもろい。

GROUP B

The small grains **coalesce** to form large interlocking crystals of ice.	小さな粒が合体し、大きな連結した氷の結晶を形成する。
John Lone's physical grace and his ability to **transcend** age, sex, and culture make him an extraordinary performer.	その肉体的優雅さと年齢、性別、文化を超越する能力によって、ジョン・ローンは、並々ならぬ演技者となっている。
Lincoln initially believed in gradual **emancipation**, with the federal government compensating the slaveholders for the loss of their "property."	リンカーンは、当初は、連邦政府が奴隷所有者の「財産」の損失を補償しながら、（奴隷）解放を徐々に行うやり方を信奉していた。
Electronic surveillance of exhibitions and historical monuments certainly would act as a **deterrent**.	展覧会や歴史的記念碑の電子監視装置は確かに抑止策の役割を果たすだろう。

GROUP C

233

☐ **piety** [páiəti]	名 敬虔さ；信心	piousness devoutness devotion faith
☐ **regime** [reʒíːm]	名 政治制度；政権；政府	system administration reign government
☐ **aboriginal** [æbərídʒənl]	形 土着の；原生の ▶ native と組み合わせれば暗記は簡単。	native indigenous
☐ **confiscate** [kánfəskèit]	動 没収する	seize sequester dispossess
☐ **exclusively** [iksklúːsivli]	副 もっぱら；独占的に；排他的に ▶ exclusive coverage「独占中継」	solely entirely unsharedly
☐ **seismic** [sáizmik]	形 地震の ▶ ゆえに、seismic sea wave = tsunami「津波」。	of earthquake
☐ **alien** [éiljən]	形 異質の；なじみのない ▶ もちろん「外国人の」もあります。	foreign
☐ **speculate** [spékjulèit]	動 推測する ▶ これも最頻出の単語です。「熟考する」、「思惑売買をする」の意味も他にあります。	hypothesize
☐ **alternative** [ɔːltə́ːrnətiv]	名 （もうひとつの）選択肢 ▶ 「二者択一の」と覚えるだけでは、使えません。	option choice
☐ **financial** [finǽnʃəl]	形 財政上の；金融の	monetary
☐ **barren** [bǽrən]	形 不毛な；実りのない ▶ 素直な同意語問題に出ます。	infertile sterile
☐ **immune** [imjúːn]	形 影響を受けない；免疫の ▶ この二義で完璧。	insusceptible unaffected refractory

The secular theater in the Middle Ages established itself as deliberate parody tolerated by the church as a safety valve to consistent **piety**.	中世の大衆演劇は、一貫した**信心深さ**に対する安全弁として、教会によって大目に見てもらう用意周到なパロディとして確立した。	**GROUP A**
Secretary of State Colin Powell led U.S. efforts to build an international coalition against terrorism and to isolate the Taliban **regime**.	コリン・パウエル国務長官は、テロリズムに反対する国際的な連帯を構築し、タリバン**政権**を孤立させた。	
The first Europeans who arrived in North America found **aboriginal** cultures that were agriculturally oriented.	北米に最初に到着したヨーロッパ人たちは、農業中心の**土着**文化を見出した。	
If you continue to evade taxes, your property will be **confiscated.**	あなたが税金の不払いを続ければ、財産は**没収される**だろう。	
Monopolies are companies that **exclusively** own or control commercial enterprises with no competitors	独占企業とは、まったく競争相手なしに、**独占的**に営利事業を所有あるいは管理する会社のことである。	**GROUP B**
Another name of **seismic** sea waves is tsunami.	**地震性**の海面波動の別名は津波です。	
The conditions in the Earth's core make it a far more **alien** world than space.	地核の状況のせいで、地球は宇宙よりもはるかに**なじみのない**ものとなっている。	
Scientists can **speculate** about the nature of the earth.	科学者は地球の性質について**推測する**ことができる。	
Farmers could get better prices for their crops if the **alternative** existed of sending them.	配送方法に関して、**別の選択肢**があったら、農民はもっと割りのよい値段で作物を売ることができるだろう。	**GROUP C**
The Erie Canal quickly proved a **financial** success as well.	エリー運河は**財政的**にも成功であることがすぐに判明した。	
The land proved **barren** after several sample of the soil were tested.	土壌のサンプルをいくつか検査すると、その土地は**不毛だ**ということがわかった。	
The grass was **immune** to drought.	その草は旱魃（かんばつ）の**影響を受けなかった**。	

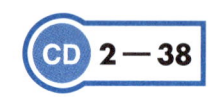

☐ **originally** [ərídʒənəli]	副 もともとは ▶「独創的に」よりも「もともとは」が頻出。	initially at first
☐ **undertake** [ʌ̀ndərtéik]	動 引き受ける；請け負う ▶本文に assume で、undertake を選択肢で選ばせるのが出やすいでしょう。	assume accept
☐ **predecessor** [prédəsèsər]	名 前任者；先駆者 ▶語意も出ますが、それよりも、具体的に文中でどの部分を指しているかがよく問われます。	forerunner precursor antecedent
☐ **trample** [trǽmpl]	動 踏みつける ▶意外に知らない単語。stamp と組み合わせよう。	stamp tread
☐ **grazing** [gréiziŋ]	名 放牧 ▶ grazing lands で覚えよう。	pasturage
☐ **drought** [dráut]	名 旱魃（かんばつ） ▶発音注意！	dryness aridity
☐ **divergence** [divə́ːrdʒəns]	名 相違；分岐 ▶ di-は（分かれること）、con-（集まること）を表す。ゆえに反対語の convergence は「集中；集合」	difference division
☐ **plaster** [plǽstər]	名 漆喰（しっくい）	whitewash
☐ **trail** [tréil]	動 跡をつける ▶名詞は「跡；道」。	track follow
☐ **shed** [ʃéd]	動 流す；こぼす；脱ぎ捨てる ▶ shed skin/tears/blood「皮膚を脱ぎ捨てる/涙を流す/血を流す」	pour spill cast
☐ **disperse** [dispə́ːrs]	動 散らばる；散らす	scatter spread dissipate
☐ **adjacent** [ədʒéisnt]	形 隣接した ▶ neighboring と組みあわせれば決まり。	neighboring bordering next-door

The land was not **originally** assumed to be a fertile area.	その土地は**もともと**肥沃な地域と仮定されてはいなかった。	
Carpenters **undertook** to interpret architectural manuals imported from England.	大工たちはイギリスから輸入された建築マニュアルの翻訳を**引き受けた**。	**GROUP A**
The eighteenth-century houses showed great interior improvements over their **predecessors**.	18世紀の家屋は、その**前身**に比べ、内部の大幅な改善を示していた。	
Unknowing Americans **trampled** the grass underfoot.	何も知らないアメリカ人はその草を足下に**踏みつけた**。	
Those animals thrived on the dry **grazing** lands of the West.	それらの動物は、西部の乾燥した**牧草**地ですくすくと育った。	
The familiar blue joint grass was often killed by **drought**.	お馴染みのブルージョイント草はしばしば**旱魃（かんばつ）**で枯れた。	**GROUP B**
Most domestic architecture of the century displays a wide **divergence** of taste.	その世紀のほとんどの家屋建築は、嗜好の大幅な**相違**を示している。	
Walls were made of **plaster** or wood.	壁は木材か**漆喰**でできていた。	
Greyhounds are trained to **trail** their prey.	グレイハウンドは、獲物の**跡を追う**ように訓練される。	
The human body **sheds** skin at a rate of 50 million cells a day.	人体は1日に細胞5000万個分の皮膚を**脱ぎ捨てている**。	**GROUP C**
These chemicals **disperse** in the lower atmosphere, where they linger for years before migrating to the stratosphere.	これらの化学物質は、大気の下方に**散らばり**、そこで成層圏に移っていくまで数年間留まる。	
Only in Pennsylvania and **adjacent** areas was stone widely used in dwellings.	ペンシルバニアとそれに**隣接する**地域だけが、住宅用に石材が広く使用された。	

CD 2-39

単語	品詞・意味	類義語
receptor [riséptər]	名 感受器官	sensory organ
turnpike [tə́:rnpàik]	名 有料道路；街道	toll road
annihilate [ənáiəlèit]	動 全滅させる ▶頻出単語の上に、発音も注意。h を読みません。	ruin destroy
integral [íntigrəl]	形 不可欠な	essential
accommodation [əkàmədéiʃən]	名 収容施設；宿泊設備 ▶会話で出るなら「宿泊施設」。Reading なら、「順応；適合」か。	lodging housing
acquisition [æ̀kwəzíʃən]	名 習得 ▶language acquisition で覚えましょう。	learning
avid [ǽvid]	形 熱心な；渇望している ▶avid reader の組合わせが頻出。	eager thirsty
balance [bǽləns]	名 残高 ▶キャンパスでの会話でも頻出。	remainder
compatible [kəmpǽtəbl]	形 矛盾しない；一致した ▶compatible end 「共通の目的」	consistent harmonious agreeable
conduct [kəndʌ́kt]	動 (業務を)行う；管理する ▶experiment や investigation との組み合わせが多い。	carry out perform operate manage
conquer [kɑ́ŋkər]	動 征服する；克服する ▶concur「同意する」という単語もありましたよ。	annihilate overcome
consensus [kənsénsəs]	名 意見の一致；統一見解 ▶日本語でも、「みんなのコンセンサスを取る」と言いますよね。	agreement unanimity

There are apparently specific **receptors** for specific odors.	明らかに特定の臭いに対し、特定の**感受器官**が存在する。
A **turnpike** is a main road that you have to pay a toll to use.	**ターパイク**は使用料を払わなければならない主要な道路である。
The atomic bomb almost **annihilated** the city.	原子爆弾はその都市をほぼ**壊滅させた**。
When the era of talking movie began, it made music an **integral** part of filmmaking.	発声映画の時代が始まると、音楽が映画制作にとって**不可欠な**部分となった。
The cost of the weekend, including **accommodations** and food, is three hundred dollar.	週末の経費は、**宿**と食事を含めて、300ドルである。
Research on language **acquisition** has been strongly influenced by Chomsky's theory of generative grammar.	言語**習得**に関する研究はチョムスキーの生成文法の理論に深く影響されてきた。
Jack London was always an **avid** reader and studied the works of many writers in order to learn to become a writer himself.	ジャック・ロンドンはいつも**熱心な**読書家で、自身も作家になることを学ぶために、多くの作家の作品を研究した。
The **balance** should be paid by July 20.	**残額**は、7月20日までに払わないといけない。
This aesthetic ideal was an attempt to make the living space more **compatible** with human proportions and living requirements.	このような美的理想は、居住空間を人間に合った規模や生活必須条件とより**矛盾しない**ようにすることだった。
Dr. Ris **conducted** many experiments to confirm his long-cherished hypothesis.	リス博士は、長い間あたためてきた仮説を裏づけるために何度も実験を**行った**。
The drive to **conquer** difficulties underlies the greatest of human achievements.	人間の数々の輝かしい偉業の根底には、困難を**克服しよう**とする衝動がある。
The general **consensus** now appears to be that there may have been a combination of factors that led to the abandonment of the city.	今や一般の**意見が一致している**ように思えるのは、その都市を放棄するに至る複合的な要素があったのかもしれないということだ。

GROUP A

GROUP B

GROUP C

defer [difə́:r]	動 延期する ▶ deferment「延期」。入学を延期する時は、これです。	postpone delay put off
edit [édit]	動 (論文・原稿などを) 校訂する；編集する ▶この単語はレポートやエッセイにも使うので入れました。	castigate compile
formulate [fɔ́:rmjulèit]	動 公式化する；明確に述べる	define specify
fry [frái]	名 幼魚	very young fish
fugitive [fjú:dʒətiv]	名 逃亡者	runaway escape refugee
gene [dʒí:n]	名 遺伝子	
heredity [hərédəti]	名 遺伝 ▶動詞と共に頻出なのはあきらかでしょう。	inheritance transmission
ingrain [ingréin]	動 (習慣・信念などを) 深く根づかせる ▶いわゆる「(意識への) 刷り込み」を行うことです。	instill impress implant imprint
inmate [ínmèit]	名 囚人	prisoner
interactive [ìntəræktiv]	形 双方向性の；対話方式の ▶英語のままでよく耳にしているので意外と盲点になる単語。	mutual interchangeable reciprocal
jot [dʒɑ́t]	動 書き留める ▶会話で頻出。	write put
marsupial [mɑːrsúːpiəl]	形 名 有袋類(の) ▶胸に pouch「小物入れの袋」がついているのです。ポーチではなくてパウチです。	pouched (animal)

Today's profits can be increased at the expense of profits years away, by cutting maintenance, **deferring** investment, and exploiting staff.	今日の利益は何年も先の利益を犠牲にして増やすことが可能だ、つまり維持費を削減し、投資を**先送りし**、職員を酷使することで。	**GROUP A**
The script for the telecommunication class is too long, so I'll **edit** it.	電気通信学のクラス用の台本は長すぎるので、私が**校訂**します。	
Gregor J. Mendel had **formulated** the first laws of heredity	グレゴール・J・メンデルが最初の遺伝の法則を**公式化していた**。	
As **fry**, Pacific salmon migrate downstream via rivers, and eventually to the ocean, where they require several years to mature.	**幼魚**の頃に、パシフィック・サーモンは川を通って下流へくだり、遂には海に着き、そこで数年を要して成魚となる。	
White Southerners had been embittered by Northern defiance of the 1850 federal **fugitive** slave act.	南部の白人たちは1850年の連邦**逃亡**奴隷法という北部側の反抗に憤慨していた。	**GROUP B**
Genes are the units within sex cells.	**遺伝子**は性細胞内の単位である。	
Does a child's musical talent depend on **heredity**?	子供の音楽的才能は、**遺伝**次第ですか。	
An athlete has to repeat the motion literally thousands of times to **ingrain** its pattern into the subconscious memory of movement.	運動選手は、そのパターンを動きに関する潜在的記憶に**植えつける**ため、文字通り何千回もその動作を繰り返さなければならない。	
Reformatories gave greater emphasis to education for their **inmates.**	感化院は**囚人たち**の教育を以前よりも重要視した。	
This is an **interactive** computer system that allows you to make critical health-care decisions without endangering patients' lives.	これは**対話方式**のコンピュータ・システムで、健康管理に関する重大な決断を、患者の命を危険にさらさずに下すことを可能にします。	**GROUP C**
I can't remember all she said, but I **jotted** down the main points.	彼女が言ったことをすべて覚えているわけではないけど、主要な部分は**書き留めた**から。	
The koala is a **marsupial** that happens to look a lot like a teddy bear.	コアラは、たまたまテディベアにとても似ている**有袋類**です。	

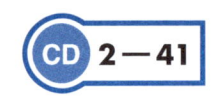

obscene [əbsíːn]	形 卑猥な	dirty filthy
output [áutpùt]	名 生産高 ▶意外に知らない方が多い単語。すぐ覚えましょう。cotton output と前につければ印象に残ります。	crop
overthrow [òuvərθróu]	動 (政府などを)転覆させる	subvert overturn defeat dethrone
paddle [pǽdl]	動 櫂(かい)でこぐ；こいで進む	row pull
parole [pəróul]	名 仮釈放；仮出所；捕虜宣誓	conditional permission to leave
plague [pléig]	名 疫病；伝染病 ▶そのままの同義語は少ないので、文脈で判断する問題もあるでしょう。	epidemic infection
probation [proubéiʃən]	名 執行猶予；保護観察；仮及第 ▶ academic probation にならないために、今が大切。	suspended sentence reprieve respite
ration [rǽʃən]	名 (配給)食糧；割当量	provision distribution
reliant [riláiənt]	形 当てにしている；頼っている ▶ reliable「信頼できる」と混同しないように。	dependent
repeal [ripíːl]	動 廃止する；破棄する；撤回する ▶この言い換えは今までもよく出ています。	abolish do away with abrogate
sabbatical [səbǽtikəl]	形 名 安息(年)の；研究休暇(の) ▶ on sabbatical の他に、on leave「(軍人や公務員の)休暇中で」も覚えましょう。	leave
secede [sisíːd]	動 脱退する ▶ secede from the Union と声に出して言って、耳に残しましょう。	withdraw

His pamphlet was censored because it was considered "**obscene** literature".	彼の小冊子は、「**卑猥な**文学」とみなされたので、検閲された。
By the 1850s, cotton **output** had soared to five million bales in the South.	1850年までに、南部では、綿花の**生産高**が、500万梱（こり）まで急上昇した。
Nobody likes to pay taxes, and history has shown us that when taxes get too high, people eventually revolt and **overthrow** the offending government.	誰も税金を払いたがる人はいない。そして、歴史が示しているのは、税金が高すぎると、人々は結局、反乱を起こし、気に入らない政府を**転覆させる**ということだ。
Grebes swim underwater by **paddling** with their webbed feet.	カイツブリは、水かきのある足で**こぐこと**によって水中を泳ぐ。

GROUP A

Probably the most significant correctional developments of the late 19th century were probation and **parole**.	おそらく19世紀後半の更正に関する最も重要な進歩は執行猶予と**仮釈放**だろう。
After all, the bubonic **plague** decimated the European population.	結局、横根（よこね）の**伝染病**が、ヨーロッパの人口の大半を死亡させた。
My roommate has been put on academic **probation**.	ルームメイトが、**仮及第**になってしまった。
Many slaves did what they could to improve their food **rations**.	配給**食糧**事情を改善するためにできるだけのことをする奴隷も多かった。

GROUP B

Cotton and slavery became interdependent, and the South grew more **reliant** on both.	綿花と奴隷制度は相互依存するようになり、南部はその両方にさらに依存するようになった。
Prohibition was **repealed**, or withdrawn, by the 21st Amendment in 1933.	禁酒法は1933年の憲法修正第21条によって**無効とされ**、つまり撤回された。
Dr. Jones cannot participate in the seminar because he is on **sabbatical**.	ジョーンズ博士は、**研究休暇**中なので、セミナーには参加できません。
The Southern states **seceded** from the Union and formed the Confederacy.	南部諸州は北部諸州連合から**脱退し**、南部連邦を結成した。

GROUP C

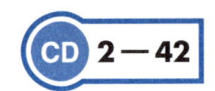

shoot [ʃúːt]	名 若い茎；芽 ▶ bamboo shoot「筍；竹の子」です。	sprout
soul [sóul]	名 人 ▶次頁の例文はやや慣用的です。	person
suffrage [sʌ́fridʒ]	名 参政権；選挙権 ▶「参政権」は当然、頻出。スペリングも間違いやすい。	vote franchise
tip [típ]	名 先；先端 ▶ finger tip「指先」を思い出しましょう。	point
undue [ʌndjúː]	形 無用な；不当な；過度の ▶ undue risks は、記憶するのにピッタリの組み合わせです。	unnecessary undeserved excessive
witness [wítnis]	動 目撃する；証言する ▶ eyewitness も同じです。	watch testify
wreck [rék]	動 台無しにする；破壊する ▶堅い意味でも柔らかい意味でも使える単語。非常に要となる単語グループです。	ruin spoil impair
yield [jíːld]	動 産出する；産む ▶名詞の yield もあります。	produce
perspective [pərspéktiv]	名 見方；観点；展望 ▶「遠近感」などの意味もあります。	viewpoint

The Darwins observed that a grass seedling could bend toward light only if the tip of the **shoot** was present.	ダーウィン親子は、草の苗木は、**若い茎**の先端が現れている時だけ光のほうへ曲がることが可能なことを観察した。	GROUP A
There was not a single **soul** to ask for directions.	道順を尋ねられそうな者は**人っ子**ひとりいなかった。	
He used his fame to draw support for socialism, **suffrage** for women, and, later, prohibition of alcohol.	彼は自分の名声を利用して、社会主義や女性の**参政権**、そして後に、禁酒法への支持を集めようとした。	
The **tip** of a plant's stem produces a hormone that affects the stem's growth.	植物の茎の**先端**が、茎の成長に影響を与えるホルモンを産み出す。	
Mental preparation focuses on building self-image, maintaining motivation and discipline to train regularly, and avoiding **undue** risks.	精神的準備で焦点が絞られるのは、自己イメージの確立、やる気と規則的なトレーニングへの規律維持、**無用な**危険の回避などである。	GROUP B
The spectators thrilled to the dramatic stories of gods and heroes and had the added excitement of **witnessing** a contest.	観客は神々や英雄達の劇的な話に心を躍らせ、またコンテストに**立ち会う**という付加的な楽しみも享受した。	
Unfortunately, something always happens to **wreck** his plans.	残念ながら、彼の計画を**台無しにする**何かが常に起こる。	
Project Mohole originally was intended to **yield** more fossil discoveries than the Deep Sea Drilling Project	モホール計画は、元々は、深海掘削計画よりも多くの化石発見物を**産み出す**ためのものだった。	
These passages present information about the topic from more than one **perspective** or point of view.	これらの文章は、そのトピックについて、複数の**見方**や観点から情報を提示している。	GROUP C

GROUP C

hinterland [híntərlænd]	名 後背地；内陸地域	inland
demographic [dìːməgrǽfik]	人口統計学的な	about population
province [prάvins]	名 州；地方	state
incubate [ínkjubèit]	動 孵化させる ▶素直な同意語と文脈から推測する場合の両方が予想されます。	hatch
gradient [gréidiənt]	名 勾配；傾斜	inclination slope
composite [kəmpάzit]	形 合成の；混合の	compound
dampen [dǽmpən]	動 湿らせる ▶ dampness「湿り気」	moisturize
sediment [sédəmənt]	名 堆積物	deposit
pigment [pígmənt]	名 色素；顔料 ▶時々出てきます。知らない場合が多い単語です。声に出して覚えましょう。	color
empathy [émpəθi]	名 感情移入；共感	affinity
pretentious [priténʃəs]	形 うぬぼれの強い；野心的な	conceited vain
facade [fəsάːd]	名 正面；外見 ▶建築学に関する問題でも、「建物の正面」の意味で頻出。	front

Philadelphia became an increasingly important marketing center for a vast and growing agricultural **hinterland.**	フィラデルフィアは、広大で成長著しい農業**後背地**にとって、ますます重要な中心的市場となった。
Philadelphia's merchants argued that the surrounding area was undergoing tremendous economic and **demographic** growth.	フィラデルフィアの商人たちは、近隣地域が経済的にも**人口統計学的**にもすさまじい成長を経験していると主張した。
They did their business in the capital city of the **province**.	彼らは**州**都で商売を行った。
When parrots **incubate** their eggs in the wild, the temperature and humidity of the nest are controlled naturally.	オウムが野生で卵を**孵化させる**とき、巣の温度と湿度は自然に制御される。
Careful attention to temperature **gradient** may be vital to successful hatching.	気温**勾配**への細心の注意が、滞りない孵化のために重要であろう。
Texture is the term used to describe the **composite** sizes of particles in a soil sample.	肌理（きめ）とは、土壌のサンプル中の粒子の**組成**サイズを説明するために使われる用語である。
Clay particles are highly cohesive, and when **dampened** they behave as a plastic.	粘土の粒子は非常に粘着性が高いので、**湿り気を与えられる**と、柔らかな合成樹脂のような反応を示す。
Another method of determining soil texture involves the use of devices called **sediment** sieves.	土壌のきめを決定するもうひとつの方法は、**堆積物**こし器と呼ばれる装置の使用を必要とする。
Its settling velocity is amazing when the **pigment** is suspended in water.	**顔料**を水に混ぜた場合、その沈殿速度には驚くべきものがある。
The ability to create **empathy** will determine the success of artistic, political, or pedagogic communication.	**共感**を生み出す能力が、芸術的、政治的、教育的コミュニケーションの成功度合いを左右する。
A tone of voice can be confident, **pretentious**, shy, aggressive, outgoing, or exuberant, to name only a few personality traits.	ほんの２、３の性格的特徴を挙げると、声の調子が、自信ありげとか、**うぬぼれが強そう**とか、恥ずかしげだとか、攻撃的とか、元気いっぱいなどとなる。
The sound may give a clue to the **facade** or mask of that person, for example, a shy person hiding behind an overconfident front.	音声はその人の**外見**とか仮面に対する手がかり―例えば、見掛けは自信過剰だが実はテレ屋など―を与えてくれる。

☐ **expertise** [èkspərtíːz]	名 専門的知識［技術；能力］	specialty
☐ **compulsory** [kəmpʌ́lsəri]	形 義務的な；強制的な；必修の ▶かなり頻出の単語。たとえば、Wearing a seatbelt while driving is compulsory.「運転中のシートベルト着用は義務的なものです」。	imperative obligatory mandatory
☐ **primate** [práimeit]	名 霊長類の動物；サル目	
☐ **glaze** [gléiz]	名（陶器の）上薬（うわぐすり）；光沢	varnish luster
☐ **kiln** [kíln]	名 かま；炉	furnace
☐ **apprentice** [əpréntis]	動 弟子入りさせる	place one on probation
☐ **tantalizing** [tǽntəlàiziŋ]	形（興味・欲望を）かき立てる；（手が届かなくて）じれったい ▶この単語の動詞形は、「じらす：からかう」などの、ややマイナス気味の意味。	intriguing teasing irritating frustrating
☐ **radiant** [réidiənt]	形 きらきら輝く	bright
☐ **cylindrical** [silíndrikəl]	形 円筒形の；円柱の ▶ cylinder（円柱）は cone（円錐）と共に geometry（幾何学）の用語としても重要。	tubular
☐ **improvise** [ímprəvàiz]	動 即興でやる ▶名詞の improvisation も音楽関係の題材で頻出。	extemporize ad-lib
☐ **filmy** [fílmi]	形 薄もやのような；薄い膜状の	dim misty
☐ **amenable** [əmíːnəbl]	形（法則などに）かなう；従順な ▶理科系の文なら：Glass is amenable to heat-forming techniques.（ガラスは熱で形を作る技術に順応する）	obedient equal

A new emphasis upon credentials and **expertise** made schooling increasingly important for economic and social mobility.	資格や専門的知識に新たに力点が置かれたことで、教育は、経済的、社会的機動性にとってますます重要になった。
By 1920 schooling to age fourteen or beyond was **compulsory** in most states.	1920年までに、14歳かそれ以上の年齢の者に対する学校教育は、ほとんどの州で義務的なものとなった。
Of mammals, only humans and some **primates** enjoy color vision.	哺乳類の中では、人類といくらかの霊長類だけが色の識別力に恵まれている。
The more advanced the pottery in terms of decoration, materials, **glazes**, and manufacture, the more advanced the culture itself.	陶器の装飾、材質、上薬、製造法が優れていればいるほど、文化自体も、ますます高度化していた。
After a finished pot is dried of all its moisture in the open air, it is placed in a **kiln** and fired.	でき上がった壷は、天日で湿り気をすべて乾かした後、窯に入れられ焼かれる。
Needy children, girls as well as boys, were indentured or **apprenticed**.	貧しい子供たちは、少年だけでなく少女も、年季奉公に出されたり弟子入りさせられたりした。
Beneath the deep oceans that cover two-thirds of the Earth are concealed some of the most **tantalizing** secrets of our planet.	地球の3分の2を覆っている深海の下に、我が惑星の最も興味をかきたてる秘密のいくつかが隠されている。
With its **radiant** color and plantlike shape, the sea anemone looks more like a flower than an animal.	その鮮やかな色と植物のような形のせいで、イソギンチャクは、生物と言うより花に見える。
The sea anemone can attach the lower part of their **cylindrical** bodies to rocks, shells, or wharf pilings.	イソギンチャクは、その筒状の下半身を岩や貝殻、埠頭の杭に吸いつかせることができる。
Until she brings in the lights, Miller cannot predict exactly what they will do to the image, so there is some **improvising** on the spot.	照明を運び込むまでは、その構図に照明がどう作用するか、ミラーは正確には予想できないので、現場において即興でやることがある程度必要になる。
The corona is a brilliant, pearly white, **filmy** light, about as bright as the full Moon.	コロナは、鮮やかに輝く、真珠のように白い、薄もやのような光で、満月と同じくらい明るい。
People suspected that the ancient numeral systems were not **amenable** to even the simplest calculations.	人々は、古代の数字体系は最も単純な計算にさえ向いていなかったのではないかと疑っている。

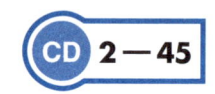

単語	意味	同意語
☐ **cipher** [sáifər]	動 暗号で記す ▶反対語は decipher「解読する」。	encode code
☐ **deforestation** [di:fɔ:ristéiʃən]	名 森林破壊 ▶ Writing でも使いましょう。	cutting down
☐ **appreciable** [əprí:ʃiəbl]	形 かなり大きな；評価可能な	considerable
☐ **conifer** [kóunəfər]	名 針葉樹 ▶ hard wood（広葉樹）	
☐ **fabric** [fǽbrik]	名 構造；組織；布地 ▶この例文のような、やや派生した意味が狙われます。	structure organization
☐ **jumble** [dʒʌ́mbl]	動 ごちゃ混ぜにする	mix muddle disorder disorganize
☐ **tributary** [tríbjutèri]	名 支流 ▶素直な同意語が出ます。けっこう普通に使う単語なので知っておきましょう。	branch
☐ **drainage** [dréinidʒ]	名 排水；排水流域	drain
☐ **speculation** [spèkjuléiʃən]	名 推測；思索；投機 ▶動詞でも触れましたが、これは、同意語問題で頻出。	conjecture supposition hypothesis reflection
☐ **save** [séiv]	前 ～を除いて ▶この save はやや古い用法ですが、動詞ではありません。	except
☐ **recoil** [rikɔ́il]	動 反動ではね返る	spring
☐ **mimetic** [mimétik]	形 模倣の；見せかけの ▶ mime「真似をする；パントマイムを演じる」の系統。	imitative mimic

No memorization of number combinations is needed in a **ciphered** numeral system.	<u>暗号化された</u>数字体系では、数字の組み合わせを覚える必要はまったくない。
The ancient **deforestation** and overgrazing of the Mediterranean region is a famous example.	地中海地方における古代の<u>森林破壊</u>や放牧過剰は、有名な例である。
The stems of plants in which all the cells are killed can still move water to **appreciable** heights.	すべての細胞が死に絶えた植物の茎は、依然として水を<u>かなりの</u>高さまでくみ上げられる。
The **conifers**, which are among the tallest trees, have unusually low root pressures.	<u>針葉樹</u>は最も高い木の仲間だが、根圧が異常に低い。
Mass transportation revised the social and economic **fabric** of the American city in three fundamental ways.	大量輸送は、３つの基本的な点で、米国の都市の社会的、経済的<u>組織</u>を変容させた。
Another factor that the fossilization requires is a lack of swift currents and waves to **jumble** and carry away small bones.	化石化に必要なもうひとつの要素は、小さな骨を<u>ごちゃ混ぜにして</u>運び去る急流や波がないことである。
Picking up a **tributary** of the Columbia River, they continued westward until they reached the Pacific Ocean.	コロンビア川の<u>支流</u>を通って、彼らは、西へと進み続け、ついに太平洋に到達した。
More specifically, they learned a good deal about river **drainages** and mountain barriers.	もっと正確に言うと、彼らは、川の海への<u>流れ込み状況</u>や山のそびえ具合についてかなりのことを学んだ。
They ended **speculation** that an easy coast-to-coast route existed via the Missouri-Columbia River systems.	彼らは、ミズリー・コロンビア川水系を経由して東海岸から西海岸へ至る容易なルートが存在しているという<u>推測</u>を終結させてしまった。
The character of the tone could not be varied **save** by mechanical or structural devices.	その音色の特徴は、機械的あるいは構造的装置を使うことを<u>除けば</u>、多様性が出せなかった。
The strings of a piano were struck by a **recoiling** hammer with a felt-padded head.	ピアノの弦は、頭部にフェルトのパッドがついた<u>はね返る</u>ハンマーによって打たれた。
She seemed at times determinedly old-fashioned in her insistence on the essentially **mimetic** quality of her fiction.	彼女の小説が持つ本質的に<u>現実模写的</u>資質を強調するとき、彼女は時折、断固として古風に思われた。

voracious [vɔːréiʃəs]	形 旺盛な；がつがつした ▶ voracious appetite で決まり。	insatiable greedy
squirt [skwə́ːrt]	動 噴出する；ほとばしる	shoot out throw jet
humility [hjuːmíləti]	名 謙虚さ；謙遜	modesty humbleness
heterogeneous [hètərədʒíːniəs]	形 異質の ▶反対語は？そうです。 homogeneous「均質の：同質の」	foreign alien
meteorologist [mìːtiərάlədʒist]	名 気象学者	weather forecaster
tranquility [trænkwíləti]	名 静けさ ▶ tranquilizer「鎮静剤」	quietness stillness
ingenious [indʒíːnjəs]	形 巧妙な；発明の才に富む	clever original
discrete [diskríːt]	形 別々の ▶ discreet「思慮深い；慎重な」と同音で紛らわしい。	separate different
despoiler [dispɔ́ilər]	名 荒らす者；略奪者	looter
unsung [ʌnsʌ́ŋ]	形 (不当に)世に知られていない ▶同意語問題で出題実績あり。	unrecognized obscure
glacial [gléiʃəl]	形 氷河の	icy
eruption [irʌ́pʃən]	名 噴火；噴出 ▶地質学などで頻出なのは明らか。	explosion discharge

Sea cucumbers have **voracious** appetites, eating day and night.	ナマコは**旺盛な**食欲を持ち、日夜食べ続ける。
When attacked, the sea cucumber **squirts** all its internal organs into the water.	攻撃を受けると、ナマコは体内のすべての器官を水中に**吐き出**してしまう。
The Amish's central religious concept of Demut, "**humility**", clearly reflects the weakness of individualism.	アーミッシュの中心的な宗教概念であるデミュー（**つつましやかさ**）は、明らかに、個人主義の希薄さを反映している。
A popular culture is a large **heterogeneous** group, often highly individualistic and constantly changing.	大衆文化は、大規模で、**異種の**集まりであり、しばしば非常に個人主義的で、絶えず変化している。

GROUP A

Meteorologists and computer scientists now work together to design special computer programs and video equipment.	**気象学者**とコンピュータ学者は、特殊なコンピュータ・プログラムとビデオ機器を設計するために、協力して作業を進めている。
The home came to serve as a haven of **tranquility** and order.	家庭は平穏と秩序をともなった安息地としての役割を果たすようになった。
By such **ingenious** adaptations to specific pollinators, orchids have avoided the hazards of rampant crossbreeding in the wild.	特定の受粉者に対するそのような**巧妙な**適応によって、ランは野生における激しい異種交配の危険性を回避してきた。
That practice assures the survival of species as **discrete** identities.	そのようなやり方によって、**個別の**存在としての種の生存が保証される。

GROUP B

The railroad could be and was a **despoiler** of nature.	鉄道は自然の**略奪者**となる可能性があるし、また実際にそうであった。
The high-pressure engine was the work primarily of an **unsung** hero of American industrial progress, Oliver Evans.	その高圧エンジンは、主に、アメリカの工業発展の**世に知られていない**英雄、オリバー・エバンスの業績だった。
Volcanic fire and **glacial** ice are natural enemies.	火山性の火事と**氷河の**氷は、天敵同士である。
Eruptions at glaciated volcanoes typically destroy ice fields.	氷河に覆われた火山の**噴火**は、通常は、大氷原を破壊する。

GROUP C

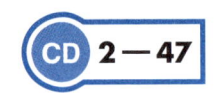

見出し語	意味	同義語
labyrinth [lǽbərìnθ]	名 迷宮；迷路	maze
distribution [dìstrəbjúːʃən]	名 流通；分布；配分；配置 ▶ distribution center「流通センター；配送センター」	circulation allotment disposition
conspiracy [kənspírəsi]	名 陰謀；共謀	intrigue
tenement [ténəmənt]	名 長屋；安宿 ▶ いわゆる「ドヤ；安宿」	apartment
turbulent [tə́ːrbjulənt]	形 乱流の；擾乱の；荒れ狂う ▶ 意外に頻出なので、形容詞でも押さえましょう。	disturbed
imbibe [imbáib]	動 飲む；吸い込む	drink swallow
stringent [stríndʒənt]	形 厳格な；厳しい ▶ 同意語問題で出題実績ありだが、文脈で絞りにくい場合は難問。つまりこの単語を知らない場合が多いのかも。	strict
self-contained [sèlf-kəntéind]	形 必要なものは全て完備した；自給自足の	self-sufficient
portend [pəːrténd]	動 前兆となる；〜を予告する ▶ 出たら難問ですから、今のうちに覚えましょう。	predict foretell
opaque [oupéik]	形 不透明の ▶ transparent や translucent と区別しましょう。	cloudy hazy
malleable [mǽliəbl]	形 展性の；従順な	pliable flexible plastic
viscosity [viskásəti]	名 粘着性	stickiness

Located inside Rainier's two ice-filled summit craters, these caves form a **labyrinth** of tunnels.	レニア山の氷の詰まった２つの頂上火口の中に位置しているのだが、これらの洞窟はトンネルの迷宮を形成している。
Some of the most dramatic increases occurred in the domains of transportation, manufacturing, and trade and **distribution.**	最も劇的な増大のいくつかは、運輸、製造、そして商業と流通の領域で起こった。
The appearance of the commodity exchange seemed to so many of the nation's farmers the visible sign of a vast **conspiracy** against them.	商品取引所の登場は、この国の農民の非常に多くにとって、大規模な陰謀の前兆のように思われた。
There were the sweatshops in city **tenements**, where groups of men and women in household settings manufactured clothing or cigars on a piecework basis.	都市にある長屋には、タコ部屋工場が存在し、そこでは、家庭のままの環境にいる男女たちが、衣料やタバコを出来高払いで製造していた。
Stretching over distances greater than a million light-years, these radio-emitting regions resemble twin **turbulent** gas clouds.	百万光年以上の距離にのびているのだが、これらの電波放射域は、双子の乱流ガス星雲に似ている。
Camels have been known to **imbibe** over 100 liters in a few minutes.	ラクダは、２、３分で１００リットル以上を飲み干すことで知られている。
San Francisco has only a 1.6 percent vacancy rate but **stringent** rent control laws.	サンフランシスコでは、空室率は僅か１．６％だが、厳しい賃貸料制限法がある。
Society transformed from one characterized by relatively isolated **self-contained** communities into an urban, industrial nation.	社会は、比較的孤立していて、自給自足の地域共同体から、ひとつの都市化した工業国という特徴を持つ社会へと変貌した。
One newspaper published the first photographic reproduction in a newspaper, **portending** a dramatic rise in newspaper readership.	ある新聞が最初の写真掲載版を発行し、新聞の購読者の劇的な増大を予言した。
Glass can be colored or colorless, monochrome or polychrome, translucent, or **opaque.**	ガラスは、色つきにも色なしにも、単色にも多色にも、半透明にも不透明にもすることができる。
When heated, the mixture becomes soft and **malleable**.	熱されると、その混合物は柔らかく展性を帯びてくる。
An unusual feature of glass is the manner in which its **viscosity** changes.	ガラスの特異な特徴は、その粘性の変化の仕方である。

見出し	意味	類義語
☐ **bipedal** [bàipédəl]	形 二足獣の ▶ bi- は、「２」を表すので予想可能。あとはペダルです。	with two legs
☐ **continuum** [kəntínjuəm]	名 連続性 ▶ continue に似ているので類推可能。	continuity gradual change
☐ **feature** [fí:tʃər]	動 呼び物とする；特徴づける ▶ よく「フューチャー」と言っている司会者がいます。うそを広めないで！	highlight emphasize
☐ **elusive** [ilú:siv]	形 捕らえにくい；理解しにくい ▶ これも動詞形の elude と同じように頻出です。	intangible equivocal
☐ **vault** [vɔ́:lt]	名 丸天井	arch
☐ **trace** [tréis]	名 ほんのわずかのもの ▶ もともとは「跡；痕跡」の意味。A trace of 〜は慣用的です。	bit
☐ **embed** [imbéd]	動 埋め込まれる ▶ bed だけでも、「はめ込む」という意味あり。	implant
☐ **shy** [ʃái]	動 しりごみする；引き下がる	shrink avoid
☐ **irrevocable** [irévəkəbl]	形 取り返しのつかない；くつがえらない	irretrievable irrecoverable
☐ **proliferation** [prəlifəréiʃən]	名 増殖；激増	reproduction multiplication sharp increase
☐ **constitute** [kánstətjù:t]	動 構成する；制定する ▶ 名詞は「憲法」となることが多いが、動詞は本来の「構成する」が主流。	compose enact
☐ **channel** [tʃǽnl]	動 （水路で）運ぶ；向ける；注ぐ ▶ 名詞は「水路；みぞ」。そこから意味も派生しました。	direct guide conduct

There were at least seven points of similarity with modern **bipedal** prints.	現代の二足獣の足跡と少なくとも７つの類似点が存在した。
The development of jazz can be seen as part of the larger **continuum** of American popular music, especially dance music.	ジャズの発達は、アメリカ大衆音楽、特にダンス音楽というより大きな連続体の一部とみなされることができるだろう。
Even in the early twenties, some jazz bands **featured** soloists.	20年代の初期においてさえ、いくつかのジャズバンドが独奏者を呼び物とした。
Phlogiston theory was awkward and **elusive** because there were no empirical data.	フロギストン理論は、実験に基づいたデータをまったく持っていなかったから、ぎこちなく、とらえどころのないものであった。
The poor quality of the iron restricted its use in architecture to items such as chains and tie bars for supporting arches, **vaults** and walls.	鉄の質の悪さによって、建築における鉄の用途は、アーチ、丸天井、壁を支える鎖やつなぎ棒などの用品に限られていた。
Those meteorites are composed of iron and nickel along with sulfur, carbon, and **traces** of other elements.	それらの隕石は、硫黄、炭素、その他のわずかな成分の他に、鉄とニッケルでできている。
When meteorites fall on the continent, they are **embedded** in the moving ice sheets.	隕石が大陸に落下すると、流れる氷原に埋め込まれる。
Many researchers have **shied** away from the notion of mind and consciousness in nonhuman animals.	多くの研究者たちは、人間とは違う動物たちに頭脳や自覚があるという概念からしり込みしてきた。
In most situations, the result is **irrevocable**.	ほとんどの状況において、その結果は、取り返しが利かない。
Life needs time for the **proliferation** of new genetic material and new species that may be able to survive in new environments.	生命は、新しい環境で生き延びることができるかもしれない新しい遺伝物質や新種の増殖のための時間を必要とする。
The water **constitutes** what is called the hydrographic network.	水は、いわゆる水路網というものを構成している。
This immense polarized network **channels** the water toward a single receptacle: an ocean.	この巨大な偏極網は、水を、たったひとつの容器、つまり海へと運ぶのです。

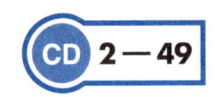

見出し語	意味	類義語
☐ **hydrosphere** [háidrəsfìər]	名 水圏；水界	
☐ **ledge** [lédʒ]	名 岩だな	shelf rack bulge
☐ **immunity** [imjúːnəti]	名 免疫	protection
☐ **concert** [kənsə́ːrt]	動 協定する；協力して計画する	arrange plan
☐ **degradation** [dègrədéiʃən]	名 堕落；腐敗；下落	corruption lapse decline
☐ **ideology** [àidiálədʒi]	名 観念；思想 ▶いわゆる「イデオロギー」です。	ideas creed philosophy
☐ **sewerage** [súːəridʒ]	名 下水設備	sewage drainage
☐ **consort** [kənsɔ́ːrt]	動 付き合う；一致する ▶ associate との組み合わせが出題されました。	associate keep company
☐ **engraving** [ingréiviŋ]	名 版画；印刷物	print
☐ **credence** [kríːdəns]	名 信用；信頼	credit trust belief
☐ **congenial** [kəndʒíːnjəl]	形 性分に合う；同じ性質の	compatible suited well-matched
☐ **edifice** [édəfis]	名 大建造物 ▶意外によく出る単語。建築関係の文だと狙われます。	building structure construction

This residence time of water in the ocean shows the importance of the ocean as the principal reservoir of the **hydrosphere**.	海水のこの滞留時間は、水圏における主要な貯水域としての海の重要性を示している。
Of all the birds on these cliffs the black-legged kittiwake gull is the best suited for nesting on narrow **ledges**.	これらの断崖に住むすべての鳥の中で、クロアシ・ミツユビカモメは、狭い岩棚に巣を作るのに最も適している。
The advantage of nesting on cliffs is the **immunity** it gives from foxes, and from ravens and other species of gulls.	断崖に巣を作ることの利点は、それによって与えられる、キツネや大ガラスや他種のカモメからの危害を免れることである。
A colony of Bonaparte's gulls' clamor of alarm calls was followed by **concerted** mobbing.	ボナパルト・カモメの一団の警告のやかましい鳴き声は、その後一致協力した群集行動に変わる。
Most people believed cities to be centers of corruption, crime, poverty, and moral **degradation**.	ほとんどの人々は、都市は堕落、犯罪、貧困、そして道徳の退廃の中心であると信じていた。
Their distrust was caused by a national **ideology** that proclaimed farming the greatest occupation.	彼らの不信の念は、農業は最も偉大な職業であると宣言する国家的観念に起因していた。
Water and **sewerage** systems were usually operated by municipal governments.	水道や下水システムは、通常、市政府によって管理されていた。
Some colonial urban portraitists, such as John Singleton Copley, and Charles Peale, **consorted** with affluent patrons.	ジョン・シングルトン・コプリーやチャールズ・ピールなど何人かの植民地の都市部に住む肖像画家たちは、裕福な後援者と付き合った。
Although the colonists tended to favor portraits, they also accepted political **engravings** as appropriate artistic subjects.	植民地の人々は肖像画を好む傾向が強かったが、彼らはまた政治版画も適切な芸術的テーマとして受け入れた。
The achievements of the colonial artists lent **credence** to the boast that the new nation was capable of encouraging genius.	植民地の画家たちの業績は、この新しい国家が非凡な才能を奨励することができるのだという誇りに信用を与えた。
Those collectors believed political liberty was **congenial** to the development of taste.	それらの収集家たちは、政治的自由は審美眼の発達と通じ合うものであると信じた。
People used those **edifices** as stages for many of everyday life's high emotions.	人々は、それらの大建造物を毎日の感情の高まりの多くを演じる舞台として利用した。

deference [défərəns]	名 服従；敬意 ▶ difference と混同しないように。	compliance submission respect esteem
exponential [èkspounénʃəl]	形 急上昇の；幾何級数的な ▶ exponential leaps と組み合わせて暗記。	acute rising
crippling [krípliŋ]	形 壊滅的な；ひどく有害な；体を不自由にさせる	ruinous catastrophic disastrous
optimal [áptəməl]	名 最適条件；最適の度合い ▶ optimum を覚えましょう。	best optimum
pertinent [pə́ːrtənənt]	形 適切な；関連する ▶ relevant「適切な；要点をついた」と組み合わせましょう。	appropriate relevant
afflict [əflíkt]	動 苦しめる ▶「（病気などで）苦しめる」の意味。	trouble distress torment
senior [síːnjər]	形 先任の；上級の；首席の；年長の ▶ 文脈で訳し分けないと。	upper superior elder older
culture [kʌ́ltʃər]	名 培養 ▶「栽培；培養；養殖」の意味あり。	cultivation
clump [klʌ́mp]	名 かたまり	cluster bunch
figural [fígjurəl]	形 人物像の	of figure
sobriquet [sóubrəkèi]	名 あだ名；異名	nickname pseudonym
fidelity [fidéləti]	名 忠誠；忠実 ▶ そのままの同意語が出るでしょう。	loyalty faithfulness devotion

Capitalism encouraged open competition in place of social **deference** and hierarchy.	資本主義は、社会的**服従**や階層制度の代わりに、自由競争を促進した。
Except for Boston, cities grew by **exponential** leaps through the eighteenth century.	ボストンを除いて、都市は、１８世紀中に、**急上昇の**飛躍によって成長した。
In England and southern Europe, **crippling** droughts in the late 1760's created a whole new market.	イギリスや南ヨーロッパでは、**壊滅的な**1760年代後半の旱魃が、まったく新しい市場を産み出していた。
Proponents of the worksheet procedure believe that it will yield **optimal**, that is, the best decisions.	ワークシート方式の支持者は、それが**最適条件**、つまり、最良の決定を産み出すと信じている。
The **pertinent** considerations that will be affected by each decision are listed.	それぞれの決定によって影響を受けるであろう、**適切な**考慮事項がリスト化されている。
Their work was stimulated by the wartime need to find a cure for the fungus infections that **afflicted** many military personnel.	彼らの研究は、多くの軍関係者を**苦しめた**菌類感染症の治療法を探すという戦時中の必要性から刺激を受けたのだった。
To discover a fungicide without the double effect, those two **senior** microbiologists began long-distance collaboration.	副作用のない殺菌剤を発見するために、その２人の**首席**微生物学者は、遠距離協力を開始した。
At Columbia University, she built an impressive collection of fungus **cultures**.	コロンビア大学で、彼女は、菌類**培養**のすばらしい収集を築きあげた。
On a 1948 vacation, Hayden fortuitously collected a **clump** of soil from the edge of W. B. Nourse's cow pasture in Fauquier County, Virginia.	1948年の休暇の時、ヘイデンは、思いがけなく、バージニア州ホークイア郡のＷ・Ｂ・ナースの牧草地のはずれで土の**固まり**を収集した。
The younger painters returning home from training in Europe worked more with **figural** subject matter.	ヨーロッパでの修行から帰国した若手の画家たちは、**人物像的な**題材の作品により多く取り組んだ。
The **sobriquet** was first applied around 1879.	その**あだ名**は１８７９年に初めて用いられた。
Most important was that those painters had all maintained a certain **fidelity**.	最も大切なことは、それらの画家たちがある種の**忠誠心**を維持していたことだった。

CD 2−51

☐ **disseminate** [disémənèit]	動 (情報などを) 広める ▶ information などが目的語になるはず。重要語です。	spread
☐ **discourse** [dískɔːrs]	名 講話；論	talk lecture
☐ **abbreviate** [əbríːvièit]	動 (言葉などを) 短縮する；省略する ▶ abbreviation「短縮；省略；略語」。略語には acronym「頭文字語」もある。	shorten curtail abridge
☐ **pseudo** [súːdou]	形 にせの；偽りの；みせかけの ▶ pseudonym「ペンネーム；雅号」。	false counterfeit
☐ **excite** [iksáit]	動 高エネルギー状態にする ▶ 普通の文脈では「かきたてる」。	stir agitate
☐ **flare** [flɛ́ər]	名 ゆらめく炎；赤々と輝く光	blaze flash gleam
☐ **feed** [fíːd]	動 (組織などが) 大きくなる；増長する ▶ feed on「常食とする」からの派生的な意味。	nourish sustain subsist
☐ **urbanization** [ə̀ːrbənéiʃən]	名 都市化	changing a place into a city
☐ **girder** [gə́ːrdər]	名 桁；ガーダー；大梁 ▶ beam の方がより頻出。	beam
☐ **morphology** [mɔːrfálədʒi]	名 形態学 ▶ よく出るのでできれば知っておきたい。	
☐ **cardiac** [káːrdiæ̀k]	形 心臓の	connected with the heart
☐ **vessel** [vésəl]	名 血管；入れ物；船 ▶ 3つの意味を押さえましょう。	vein container receptacle boat = ship = cra

Television has transformed politics in the United States by changing the way in which information is **disseminated.**	テレビは、情報の<u>広まり</u>方を変えることによって、合衆国の政治を変容させた。	**GROUP A**
The stump speech characterized nineteenth-century political **discourse.**	選挙演説は、19世紀の政治<u>講話</u>を特徴づけるものだった。	
In these **abbreviated** forms, much of what constituted the traditional political discourse of earlier ages has been lost.	このような省略された形式では、初期の時代の伝統的な政治講話を構成していたものの多くは、失われてしまった。	
Recognizing the power of television's pictures, politicians craft televisual, staged events, called **pseudo**-event, designed to attract media coverage.	テレビの画像の力を認識しているので、政治家は、メディア取材を引きつけるために企画された<u>擬似的な</u>出来事と呼ばれる、テレビ放送向けのやらせを入念に作り上げる。	
In the polar regions, electrons from the solar wind ionize and **excite** the atoms and molecules of the upper atmosphere.	極圏地方では、太陽風からの電子がイオン化し、大気圏上層部の原子や分子を<u>高エネルギー状態にする</u>。	**GROUP B**
The solar **flares** result in magnetic storms and aurora activity.	太陽<u>フレア</u>は、磁気嵐やオーロラの活動の原因となる。	
The growth of cities and the process of industrialization **fed** on each other.	都市の成長と工業化の過程は、互いに依存して<u>増大した</u>。	
Technological developments further stimulated the process of **urbanization.**	技術の進歩が<u>都市化</u>の過程をさらに促進した。	
The Bessemer converter provided steel **girders** for the construction of skyscrapers.	ベッセマー転炉によって、高層ビル用に鋼鉄の<u>大桁</u>が供給された。	**GROUP C**
For any species, the study of the embryological development of the nervous system is indispensable for an understanding of adult **morphology.**	どのような種にとっても、神経系統の胎生発育に関する研究は、成熟<u>形態</u>の理解のために不可欠なことである。	
Nervous system supplies and regulates the activity of **cardiac** muscle, smooth muscle, and many glands.	神経系統は、<u>心筋</u>や平滑筋、そして多数の腺の活動を補い、調節する。	
The nervous system is composed of many millions of nerve and cells, together with blood **vessels** and a small amount of connective tissue.	神経系統は、何百万という多数の神経や細胞でできており、<u>血管</u>やわずかな結合組織をともなっている。	

☐ **decipher** [disáifər]	動 解読する ▶ cipher「暗号で記す」の反対語。	decode
☐ **mentor** [méntɔːr]	名 助言者；指導教官 ▶ これからどんどん出そうな単語。	advisor
☐ **cramped** [krǽmpt]	形 すし詰めの；窮屈な ▶ packed がよく出ます。a packed elevator を覚えていますか。	packed crowded
☐ **gait** [géit]	名 足取り；足並み	step walk stride
☐ **typify** [típəfài]	動 代表する；特徴を表している	represent exemplify embody symbolize
☐ **legislation** [lèdʒisléiʃən]	名 立法 ▶ 堅い単語だが、頻出。	lawmaking enactment
☐ **galvanize** [gǽlvənàiz]	動 電気を通す	charge
☐ **barb** [báːrb]	名 (矢じり・釣針の) あご；とげ ▶ 同意語問題としては少ないが、頻出。	thorn point prickle
☐ **enclosure** [inklóuʒər]	名 囲うもの；塀；包囲	pen fence siege
☐ **asymmetrical** [èisəmétrikəl]	形 非対称の；不均整の ▶ a- は、「非；無；欠如」の接頭辞。	disproportionate
☐ **flick** [flík]	名 素早い返し；一振り ▶ action flick の場合は「映画」。	flip tap snap
☐ **pupa** [pjúːpə]	名 さなぎ；幼虫 ▶ ほぼ同じ意味の larva との組み合わせで。	chrysalis larva

Well, no one can ever **decipher** my handwriting.	まあ、誰も私の手書きはぜったい**解読**できないでしょう。	**GROUP A**
I didn't know how interesting psychology was till I got to talk to him in the **mentor** group.	（社会人講師による）**助言者**グループで彼と話をするようになるまで、心理学がいかに興味深いかを知りませんでした。	
Before his time, factories were so **cramped** and inefficient.	彼の時代以前は、工場はひどい**すし詰め状態**で効率も悪かった。	
Lizards run with what's called a sprawling **gait**.	トカゲはいわゆる腹這うような**足取り**で走る。	
Bessie Smith's songs **typify** the earthiness and realism of the Blues.	ベッシー・スミスの歌は、ブルースの粗野な部分と写実的描写を**代表している**。	**GROUP B**
These two pieces of **legislation** made it necessary for ranchers to limit the movement of their cattle instead of letting them roam freely.	これら2つの**法律の可決**によって、牧場主たちは牛を自由にうろつかせるのではなく、その動きを制限する必要が生じた。	
Smooth **galvanized** wire fences were another idea but they weren't strong enough.	**電流を通した**滑らかな針金の柵も別の案ではあったが、頑丈さが十分ではなかった。	
Inspired by the reaction of cattle to the sharp thorns on vegetation, a new fencing was invented; **barbs**, sharp, wire points like thorns were twisted onto wire fencing.	草木の鋭いトゲに対する牛の反応にヒントを得て、新しい柵が発明された。トゲのような鋭い針金の尖がりである**バーブ（逆とげ）**が、針金の柵の上に巻きつけられた。	
Untrusting spectators kept their distance as the cattle were driven into the **enclosure.**	牛が**囲い**の中に追い込まれるとき、信じようとしない見物人たちは、遠巻きに見守った。	
Asymmetrical antlers often indicate that a male has lost a fight to another male and that he is therefore not the strongest.	牡鹿の**不均整な**枝角は、ある牡鹿が別のオスとの戦いに敗れたこと、そしてそれゆえそのオスは最強ではないことを示す。	**GROUP C**
With a **flick** of the wrist, Borg sent the ball into the opposite court.	ボルグは、手首の**素早い返し**でボールをコートの反対側に打ち返した。	
A larva in the cocoon is also called a **pupa.**	繭の中の幼虫は**さなぎ**とも呼ばれる。	

☐ **metamorphosis** [mètəmɔ́ːrfəsis]	名 変形；変態 ▶ meta- は、「変化」を表す。	transformation modification
☐ **blast** [blǽst]	動 騒々しく鳴らす ▶「爆破する」「台無しにする」が本来の意味。	produce a loud noise
☐ **squeamish** [skwíːmiʃ]	形 吐き気をもよおさせる；すぐ気持ちが悪くなる	queasy delicate
☐ **rugged** [rʌ́gid]	形 起伏の多い ▶覚えにくいが、時々出るのでなんとかしたい。	bumpy rocky rough
☐ **diverse** [divə́ːrs]	形 多様な；相違した ▶素直な同意語問題で出るでしょう。different や various あたりと組み合わせて記憶すれば大丈夫か。	various miscellaneous different distinct
☐ **airborne** [ɛ́ərbɔ̀ːrn]	形 空気で運ばれる；空輸の	moving through the air
☐ **engulf** [ingʌ́lf]	動 巻き込む；飲み込む	swallow up consume
☐ **encroach** [inkróutʃ]	動 侵食する；侵略する	erode intrude trespass
☐ **topography** [təpágrəfi]	名 地形；地勢	landform terrain geography
☐ **align** [əláin]	動 一直線に並べる；整列させる ▶ aline も同じ	straighten line up
☐ **venomous** [vénəməs]	形 有毒な ▶素直な同意語問題で出る。当然知っておくべき。	poisonous toxic
☐ **hiss** [hís]	動 シューと音を出す	sibilate whistle

When an animal skips the pupal stage, it is called incomplete **metamorphosis.**	動物がさなぎの段階を飛び越えると、それは不完全**変態**と呼ばれる。
The guy in the next apartment has been **blasting** his stereo all day.	アパートの隣の部屋の男は、一日中ステレオを**騒々しく鳴らしていた**。
I'm a bit **squeamish** myself, but Biology requires the least Math, which isn't my best subject.	私自身、ちょっと**嫌な気がする**けど、生物は得意じゃない数学が一番からまないからね。
Large parts of the heavily forested foothills and **rugged** mountains were unsuitable for human settlements.	森が密集した小高い丘や**起伏の多い**山々は、人間が住み着くには不向きだった。
Cities in Canada and the United States are ethnically **diverse.**	カナダと合衆国の都市は、人種的に**多様である**。
The grains of sand become **airborne** for a moment.	砂の粒は、一瞬、**風で運ばれる**。
Sand dunes **engulf** everything in their path, including structures made by people.	砂丘はその通り道にあるものは、人間によって作られた建物も含めて、すべて**飲み込んでしまう**。
Sand-dune migration near desert oases poses another serious problem, especially when **encroaching** on villages.	砂漠のオアシスの近くの砂丘移動は、特に村落を**侵食する**場合、もうひとつの深刻な問題を引き起こす。
Sand dunes generally have four basic shapes, determined by the **topography** of the land and patterns of wind flow.	砂丘には一般的に4つの形があり、それはその土地の**地勢**や風の吹き方によって決定される。
Linear dunes **align** in roughly the direction of strong prevailing winds.	線型砂丘は、強い卓越風の向きにほぼ**一直線に並んでいる**。
These fairly large nonvenomous or slightly **venomous** snakes occur in sandy habitats in the eastern United States.	これらのかなり大型で無毒またはわずかに**有毒**のヘビは合衆国東部の砂地の棲息地に生息している。
The hognose curls into an exaggerated s-shaped coil and **hisses**, occasionally making false strikes at its tormentor.	シシバナヘビは大げさなS字型のとぐろを巻いて**シューという音を出し**、その厄介者に対して見せかけの攻撃を仕掛ける。

CD 2—54

単語	意味	類義語
corpse [kɔ́ːrps]	名 死体 ▶ corps「軍団；団体」と勘違いしないように。発音も意味もスペリングも違う。	body carcass
feign [féin]	動 ふりをする ▶ この意味では、assume や pose が狙われやすい。	pretend assume pose
tripod [tráipɑd]	名 三脚	an object with three legs
avert [əvə́ːrt]	動 そむける；そらす；避ける ▶ 出題実績あり。	evade divert avoid
transition [trænzíʃən]	名 移行；推移；変遷	switch progress change shift
signature [sígnətʃər]	名 特徴；痕跡 ▶ 派生的な意味が厄介。	identifying characteristics
terrain [təréin]	名 地勢；地域；地形	topography landform
aggregate [ǽgrigət]	名 統計；集合体	sum total gross
coercive [kouə́ːrsiv]	形 強制的な；威圧的な ▶ 動詞は coerce。	forcible compelling
recipient [risípiənt]	名 受取人	receiver payee
advent [ǽdvent]	名 到来；出現；開始 ▶ the advent of personal computers をそのまま覚えよう。	arrival coming appearance onset
conduct [kəndʌ́kt]	動 伝える；伝導する；導く ▶ 演奏者を「導く」のは conductor で、もちろん車掌や避雷針も。	convey propagate guide

GROUP A

If the predator loses interest in the "**corpse**" and moves away, the snake slowly rights itself and crawls off.	捕食動物が「**死骸**」に対する興味を無くしてしまい立ち去ると、ヘビはゆっくりと身を起こして、這って行ってしまう。
The recovery from death-**feigning** of newly hatched snakes under various conditions has been monitored.	生まれたばかりのヘビが死んだ**ふり**から様々な状況下で身を起こすさまがモニターされている。
The recovery of snakes was monitored in the presence or absence of a stuffed screech owl mounted on a **tripod** one meter from the overturned snake.	ヘビの蘇生は、横転したヘビから1メートル離れた**三脚**に乗せられた甲高い声で鳴く剥製のフクロウがある場合とない場合にモニターされた。
When the human eyes were **averted**, the recovery time was immediate.	人間が目を**そらしていた**とき、蘇生は瞬時におこった。

GROUP B

The **transition** from a rural to a predominantly urban nation was especially remarkable because of its speed.	農村から主に都市を中心とした国家への**移行**は、そのスピードのせいでとくに顕著なものとなった。
Five cultural **signatures** enable archaeologists to determine what is Anasazi.	5つの文化的**特徴**によって、考古学者は、アナサジとは何かを決定することができる。
The houses of that religious sect were located in the hilly **terrain**.	その宗教一派の住居は、小高い**地形**に位置していた。
Sociologists refer to such a cluster of people as an **aggregate**.	社会学者は、そのような人々の一団を**集合体**と言う。

GROUP C

Children frequently participate in, a wider range of **coercive** organizations, most notably schools.	最も著しいのは学校だが、子供たちは頻繁により広い範囲にわたる**強制的**組織に参加する。
The advantage was that the **recipient** got an exact record of the sender's message.	その利点は、**受取人**が送り手メッセージの正確な録音を手に入れられることであった。
The paperless business office was anticipated well before the **advent** of personal computers and modems.	パソコンとモデムの**出現**のずっと以前から会社のペーパーレス化は予期されていた。
Many people have already known that most medals **conduct** electricity.	ほとんどの金属は、電気を**伝える**ことは、多くの人が既に知っている。

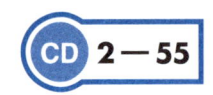

単語	意味	類義語
adjunct [ǽdʒʌŋkt]	名 付属品；付加物 ▶ adjunct professor「客員教授」。	attachment addition accessory
equivocal [ikwívəkəl]	形 はっきりしない；両義にとれる ▶この3語を知っておけばOK。	vague ambiguous
implement [ímpləmənt]	名 道具 ▶動詞の意味は「(約束・計画などを)実行する；履行する」。これも暗記！	tool instrument apparatus utensil
pound [páund]	動 強く打つ	beat hit
conducive [kəndjúːsiv]	形 助けになる；貢献する	helpful useful instrumental contributory
convection [kənvékʃən]	名 対流；還流；伝達	conveyance
toxin [táksin]	名 毒素 ▶ toxic「毒性のある」を知っていれば簡単。	poison
catalytic [kæṭəlítik]	形 触媒作用の	of catalysis
eerie [íəri]	形 無気味な；ぞっとする	bizarre strange
quantum [kwántəm]	名 量子；量；特定量	
circumvent [sə̀ːrkəmvént]	動 ～を回る；巡る；抜け道をみつける	bypass get around evade
uncanny [ʌnkǽni]	形 並外れた；異様な ▶強意語ですが、知っておきたい。	amazing extraordinary strange weird

The device that had begun as a complement to the telephone was now seen as an **adjunct** to the typewriter.	電話の補助として登場した装置は、タイプライターの**付属品**とみなされるようになった。
Television's contribution to family life in the United States has been an **equivocal** one.	合衆国の家族生活に対するテレビの貢献は、**どちらともとれる**ものである。
A bout began when a capuchin placed an object in contact with a walnut and ended when the animal discarded the **implement**.	仕事は、オマキザルがある物をクルミに触るように置いたときに始まり、その道具を放り出したとき終わった。
Capuchin monkeys cracked the walnuts by repeatedly **pounding** them with stones.	オマキザルは、石で繰り返し**強く打つ**ことによってクルミを割った。

GROUP A

The shelters create a microclimate **conducive** to the rapid growth and development of the resident caterpillar.	住処は、そこに棲むイモムシの速やかな成長と発達の**助けとなる**微気候を作り出す。
These tubelike structures set up **convection** currents that draw fresh air through the shelters, preventing them from overheating on hot, sunny days.	この管状の構造が、住処に新鮮な空気を引き込む**対流**を起こし、晴れた暑い日に住処が加熱状態になるのを防ぐ。
The leaves of Saint-John's-wort contain hypericin, a **toxin** that is activated by sunlight.	セイヨウオトギリソウの葉には、ヒペリンという、太陽光線で活性化する**毒素**が含まれている。
Leaf rollers that feed on this plant can do so only because the walls of their shelters filter out the Sun's **catalytic** rays.	ハマキムシはこの植物をエサとするが、巣の壁が太陽の**触媒**光線に対しフィルターの役目をして、はじめてそれが可能となる。

GROUP B

An **eerie** light casts long shadows upon the pristine snow.	**無気味な**光が新雪の上に長い影を落としている。
It is impossible in our macroscopic, everyday world, but in the realm of atoms, where **quantum** mechanics reigns, the rules are different.	それは私たちの巨視的な、日常の世界では不可能だが、原子の領域では、**量子**力学が支配しているので、ルールが違う。
It is normal for an atomic particle to occupy two places at once, to tunnel through a barrier, or to **circumvent** an obstacle on both sides at once.	原子核粒子が、同時に二箇所を占有したり、障壁を通って進んだり、両側で同時に障害物を**迂回する**のは異常なことではない。
Scientific audiences respond instantly to the **uncanny** precision with which Adams has unintentionally captured the dilemma of quantum theory.	科学者である読者たちは、アダムズが量子論のジレンマを何気なく捉えた**並外れた**正確さにすぐに反応した。

GROUP C

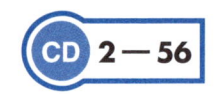

☐ **diverge** [divə́:rdʒ]	動 分岐する；分かれる	separate / divide / split / move apart
☐ **submerge** [səbmə́:rdʒ]	動 水浸しにする；沈める；覆い隠す ▶これも同意語をひとつ選んで覚えたい。同意語問題で実績あり。	flood / inundate / sink / engulf
☐ **prop** [práp]	名 支柱；つっぱり	post / support / pillar / brace
☐ **destitute** [déstitjù:t]	形 極貧の ▶ very poor で定着させよう。	very poor / poverty-stricken / impoverished
☐ **subterranean** [sʌ̀btəréiniən]	形 地下の；隠れた	underground
☐ **adobe** [ədóubi]	名 日干しレンガ	brick
☐ **thatch** [θǽtʃ]	動 (ワラなどで屋根などを)葺く	roof / cover
☐ **fluctuate** [flʌ́ktʃuèit]	動 変動する；動揺する ▶名詞を知っているだろうが、大事なものは何度でも。	change / alter / undulate
☐ **diffusion** [difjú:ʒən]	名 伝播；普及；流布；冗漫さ	dispersion / spread / dissemination / wordiness
☐ **scarcity** [skɛ́ərsəti]	名 不足；欠乏 ▶ scarcely から類推可能なはず。	shortage
☐ **lathe** [léið]	名 旋盤；ろくろ	potter's wheel
☐ **fault** [fɔ́:lt]	動 断層を起こす	dislocate / rift

If plates on earth **diverge** in one place, they must converge somewhere else and they do.	地球のプレートがある場所で**分岐する**とすれば、必ずどこかで集中するはずだし、実際にそうなる。
Leaf litter that accumulates on the forest floor is regularly **submerged** by salt water and colonized by bacteria and fungi.	森の地面に蓄積して散った落ち葉は、定期的に塩水に**浸され**たり、バクテリアや菌類によって住み着かれたりする。
The roots of some species of mangrove form **props** to the trunks of the trees.	幾種類かのマングローブの根は、木々の幹に対する**支柱**となる。
Most became neither rich nor **destitute**, but earned a comfortable living between painting and engaging in related work.	ほとんどの画家たちは、金持ちにも、**ことさら貧乏**にもならず、絵を描いたり、それに関連する仕事をしながら、十分な生活費を稼いだ。
The smaller and more **subterranean** the building, the easier it was to heat.	建物が小さければ小さいほど、そして、**地下にあれば**あるほど、ますます暖まりやすい。

GROUP A

Partitions of hanging mats broke up drafts in large structures, and split-plank, earthen, **adobe**, or snow-block windbreaks frequently were built against doorways.	垂れ下がったマットの間仕切りは、大きな建物内の隙間風を防ぎ、そして、切り離した厚板、土、**日干しレンガ**や雪のブロックで作った防風設備が出入口に向かって建てられた。
In the southern Plains, the Kiowa and Wichita devised large bowed frames that they **thatched** with willow boughs to within a few feet of the ground.	南部の平原では、キオワ族やウィチタ族が、地上2、3フィートの範囲までをヤナギの枝で**葺いた**大型の湾曲した骨組みを考案した。
The raised floor protected the occupants from the **fluctuating** groundwater, from insects, and from snakes.	高床式が、住民を、**変動する**地下水、昆虫、ヘビから守った。

GROUP B

Diffusion occurs in three basic patterns: direct contact, intermediate contact, and stimulus diffusion.	**伝播**は、3つの基本的なパターン、つまり、直接接触、仲介接触、刺激伝播で起こる。
The cost and **scarcity** of brass encouraged the production of clocks with wood mechanisms.	真鍮の値段と**不足**が、木製機械装置の時計の生産を促進した。
Their gears were cut on hand engines; their parts turned on foot-powered **lathes**.	その歯車は手動機関で切り込まれ、その部品は足踏み**旋盤**にかけられた。
Beds, or strata, of limestone or marble are commonly **faulted**, cracked, and fractured by movements of the Earth's surface.	石灰岩あるいは大理石の岩床、つまり地層は、通常、地球の表面の運動によって、**断層となり**、亀裂が走り、砕かれる。

GROUP C

dietary [dáiətèri]	形 食餌の	dietetic
expanse [ikspǽns]	名 広がり；広々とした場所	extent stretch area
acceleration [əksèləréiʃən]	名 加速；促進	speed up pickup encouragement promotion
ignite [ignáit]	動 点火する	light set off fire kindle
extraterrestrial [èkstrətəréstriəl]	形 地球外の；宇宙の	cosmic
perpetuate [pərpétʃuèit]	動 永続させる；不朽にする ▶ perpetual「永遠の」	continue keep up maintain immortalize
theorem [θí:ərəm]	名 定理；原理	proposition law principle
deductive [didʌ́ktiv]	形 演繹的な；推論的な	discursive
gravel [grǽvəl]	名 砂利；バラス；砂礫層	ballast shingle
refuse [réfju:s]	名 くず；がらくた；廃物 ▶ refuse が一番見慣れないかもしれない。発音も注意。	trash rubbish junk
protrude [proutrú:d]	動 突き出る	project stick push
venture [véntʃər]	動 あえて〜する；危険にさらす ▶ adventure と似ているので、同意語をひとつ組み合わせておけば、耳の底に残るはず。	dare tempt endanger risk

Most studies use an indirect method for determining **dietary** habits.	ほとんどの研究は、**食事**習慣を決定する間接的な方法を使う。	
Eagles require large, open **expanses** of water or land for foraging and feeding.	ワシは餌を探し食べるための大きく**広がる**水域や陸地を必要とする。	GROUP A
In a sense, the Industrial Revolution in the United States as in Europe was merely an **acceleration** of technological changes that had no clear beginning.	ある意味では、合衆国における産業革命は、ヨーロッパにおけるのと同じように、はっきりとした始まりがまったくない、単なる技術変化の**加速**に過ぎなかった。	
When filled with gasoline and **ignited**, the canals would signal the presence of life on Earth to neighboring worlds.	ガソリンで満たされ、**点火される**と、その運河は、地球上に生物が存在するという信号を近隣の世界に送ることになるだろう。	
One astronomer once performed one of the first serious searches for **extraterrestrial** life, called Project Ozma.	ある天文学者は、かつて、オズマ計画と呼ばれる、最初の真剣な**地球外**生物探索のひとつを実施した。	
This belief is **perpetuated** because of the way mathematics is presented in many textbooks.	このような信念は、多くのテキストにおける数学の提示のされ方が原因で、**永続的な**ものとなっている。	GROUP B
Mathematics is often reduced to a series of definitions, methods to solve various types of problems, and **theorems**.	数学は、一連の定義、色々なタイプの問題を解く方法、そして**定理**に還元されることが多い。	
Theorems are statements whose truth can be established by means of **deductive** reasoning and proofs.	定理とは、真実性が**演繹的**推論と証拠によって立証可能な陳述である。	
Their tools are found in profusion in the **gravel** of riverbeds that were subsequently jumbled and re-sorted by floodwater.	彼らの道具は、後に洪水の水によってごちゃ混ぜにされ再分類された川底の**砂利**の中で多数見つかっている。	
In many areas, farming sites were occupied time after time over several thousand years, forming deep mounds of **refuse**, house foundations, and other debris from human habitation.	多くの地域において、耕作地は数千年にわたって繰り返し占有され、うず高い**ゴミ**の土塁、家屋の土台、人の居住から生じるその他の瓦礫などを形作った。	GROUP C
As she lowers her flukes again to a horizontal position, the calf's snout **protrudes** from her belly.	その雌が尻尾を再び水平に下げると、子クジラの鼻が雌の腹から**突き出てくる**。	
Two other female whales with young calves pass within one hundred fifty feet of her but **venture** no closer.	幼い子クジラを連れた他の2頭の雌が、その雌の150フィート以内を通過するが、**あえて**近づくことは決して**ない**。	

見出し語	意味	同意語
☐ **wobble** [wάbl]	動 動揺する；よろよろする ▶印象に残りにくい単語です。発音と意味を声に出しましょう。	shake stagger totter
☐ **cursory** [kə́ːrsəri]	形 大まかな；早まった	superficial hasty hurried
☐ **intact** [intǽkt]	形 無傷の；そのままの；完全な ▶ remain intact の組み合わせが暗記しやすい。	unhurt unwounded complete perfect
☐ **blueprint** [blúːprìnt]	名 青写真；詳細な計画	plan project scheme
☐ **siege** [síːdʒ]	名 包囲；包囲攻撃	enclosure
☐ **hamper** [hǽmpər]	動 阻止する；邪魔する ▶この同意語セットはどうしても覚えたい。	impede hinder restrict
☐ **plot** [plάt]	動 （航路を）記す；（土地を）区画する	draw lot
☐ **rogue** [róug]	形 群れを離れた	independent
☐ **disrupt** [disrʌ́pt]	動 分裂させる；混乱させる；中断させる ▶ disrupt the balance などがよく出る組み合わせ。	disturb upset disorder interrupt
☐ **per capita** [pər kǽpitə]	形 一人当たりの ▶頻出です。	per person per head
☐ **seam** [síːm]	名 シーム《２つ地層間の岩石・石炭などの薄い層》 ▶地質学でよく見かける単語。同意語も Reading で頻出。	layer bed
☐ **haphazard** [hæphǽzərd]	形 無計画の；でたらめの ▶マイナスの意味。	random arbitrary careless

Now halfway out, the newborn **wobbles** as the mother whale again sinks beneath the surface.	母クジラが再び水面下に沈むと、赤ちゃんは、今や身体を半ば母体から出して、**揺れ動く**。
Most of the shareholders present were unhappy with a **cursory** explanation given by the executives.	その場に居合わせたほとんどの株主たちは、重役たちの**おおまかな**説明に不満だった。
Spaceships are small and fragile in the depths of space, prey to meteorites and radiation and able to support life only so long as they remain **intact**.	宇宙船は、宇宙の奥深いところでは小さく、もろく、流星と放射能の犠牲者であり、**無傷のままの**場合しか生命を支えることはできない。
Life is an evolved system, not a designed one, and it cannot be treated as though a quick look at the **blueprints** and a couple of nails can cobble it up and make it run again.	生命と進化したシステムで、設計されたものではない。だから、**青写真**をさっと見て、2、3本の釘で、やっつけ仕事をし、再び動かすといった具合に取り扱われることはできない。
The earliest census was taken in Nuremberg, Germany, in 1449, when the town was threatened by a **siege**.	最古の国勢調査はドイツのニュールンベルグで、その町が**包囲**されそうになった1449年に実施された。
The Moon was nearly full, further **hampering** observations.	月はほぼ満月で、さらに観測の**邪魔をしていた**。
The asteroid's course was **plotted** accurately, so its orbit could be determined precisely.	その小惑星の取るコースは正確に**図示された**。だから、その軌道は正確に決定された。
The **rogue** asteroid might be nudged out of its Earth-bound trajectory by the use of explosive devices.	**群れを離れた**小惑星は、爆発装置を使って地球へ向かう軌道から押し出すことが可能である。
The rock in the anticline is so **disrupted**, cracked, and distorted in the folding process that it may be readily eroded away.	背斜にある岩は、褶曲する過程で、ひどく**砕かれ**、割れ目が走り、歪曲しているので、簡単に侵食されてしまうだろう。
Per capita income of the town has risen by 30% in the past three years.	その町の**一人当たりの**所得は、過去3年で30％上昇した。
Coal-bearing **seams** are generally the same age and were laid down during times of abundant plant life.	石炭を含む**層**は、一般に同じ年代であり、植物が豊富な時代に積み重なったものである。
When fossils are arranged according to their age, they do not present a random or **haphazard** picture, but instead show progressive changes from simple to complex forms.	化石を時代によって並べると、でたらめや**行きあたりばったりの**全体像ではなく、単純なものから複雑な形へと漸進的な変化を示している。

☐ **delineate** [dilínièit]	動 輪郭を描く		outline
☐ **aquatic** [əkwǽtik]	形 水中に棲む；水中の		living or growing in water
☐ **marvel** [máːrvəl]	名 驚くべきこと；不思議なこと		surprise wonder
☐ **crouch** [kráutʃ]	動 身を低くする；しゃがむ		squat
☐ **prospector** [práspektər]	名 試掘者；探鉱者 ▶ forty-niner「1849年にgold rushでカリフォルニアへ行った人を指す」つまり「熱狂的なprospector」。		borer gold digger
☐ **divert** [divə́ːrt]	動 方向を変える；そらす		avert distract evade
☐ **cetacean** [sitéiʃən]	名 クジラ目の動物		whale
☐ **deflect** [diflékt]	動 そらす；それさせる		veer diverge
☐ **gale** [géil]	名 強風		wind blast hurricane
☐ **dislodge** [dislάdʒ]	動 取り除く；移動させる		remove displace expel eject
☐ **secrete** [sikríːt]	動 分泌する ▶筆者は、「分泌する」の「泌」がsecret「秘密」の「秘」に似ているなあと、ややこじつけ気味に記憶に残した。		discharge emit release
☐ **abdomen** [ǽbdəmən]	名 腹部 ▶日常では、bellyを使う。		belly pouch stomach

Because there was no means of actually dating rocks, the entire geologic record was **delineated** using relative dating techniques.	岩の年代を実際にたどる方法はないので、すべての地質学的記録が相対的時代測定技術を使うことで輪郭を与えられる。
Penguins are almost wholly **aquatic**, except for the breeding season.	ペンギンは、繁殖期を除いては、ほぼ完全に水棲である。
The movement of a flock of dunlins is a **marvel** of coordinated precision flying.	ハマシギの群れの動きは、驚くべき連携のとれた正確な飛行である。
As each bird prepares to take off, it **crouches** slightly, then leaps into the air and flies away.	飛び立つ用意をするとき、それぞれの鳥は少し身をかがめ、次に空中へ飛び上り、飛び去って行く。
The **prospectors** who flocked to Sutter's Mill found gold nuggets or gold dust in the rivers and streams.	サッターズ・ミルに群れを成して集まった試掘者たちは、金塊や砂金を川や小川で見つけた。
The prospectors **diverted** water from the creeks through the sluice, and the flowing water carried away the dirt and sand dumped into the sluice by the miners.	試掘者たちは、流しトイを通して小川の水の方向を変え、そして、その流れが、鉱夫がトイに投げ込んだ泥と砂を運び去った。
It is in search of adequate food supplies that **cetaceans**, marine mammals such as whales and dolphins, travel the oceans.	クジラ目動物、つまりクジラやイルカのような海洋哺乳類が海を旅するのは、まさに十分な量の食料源を求めてのことだ。
Warmed by its passage through the tropics, the wind-driven water is **deflected** against the westward continents.	熱帯地方を通り抜けることで温められ、その風に押される海流は、西の大陸に当たってそれて行く。
Here the current is driven eastward unimpeded by land before the almost incessant westerly **gales** of this zone.	ここで、海流は陸地に邪魔されることなく、この領域のほぼ絶え間ない西からの強風の前にあって東へと運ばれる。
There are many forces in nature that can **dislodge** an electron and cause it to become what is known as a free electron.	電子を取り除き、それを自由電子として知られているものにしてしまう多くの力が自然の中に存在する。
Those females gather nectar and pollen, **secrete** beeswax, build combs, feed the larvae, and in general keep the hive operational.	それらのメスは、蜜や花粉を集め、蜜ロウを分泌し、蜂の巣を作り、サナギに餌をやり、そして、通常、巣の機能性を維持する。
After a week or two, the wax glands in their **abdomens** develop rapidly and begin to secrete beeswax.	1、2週間後、その腹部にあるロウ腺が急速に発達し、蜜ロウを分泌し始める。

CD 2-60

見出し語	意味	同意語
☐ **waggle** [wǽgl]	動 (尾を)振る ▶ゴルフをやる方、ゴルフで打つ前にクラブの先を何度も振る、ワグルというあれです。	wag wiggle
☐ **leaven** [lévən]	動 発酵させる	ferment
☐ **ferment** [fəːrmént]	動 発酵させる	leaven
☐ **adorn** [ədɔ́ːrn]	動 飾る；美観を添える	decorate ornament embellish
☐ **pinnacle** [pínəkl]	名 絶頂；頂点；小尖塔 ▶文脈から意味をあぶり出す同意語問題で頻出。	peak summit top
☐ **recur** [rikə́ːr]	動 再び浮かぶ；再発する ▶occur に形が似ているので推測可能でしょう。	reappear repeat happen again
☐ **indigenous** [indídʒənəs]	形 固有の；現地の ▶実績あり。同意語を使って覚えたい。	native aboriginal innate inherent
☐ **crash** [kræʃ]	形 応急的な；速習の ▶crash course で覚えよう。	first-aid intensive
☐ **concession** [kənséʃən]	名 売店；使用権	stand license
☐ **prodigy** [prádədʒi]	名 驚異；天才児 ▶形容詞の prodigious「驚異的な；すばらしい」と共に頻出。	wonder genius
☐ **collateral** [kəlǽtərəl]	名 見返り担保	security deposit pledge
☐ **contagious** [kəntéidʒəs]	形 伝染性の；うつる ▶infectious との組み合わせは絶対に覚えよう。	infectious epidemic

A worker returning from a longer distance does a "**waggle**" dance.	遠く離れた所から戻ってくる働きバチは、**尻尾を振る**ダンスを行う。
According to one theory, **leavening** bread so that it will rise was discovered when some yeast spores drifted onto a dough that had been set aside for a while before baking.	ある理論によると、ふくらむようにパンを**発酵させること**は、焼く前にしばらく保存されていた生地にいくらかのイースト菌胞子が吹き寄せられたときに発見された。
An alternative and even more likely theory proposes that on some occasion a **fermented** beverage was used instead of water to mix the dough.	代わりのより可能性のある理論が提案するのは、生地を練るために、**発酵した**飲料が水の代わりに時折使われたことである。
To **adorn** themselves and their clothing, Native Americans in the Southwest produced innumerable types of accessories.	自分と自分の衣服を**飾る**ために、南西部のアメリカ先住民族は、無数の形式の装飾品を産み出した。
These cultures all reached the **pinnacle** of their artistic expression during approximately the same period, between A.D. 900 and 1200.	これらの文化はすべて、ほぼ同じ時期の紀元900年から1200年頃に芸術表現の**頂点**に達した。
In spite of England's disapproval of American manufacturing, an interest in glassmaking **recurred** periodically during the entire colonial era.	アメリカでの製造をイギリス側が不承認であったにもかかわらず、ガラス製造への興味は、植民地時代全般で周期的に**再び湧き起こった**。
The descendants of the **indigenous** people from this area still claim these colonists as their ancestors.	この地域の**土着の**人々の子孫は、いまだにこれらの植民者が自分たちの先祖であると主張している。
She signed up for a **crash** course in French.	彼女はフランス語の**速習**講座を申し込んだ。
They are always looking for people to work at the **concession** stands during the university sports events.	彼らは大学のスポーツイベント中に**売店**で働く人を常に探しているよ。
The drama was produced by a twenty-three-year-old theatrical **prodigy** named George Orson Welles.	そのドラマは、23歳の劇作の**天才児**、その名もジョージ・オーソン・ウエルズによって製作された。
The scheme enabled poor people to borrow small amount of money without the necessity of providing **collateral**.	貧しい人々は、その計画によって、**担保**を提供する必要なしに少額のお金を借りることができた。
Many people in Africa are suffering from **contagious** diseases.	多くのアフリカ人が、**伝染性**疾患で苦しんでいる。

見出し語	意味	同義語
trafficking [trǽfikiŋ]	名 売買；取引	deal / trade
surveillance [sərvéiləns]	名 監視；監督；見張り ▶これも頻出。以下の同意語は全部覚えたい。	monitor / supervision / watch
hoard [hɔ́ːrd]	動 貯蔵する	save / store / set aside / stock
lenticular [lentíkjulər]	形 レンズの	
pillar [pílər]	名 柱	column
acuity [əkjúːəti]	名 鋭さ	sharpness
outing [áutiŋ]	名 小旅行 ▶出るとすれば会話でしょう。	field trip
delicacy [délikəsi]	名 珍味	dainty
frigid [frídʒid]	形 極寒の；冷淡な	cold / icy / aloof / unfriendly
thwart [θwɔ́ːrt]	動 挫折させる；妨げる ▶英文の解釈にとって大切な単語であり、同意語としても出る。	wreck / frustrate
decode [diːkóud]	動 解読する；暗号を解く ▶反意語は、メールソフトでもおなじみの encode（暗号化する）。	decipher / break
jurisdiction [dʒùərisdíkʃən]	名 支配権 ▶難しい単語だがよく出る。「司法権」よりも「支配権」の意味が頻出。	control / authority / domination

Several organizations are combatting this illicit **trafficking.**	いくつかの組織が、このような違法**売買**と戦っている。	**GROUP A**
Electronic **surveillance** of exhibition and historical monuments would act as a deterrent.	展示や歴史的記念碑の電子**監視装置**は、抑止の役割は果たすだろう。	
The Roman people realized that their money was being debased and they responded by **hoarding** good coins.	ローマ人たちは貨幣の質が下がったことに気づき、良質の硬貨を**使わず蓄える**ことで対抗した。	
This cloud type is called **lenticular** because it resembles a lens in shape.	このタイプの雲は**レンズ型**と呼ばれます。なぜなら形がレンズに似ているから。	
Mesa Verde kivas usually have six stone **pillars** built into the wall.	メサバード（国立公園）のキバには、壁に埋め込まれた6本の**石柱**がある。	**GROUP B**
The test of counting the stars in the constellation determined the **acuity** of the soldiers' vision.	星座の星を数えるというテストは、兵隊たちの視力の**鋭さ**を決定した。	
He said that the **outing** wasn't his cup of tea.	その**小旅行**は自分の好みではなかったと彼は言った。	
The puffer fish is a **delicacy** in certain cultures.	フグは、ある文化圏では、**珍味**となっている。	
The first Europeans who arrived in what is now Massachusetts suffered in the **frigid** temperatures.	今のマサチューセッツである地域に到着した最初のヨーロッパ人たちは、**厳寒**の気温に苦しめられた。	**GROUP C**
Sara tried to **thwart** the ghosts she believed were haunting her family.	サラは、自分の家族にとりついていると彼女が信じる幽霊を**挫折させ**ようとした。	
The students had to **decode** some words that were written in Morse Code.	学生たちは、モールス信号で書かれた言葉を**解読**しなければならなかった。	
A colony is a group of people living in a distant land but remaining under the **jurisdiction** of their native land.	植民地とは、母国から遠くはなれた土地に住み、しかも、依然として母国の**支配**下にある人々の集団のことである。	

見出し語	意味	同意語
☐ **brush** [bráʃ]	動 無視する	ignore refuse to listen
☐ **indict** [indáit]	動 起訴する；非難する ▶スペリングと発音の違いに注意。	prosecute accuse
☐ **nook** [núk]	名 隅；人目につかないところ	corner cranny retreat
☐ **covert** [kóuvərt]	形 ひそかな；目立たない	secret unobtrusive hidden concealed
☐ **demise** [dimáiz]	名 死；終焉；消滅 ▶文脈から意味をあぶり出すタイプの同意語問題で頻出。おそらく類推可能だから心配無用。	death decease extinction
☐ **scallop** [skáləp]	名 帆立貝 ▶貝は以下の例文にある単語がすべてわかれば十分。	
☐ **bask** [bǽsk]	動 日向ぼっこをする；ひたる	bathe indulge oneself
☐ **condolence** [kəndóuləns]	名 お悔やみ	pity compassion sympathy
☐ **estuary** [éstʃuèri]	名 河口	mouth entry
☐ **propulsion** [prəpʌ́lʃən]	名 推進（力） ▶jet propulsion の組み合わせが覚えやすいでしょう。	impulsion drive
☐ **deposition** [dèpəzíʃən]	名 沈殿；堆積 ▶意外に出る。「沈殿；堆積」のどちらも記憶にとどめるべき。	sedimentation
☐ **optometrist** [ɑptámətrist]	名 視力検査師 ▶optic「目の；視力の；光学の」でしたよね。	

The actor **brushed off** their questions about his divorce.	その俳優は自身の離婚に関する質問を**無視した**。
He was **indicted** on charges of attempted murder and fraud.	彼は、殺人未遂罪と詐欺罪で**起訴された**。
An octopus is much more comfortable hiding out in undersea **nooks** and crannies or burrowing into the sandy bottom than in seeking out conflict.	タコは、争いを求めるよりも、海底の**人目につかないところ**や割れ目に隠れたり、海底の砂地にもぐり込んだりしている方が、はるかに居心地がよいのである。
The name of the agency is derived from its original **covert** duty in protecting the economy of the young United States from counterfeiters.	その機関の名称は、若き合衆国の経済体制を贋金つくりから守るときの元々の**密やかな**職務から由来したものである。
O'Neill was noted and well regarded during his lifetime; however, it was after his **demise** that his works took their position of preeminence in the theater.	オニールは生前も著名で十分に評価されていたが、彼の作品が演劇界において卓越した地位を獲得したのは、まさに彼の**死**後だった。
There are many kinds of bivalves: clams, oysters, mussels, and **scallops**.	アサリやハマグリ、カキ、ムラサキイガイ、**ホタテガイ**など、たくさんの種類の二枚貝がある。
I'll be thinking of you as I **bask** in the sun.	**日向ぼっこ**しながらあなたのことを思い出しますよ。
Let me offer my sincerest **condolences** to you and your family.	謹んであなたとご家族に**お悔やみ**を申し上げます。
The sediments find their way into lakes, **estuaries**, or the sea, sinking to the bottom.	堆積物は、湖、**河口**、海へと至る道をみつけ、底に沈む。
Squids and octopuses use a type of jet **propulsion** –shooting water out through a nozzle to force themselves along.	イカやタコはある種のジェット**推進力**、つまり筒から水を噴出して自分自身を推し進めるやり方を使う。
Igneous rocks are transformed into sedimentary rocks in four stages: weathering, transportation, **deposition**, and diagenesis.	火成岩は、４つの段階、つまり風化作用、輸送作用、**沈殿作用**、続成作用を経て堆積岩に変容する。
If you have another headache because of spending too much time looking at computer screens, I can recommend a good **optometrist**.	コンピュータの画面を見るのに時間をかけすぎてまた頭痛がするなら、よい**検眼士**を推薦してあげられるよ。

GROUP A

GROUP B

GROUP C

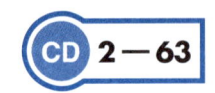

molar [móulər]	名 奥歯	back tooth grinder
gorge [gɔ́ːrdʒ]	動 むさぼり食う	devour eat
lurk [lə́ːrk]	動 待ち伏せする	lie in wait sneak hide
dermal [də́ːrməl]	形 皮膚の；表皮の	of the skin
vascular [vǽskjulər]	形 導管の；脈管の ▶連想しにくいが、vascular system で記憶に残したい。導管にしろ血管にしろ管なんです。	relating to vessels
crack [krǽk]	動 (難問などを) 解く	solve decipher
intrusive [intrúːsiv]	形 侵入的な；押しつけがましい ▶動詞形の intrude は知っているはず。	obtrusive pushy
blight [bláit]	名 (都市の) 荒廃；無秩序化 ▶ urban blight「都会の荒廃」は、典型的な表現。	affliction scourge chaos
capillary [kǽpəlèri]	形 毛管の	of a very small tube
kernel [kə́ːrnl]	名 仁；実；核心	core heart crux
pounce [páuns]	動 急に襲い掛かる ▶ on を伴う。まさに以下の例文のような内容で出てくる。	swoop attack
epicenter [épisèntər]	形 地震の中心；震央	the seismic center hypocenter

The **molars** of the carnivores are modified for crushing and shredding.	肉食動物の**奥歯**は、砕いたり、細かく嚙み千切ったりできるように変化している。	**GROUP A**
The eagles would **gorge** themselves on the salmons that had just spawned.	ワシは、たった今産卵したばかりの鮭を**むさぼり食っていた**。	
When the troops had left, British ships **lurked** in the harbors and continued to disrupt trade.	軍隊が去ったあと、イギリスの船舶が港の中で**待ち伏せし**、貿易を引き続き混乱させた。	
The **dermal** tissue system is the "skin" of the plant.	**表皮**組織網は、植物の「皮膚」である。	
The **vascular** system is the transportation one for water and nutrients.	**導管**網は、水と栄養分の輸送網である。	**GROUP B**
I guess I need to **crack** the books.	**ガリ勉し**なければいけないなあ。	
By today's standards of journalistic etiquette, Wagner was very **intrusive.**	今日の報道のマナーの基準からすると、ワグナーはとても**押しつけがましかった**。	
He became New York's chief reporter of urban **blight.**	彼は、都会の**荒廃**に関するニューヨークの主要な報道記者となった。	
The tongue holds the nectar by **capillary** action while rapidly moving in and out.	すばやく出し入れしながら、**毛管**現象によって、舌が蜜を絡め取ります。	**GROUP C**
The edible **kernel** of a seed is protected by a husk, or shell.	種の食べられる**仁**は、殻、つまり外皮によって守られている。	
Some tsunamis **pounce** on coastal settlements like large breakers.	津波によっては、大波のように、沿岸の入植地に**急に襲いかかる**ものもある。	
Large earthquakes with **epicenters** under or near the ocean are the cause of most tsunamis.	海底か海の近くに**震央**を持つ大地震が、たいていの津波の原因である。	

☐ **repellent** [ripélənt]	形 寄せつけない ▶ repel「はねつける」と共に絶対覚えたい。	repulsing
☐ **levy** [lévi]	動 (税金などを)取立てる；課す	charge impose tax
☐ **curator** [kjuəréitər]	名 館長	director
☐ **inscribe** [inskráib]	動 刻む；銘記する ▶ engrave と組み合わせよう。	engrave curve imprint
☐ **revenue** [révənjú:]	名 歳入 ▶ 素直な同意語問題でも出るし、自分のエッセイなどでも使う場面があるはず。	income return profit
☐ **relic** [rélik]	名 遺物；遺品	remain token remnant
☐ **attest** [ətést]	動 (真実性などを)証明する	prove testify demonstrate
☐ **deputy** [dépjuti]	名 代理(人)；補佐官	agent delegate lieutenant assistant
☐ **tract** [trækt]	名 (陸・海などの)広がり	stretch expanse area region
☐ **rebellion** [ribéljən]	名 反乱；謀反	revolt mutiny
☐ **rhetoric** [rétərik]	名 修辞法；特別な効果を狙った表現；美辞麗句；大げさな言い回し ▶ 意外に色々な場面で登場するので意味が決めづらい単語。	eloquence flowery words exaggeration
☐ **equity** [ékwəti]	名 普通株；公平；公正な行為	stock share

Some caterpillars have a **repellent** poison in their tissues.	イモムシの中には、自身の組織内に他を**寄せつけない**毒をもっているものがいる。
That country **levied** a outrageous tariff on those products.	その国は、それらの産物に法外な関税を**課した**。
Some **curators** of the museums cannot furnish an accurate description of their stolen property and cannot prove their ownership.	博物館の**館長**の中には、盗まれた所蔵物の正確な説明を提供できず、その所有権を証明できない者もいる。
The frontside of the coin contained a side view of Anthony's face and was **inscribed** across the top with the word "liberty."	その硬貨の表面には、アンソニーの横顔が描かれ、その上に「自由」という言葉が**刻まれていた**。
It is not the **revenue** but the population that decides the number of representatives for the House of Representatives for each state.	各州の下院議員の数を決定するのは、その**歳入**ではなく人口である。
The arch is one of the most important **relics** from the Roman period.	アーチは、ローマ時代からの最も重要な**遺物**のひとつである。
The existence of Winchester House **attests** Sarah's belief in ghosts.	ウインチェスターハウスの存在は、サラが幽霊の存在を信じていたことを**証明している**。
In the movie, he acted as a **deputy** chief of police.	その映画で、彼は警察本部長**補佐**を演じた。
The US purchased the Louisiana Territory for $15 million from France and gained a huge **tract** of land.	合衆国は、ルイジアナ領地を1500万ドルで購入し、**広大**な土地を手に入れた。
Lincoln declared that all slaves residing in states in **rebellion** against the United States as of Jan. 1, 1863, were to be free.	1863年1月1日現在で、合衆国に対し**反逆**を企てている諸州在住の全ての奴隷は自由となることを、リンカーンは宣言した。
Rhetoric is the art of speaking or writing effectively.	**修辞法**とは、効果的に話したり書いたりする技術です。
Stocks are also called **equities**, or claims of ownership in the corporation.	株は、**エクイティ**つまり企業所有権の要求権利とも呼ばれる。

単語	品詞・意味	類義語
ascertain [æsərtéin]	動 確かめる ▶アクセントの関係で聴き取りにくい単語。	confirm verify make sure
compliance [kəmpláiəns]	名 従うこと；従順	obedience assent yielding
conceit [kənsíːt]	名 うぬぼれ；自尊心	vanity self-esteem ego
concur [kənkə́ːr]	動 意見が一致する；同意する ▶conquer「征服する」と混同しないように。	agree assent consent approve
allot [əlát]	動 割り当てる；分配する	assign appropriate allot distribute
seclusion [siklúːʒən]	名 隔離；隠遁；閑居 ▶これもレベルは高いが知っておきたい。	isolation quarantine retirement
glossary [glásəri]	名 (専門語などの)用語解説；語彙集 ▶groceryと混同しないように。	index dictionary lexicon
rally [ræli]	動 (再)結集する；回復する ▶これも狙われる単語。自分の気に入った単語と組み合わせよう。	assemble reassemble regroup recuperate
appendix [əpéndiks]	名 付録；補遺 ▶「盲腸；突起」もappendixだし、盲腸炎はappendicitis。	addition supplement postscript
thorn [θɔ́ːrn]	名 (草木の)とげ；はり ▶これは必ず出る単語。まとめてグループで知っておきたい。	prickle spine needle
scapegoating [skéipgòutiŋ]	名 責任転嫁 ▶日本語でも使う場合があるので知っている人も多いだろう。元は宗教的な単語。	imputation transferring
consolidate [kənsálədèit]	動 強化する；合併する；統合する	strengthen reinforce merge integrate

The police are trying to **ascertain** that he was not at home when the incident happened.	警察は、事件が起こったとき彼が家にいなかったことを**確かめ**ようとしている。	**GROUP A**
Compliance with the law is an essential thing for every citizen.	法に**従うこと**は、あらゆる市民にとって不可欠のことである。	
When he entered college, he was full of **conceit** based on nothing.	大学に入学したころ、彼は根拠のない**自惚れ**でいっぱいだった。	
Most investigators **concur** that certain facial expressions suggest the same emotions in all people.	ほとんどの研究者は、ある種の顔の表情がすべての人々において同じ感情を示すことで**意見が一致している**。	
Good responses generally use all or most of the time **allotted**.	すばらしい返答は、一般に、**割り当てられた**すべて、あるいは、ほとんどの時間を使う。	**GROUP B**
Thoreau lived in **seclusion** at his small cabin after graduating from college.	ソローは、大学卒業後、小さな小屋で**隠遁**生活を送った。	
In order to save time, she consulted the **glossary** at the end of the textbook.	時間を節約するために、彼女はテキストの巻末の**用語解説**を調べた。	
Young people **rallied** in front of the embassy of the country to protest against the use of nuclear weapons.	若者たちは、核兵器使用に抗議するために、その国の大使館前に**結集した**。	
Please consult the **appendix** first to install and launch the program.	プログラムをインストールして使い始めるためには、まず付録を参照してください。	**GROUP C**
Inspired by the reaction of cattle to the sharp **thorns** on vegetation, a new fencing was invented.	草木の鋭い**とげ**に対する牛の反応からインスピレーションを得て、新しいフェンスが発明された。	
Scapegoating is blaming someone unrelated for misfortunes, often as a way of distracting attention from the real causes.	**責任転嫁**は、しばしば実際の原因から目をそらす方法として、不幸な出来事とは無関係な誰かを責めることである。	
The two leaders concurred that both countries would make the strongest effort to **consolidate** a closer bilateral relationship	2人の指導者は、より緊密な両国関係を**確立する**ために、両国が最大の努力を払うことで意見が一致した。	

見出し語	意味	同義語
☐ **extort** [ikstɔ́ːrt]	動 ゆすり取る	blackmail / coerce
☐ **deploy** [diplɔ́i]	動 配置につかせる；動員する	station / arrange / mobilize
☐ **endorse** [indɔ́ːrs]	動 是認する；(小切手などに) 裏書する ▶会話では「(小切手に) 裏書をする」が出るかもしれない。	approve / back
☐ **frown** [fráun]	動 しかめつらをする；認めない ▶自動詞は frown on ~ 「~を認めない；~に対し眉をひそめる」。	grimace / disapprove
☐ **fiscal** [fískəl]	形 国庫の；会計の；財政上の ▶ fiscal year「会計年度」	financial
☐ **unfold** [ʌnfóuld]	動 広げる；開く；明らかにする ▶ fold に un がついているから、比較的、類推しやすいです。文脈からの同意語問題でも狙われます。	open / unfurl / spread / reveal
☐ **premise** [prémis]	名 前提；仮定 ▶ s を付加して、premises だと、「家屋敷」の意味。	proposition / hypothesis
☐ **infringe** [infríndʒ]	動 (法律・契約などを)破る；侵害する ▶文章解釈のために大切な単語。on をともなうことも暗記しよう。	break / violate
☐ **contempt** [kəntémpt]	名 軽蔑	scorn
☐ **manifest** [mǽnəfèst]	動 明らかにする；表す ▶選挙のマニフェストは、manifesto「宣言書；声明文」。	show / demonstrate / reveal
☐ **allure** [əlúər]	動 魅了する；そそのかして~させる	attract / tempt / lure
☐ **augment** [ɔːgmént]	動 増加させる	increase / boost

He was suspended from school for three months for **extorting** money from some of the classmates.	彼は、級友の幾人かから**金を巻き上げたこと**で、3ヶ月の停学処分となった。
A multinational force was **deployed** in the country after the incident.	その事件の後、多国籍軍がその国に**配置された**。
South Carolina then organized a "States' Rights Party," **endorsing** the principle, called "nullification".	サウスキャロライナは「連邦法適用拒否主義」と呼ばれる原則を**支持する**「州権擁護党」を組織した。
When they are caused to **frown**, participants rate cartoons as being more aggressive.	**しかめっつらになった**とき、参加者は、漫画がより攻撃的だという評価を下している。
The major area of government regulation of economic activity is through **fiscal** and monetary policy.	経済活動に関する政府の規制の主要な領域は、**会計**や金融に関する政策によるものである。
As the play **unfolded**, dance music was interrupted a number of times by fake news bulletins.	ドラマが**展開する**につれて、ニセのニュース速報が流れ、ダンス音楽は何度も中断された。
The basic **premise** resides in the realization that neither theism nor deism can adequately answer the burning question of man's relationship with God.	その基となる**前提**は、有神論も理神論も人間と神の関係という大変重要な問題には的確に答えることができないのだという認識の内に存在した。
I suspect that the new law concerning press coverage **infringes** on our basic right to freedom of speech and press.	この新報道取材に関する法は、私たちの基本的な権利である言論と報道の自由を**侵害している**のではないかと思う。
His **contempt** for native Americans and African Americans was well known.	彼のアメリカ先住民族やアフリカ系アメリカ人に対する**蔑視**はよく知られていた。
People in diverse cultures recognize the emotions **manifested** by the facial expressions.	様々な文化圏の人々は、顔の表情で**表される**感情を認識する。
Promises of quick profits often **allure** the unwary investor.	すぐに儲かるという約束によって不注意な投資家はしばしば**そそのかされる**。
For growing firms in competitive markets a major indicator of executive competence is the ability to **augment** company earnings.	競争の激しい市場での成長企業にとって、重役の能力の主要な物差しは、企業の収益を**増加させる**ことができるかである。

☐ **benign** [bináin]	形 良性の；優しい；慈悲深い	merciful humane
☐ **enzyme** [énzaim]	名 酵素	ferment
☐ **affirmative** [əfə́ːrmətiv]	形 言い切った；肯定的な；賛成の	positive favorable
☐ **assassinate** [əsǽsənèit]	動 暗殺する	kill slay murder
☐ **ardor** [áːrdər]	名 情熱；熱心	passion eagerness enthusiasm zeal
☐ **dismantle** [dismǽntl]	動 解体する	disassemble demolish
☐ **apathy** [ǽpəθi]	名 冷淡；無関心 ▶形容詞 apathetic も同意語問題で頻出。	indifference unconcern insensibility
☐ **narcotic** [nɑːrkátik]	名 形 麻薬（の）	drug
☐ **admonish** [ædmániʃ]	動 勧告する；警告する；忠告する	warn caution advise
☐ **convene** [kənvíːn]	動 召集する；召還する ▶やや目立たない単語。同意語をひとつ選ぼう。	gather congregate assemble summon
☐ **captivity** [kæptívəti]	名 監禁状態；束縛	confinement imprisonment restraint custody
☐ **detain** [ditéin]	動 引き留める；待たせる；留置する	hold back keep wait confine

He underwent an operation on his intestine for polyps, which turned out to be **benign**.	彼はポリープのために腸を手術したが、ポリープは**良性だった**。
The pancreas produces digestive **enzymes** that flow into the intestine during the process of digestion.	膵臓は、消化作用の間に腸に流れ込む消化**酵素**を作り出す。
Affirmative action is a measure to correct inequality resulting from discrimination in society.	**積極的**差別是正措置は、社会における差別に起因する不公平を正すための対策である。
In that year, then President William McKinley was **assassinated** in Buffalo, New York.	その年、当時の大統領ウイリアム・マッキンリーが、ニューヨーク州のバッファローで**暗殺された**。
Though they were not regarded as artists, some of the artisans in the colonial period did have an **ardor** of art.	芸術家とはみなされていなかったが、植民地時代の職人の中には、芸術に対する**燃えるような情熱**をしっかりと抱いている者もいた。
His concern is that the critics of the juvenile justice system are trying to **dismantle** it and will start to treat young offenders as adults.	彼が懸念するのは、青少年法制度の批判者たちがその制度を**解体し**、年少の犯罪者を成人として扱い始めることである。
Political **apathy** is prevailing among young people all over the nation.	政治的**無関心**が、今、国中の若者の間に蔓延している。
The son of a prominent politician was arrested last night for the possession of **narcotics**.	ある著名な政治家の息子が、**麻薬**所持で昨夜逮捕された。
He was **admonished** by his boss for his misconduct.	彼は不適切な行動を上司に**戒められた**。
The committee were **convened** to discuss humanitarian assistance to refugees.	難民への人道支援について討議するために委員会が**招集された**。
The last survivor of the passenger pigeon that had once numbered 5 billion died in **captivity** in 1914.	かつては50億羽にものぼったリョコウバトの最後の1羽の生き残りは、1914年、**捕らわれたまま**死んだ。
The campus police have **detained** three students on suspicion of arson in dorm fire.	キャンパス警察は、学生寮の放火容疑で3人の学生を**拘束している**。

☐ **curtail** [kərtéil]	動 (予定より) 短くする；減ずる	shorten abridge reduce
☐ **agenda** [ədʒéndə]	名 協議事項；議事；予定表	list schedule timetable
☐ **antipathy** [æntípəθi]	名 嫌悪；反感；反発	disgust hatred hostility opposition
☐ **smuggle** [smʌ́gl]	動 密輸する	bootleg
☐ **aggravate** [ǽgrəvèit]	動 さらに悪化させる；怒らせる	worsen provoke exasperate
☐ **jeopardy** [dʒépərdi]	名 危険（にさらされていること） ▶これも同義語が多く、同意語問題で頻出。	danger risk hazard peril
☐ **constraint** [kənstréint]	名 制限すること；抑制；強制	restraint compulsion
☐ **elapse** [ilǽps]	動 （時が）経過する；過ぎ去る	pass lapse go by
☐ **appease** [əpíːz]	動 なだめる；満たす	calm satisfy
☐ **besiege** [bisíːdʒ]	動 包囲する；取り囲む；攻める	surround encompass harass
☐ **ambivalence** [æmbívələns]	名 矛盾する感情；両面価値	contradiction discrepancy incoherence
☐ **veterinarian** [vètərənɛ́əriən]	名 獣医 ▶発音注意。	vet

Professor Brown **curtailed** his lecture because of the family emergency.	ブラウン教授は、家族の緊急事態で、講義を**短く切り上げた**。	GROUP A
What's on the **agenda** this morning?	今朝の**予定**は、何があるかな。	
The speaker's tone can consciously or unconsciously reflect intuitive sympathy or **antipathy**.	話し手のトーンは、意識的に、あるいは無意識に、直観的な共感あるいは**反感**を反映している。	
Illegal trading in cultural property today ranks in economic terms alongside **smuggling** weapons and drugs.	文化資産の違法取引は今日、経済的観点では、武器や麻薬の**密輸**と並んで位置している。	
His bad temper **aggravated** the situation.	彼の機嫌が悪く、さらに**状況を悪くした**。	GROUP B
This strike has put many men's jobs in **jeopardy**.	このストライキのおかげで、多くの者が失職の**危険**にさらされている。	
He agreed to go to the police station under **constraint**.	彼は、**やむを得ず**、警察に行くことに同意した。	
Tow months have **elapsed** since our last meeting.	この前会ってから、２ヶ月が**過ぎました**。	
He **appeased** her curiosity by explaining the situation to her.	状況を説明することによって、彼は彼女の好奇心を**満足させた**。	GROUP C
The reporters **besieged** the politician with questions about the bill concerning privatization of the nation's postal service.	記者たちは、郵政民営化法案に関して、その政治家を質問**攻めにした**。	
Jack London exhibited an **ambivalence** about the suffrage of women.	ジャック・ロンドンは、女性の参政権について**矛盾する態度**を示した。	
Contrary to popular belief, the cat cannot heal the wound by licking it. It is better to consult a **veterinarian** as soon as possible.	一般に信じられているのとは逆に、猫は傷口をなめて治癒することはできない。できるだけ早く**獣医**に見てもらうのが賢明だ。	

単語	意味	同意語
☐ **arbitrate** [ɑ́ːrbətrèit]	動 仲裁する；調停する	reconcile intercede mediate
☐ **dissertation** [dìsərtéiʃən]	名 博士論文	thesis treatise
☐ **retrieve** [ritríːv]	動 取り戻す；回収する；検索する ▶これも同意語は多いが、覚え切りたい。	regain recover access
☐ **lapse** [læps]	名 時の経過；過失；失策；堕落	passage mistake error corruption
☐ **relentless** [riléntlis]	形 情け容赦のない；無慈悲な ▶素直な同意語問題で頻出。	cruel ruthless
☐ **inexorable** [inéksərəbl]	形 情け容赦のない ▶ inexorable doom で覚えたい。	relentless cruel
☐ **introvert** [íntrəvə̀ːrt]	名 内向的な人；はにかみ屋 ▶外交的な人：extrovert	a shy or bashful person
☐ **subdue** [səbdjúː]	動 征服する；抑制する；鎮圧する ▶同意語をひとつ選んでどうしても覚えたい。	conquer overcome
☐ **asthma** [ǽzmə]	名 喘息	a respiratory illness
☐ **hierarchy** [háiərɑ̀ːrki]	名 階層制度；職階級；支配層	stratum rank the establishment
☐ **scavenger** [skǽvindʒər]	名 掃除動物 ▶ scavenger の例は：hyena（ハイエナ）、vulture（ハゲタカ）、jackal（ジャッカル）、beetle（カブトムシ）、crab（カニ）、ant（アリ）。	any animal which feeds on carcasses
☐ **breach** [bríːtʃ]	動 （約束などを）破棄する;突破する；破る ▶寄生物が植物の「防御を破る」ときなどにも使われる。	violate infringe break

The governor **arbitrated** the dispute about the move of the military base.	知事は、軍事基地の移転についての争議を**仲裁した**。
How long has John been writing his **dissertation**?	ジョンは、どれくらいの期間、**博士論文**を書いていますか。
The capuchins that did not use tools obtained food by climbing the pedestal to **retrieve** the walnut.	道具を使わないオマキザルは、台の上に登ってクルミを**取る**ことによって、食物を手に入れた。
The time **lapse** between images is normally 1/24 of a second in most cameras.	ほとんどのカメラにおいてある画像から次の画像へかわるのに**経過**する時間は、24分の1秒である。
The police fought a **relentless** battle against crime.	警察は、犯罪に対して、**情け容赦なく**戦った。
Does history spell out for us an **inexorable** doom, which we can merely await with folded hands?	歴史は、ただ手をこまねいて待っているしかない、**情け容赦のない**運命について私たちのために詳しく説明してくれるのか。
He is such an **introvert** that he hardly ever talks to anyone.	彼はとても**内向的な人**なので、ほとんど誰にも話しかけることがない。
After months of fighting, the rebels were **subdued**.	何ヶ月もの戦いの後、反逆者たちは**鎮圧された**。
A severe fit of **asthma** made his breathing very difficult.	**喘息**のひどい発作で、彼の呼吸はひどく困難になった。
The pyramid structure defines the chain of command, and everyone knows his or her place in the **hierarchy**.	ピラミッド構造は、命令系統を明確にする。だから、全員が自分の**職階層**における位置を知っている。
Animals that die on the plains or in the mountains are soon found by **scavengers**, such as hyenas, and rapidly reduced to bone chips.	平原や山地で死ぬ動物は、間もなくハイエナなどの**掃除動物**に見つけられ、すぐに骨の欠片になってしまう。
John was ejected from his apartment because he **breached** an agreement with the landlord three times.	ジョンは家主との契約に3度違反したから、アパートを追い出された。

GROUP A

GROUP B

GROUP C

☐ **assent** [əsént]	動 同意する；賛成する	agree consent approve
☐ **stalemate** [stéilmèit]	名 行き詰まり；手詰まり；膠着状態 ▶チェスの千日手から来た言葉です。	deadlock
☐ **bestow** [bistóu]	動（名誉・賞などを）授ける	confer give grant award
☐ **pivotal** [pívətl]	形 重要な；中心的な ▶ pivot「枢軸；中心」から派生した意味。文脈からあぶりだすべき単語。	very important central main
☐ **conflicting** [kənflíktiŋ]	形 矛盾する；対立する	contradictory opposing
☐ **dwelling** [dwéliŋ]	名 住居	house
☐ **impetus** [ímpətəs]	名 はずみ；勢い；起動力	momentum spur incentive motivation
☐ **incandescent** [ìnkəndésnt]	形 白熱光を発する；眩い	white-hot
☐ **scruple** [skrú:pl]	名 ためらい；疑念 ▶難しいが知っておきたい単語。この単語あたりをすんなり知っているとかなりレベルが高いと考えてよい。	hesitation uneasiness doubt
☐ **fend** [fénd]	動 扶養する；世話をする	support look after take care of
☐ **volatile** [válətl]	形 揮発性の；変わりやすい；気まぐれな	changeable unstable capricious
☐ **euthanasia** [jù:θənéiʒə]	名 安楽死	mercy killing

The committee members **assented** to the proposal to recognize his long contribution to the university.	委員たちは、彼の長年にわたる大学への貢献を表彰するという提案に**同意した**。
Though the deadline approached, the peace negotiations remained at a **stalemate**.	期限が近づいていたが、その和平交渉は依然として**行き詰まって**いた。
The Queen **bestowed** a knighthood on him.	女王は、彼にナイト爵位を**授けた**。
Many writers of **pivotal** importance were busily recording their world at the time: Emerson, Thoreau, Melville, Hawthorne, and others.	**中心的な**重要性を持っていた多くの作家たち、つまりエマーソン、ソロー、メルビル、ホーソンなどが当時、自身の世界をせわしなく記録していた。
There were many **conflicting** theories about the nature of the Earth's interior.	地球の内部の性質については、多くの**相反する**理論がある。
Wood remained the most popular material in **dwellings**.	木材は依然として最も人気のある**住宅**用の材料であった。
The danger of fire gave an **impetus** to the use of more durable material.	火事の危険性がより頑丈な建材の使用への**はずみ**となった。
Some geologists believed that the earth contained a highly compressed ball of **incandescent** gas.	地球は**白熱光を発する**気体からなる極度に圧縮された球体を含んでいると信じる地質学者もいた。
Constitutional **scruples** stood in the way of action by the federal government	憲法に違反するのではないかという**ためらい**が連邦政府の行動の邪魔になった。
Cattle left outdoors to **fend** for themselves thrived on this hay.	**自活する**ようにと屋外に放置された牛たちはこの干草を食べてすくすくと育った。
These bacteria release **volatile** substances.	これらのバクテリアは**揮発性**の物質を放出する。
The issue of **euthanasia** is a crucial one in the medical science.	**安楽死**の問題は医学において重大なものである。

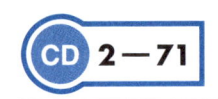

contingency [kəntíndʒənsi]	名 偶発	fortuity happening incident
saline [séil:n]	形 塩分を含んだ；塩辛い ▶そのままこの組み合わせで覚えよう。	salty
basin [béisn]	名 水溜り；水ばち；洗面器；流域	pool bowl tub valley
clinch [klíntʃ]	動 (問題・議論などに)けりをつける ▶ここの意味はくだけた会話用。通常のclinchは、「固定する」とか「クリンチする」。	settle decide conclude
crustacean [krʌstéiʃən]	名 (カニ・エビなどの)甲殻類	
embellish [imbéliʃ]	動 (飾って)美しくする；飾る	adorn ornament decorate
excrete [ikskríːt]	動 排出する；排泄する	discharge defecate urinate
geyser [gáizər]	名 間欠泉 ▶よく出るが分からなくても大丈夫。	intermittent spring
integrity [intégrəti]	名 完全さ；無欠の状態 ▶これも同意語問題で実績あり。	completeness wholeness unity
menial [míːniəl]	形 つまらない；熟練を要しない	mean boring simple
novelty [návəlti]	名 珍しい物；目新しい物；斬新さ ▶形容詞のnovel「目新しい」の名詞。	freshness newness innovation
crumple [krʌ́mpl]	動 捻じ曲げる；しわくちゃにする ▶意味的に地質学で頻出。	twist rumple wrinkle

The first death was inevitable; the second death was **contingency**.	最初の死は必然的なものであったが、二番目の死は**偶発**であった。	
A **saline** solution is sometimes used for sterilization	**塩分**溶液は時に殺菌に用いられる。	
About 80 percent of the rain-forested area is in central Africa, in the vast **basin** of the great Congo River.	その雨林地帯の約80%は中央アフリカ、つまり偉大なるコンゴ川の巨大な**流域**に位置している。	GROUP A
When I was wondering about which university I would attend, that professor's speech **clinched** it.	どの大学にしようかなと迷っていたとき、その教授の演説を聞いて**決心がつきました**。	
Invertebrates are creatures lacking a spinal column, including **crustaceans**, insects, and many different types of worms.	無脊椎動物は、脊柱のない生物で、**甲殻類**、昆虫、そして様々なタイプの足のない虫を含んでいる。	
The costumes of those female figures were **embellished** with silver threads.	それらの女性像の衣装は銀の糸で**飾られていた**。	GROUP B
Around six months postpartum, the mother koala **excretes** a substance called pap.	出産後6ヶ月あたりで、コアラの母親は、パップ（粥のような流動食）と呼ばれる物質を**排出する**。	
More than 200 **geysers** erupt each year in Yellowstone.	毎年、イエローストーンでは、200以上の**間欠泉**が噴出している。	
Smaller stone or wooden carvings are simply cut or chopped away from a wall or base, thus destroying the **integrity** of the work that had contained them.	小さめの石や木彫部分は、壁や土台から切り取られたり削り取られたりして、それらを収めていた作品の**完全さ**を壊してしまっている。	
As a very young man, Jack worked at various jobs–some **menial**, but some adventurous.	非常に若い頃、ジャックは、様々な職業についた。それらの中には、**つまらない**ものもあったが、冒険的なものもあった。	GROUP C
Over 200 years later, white cheddar is still a **novelty** in American stores.	200年以上経っても、ホワイト・チェダーチーズは、まだまだアメリカのお店では**珍しい物**である。	
The edge of the overriding plate is **crumpled** and uplifted to form a mountain chain roughly parallel to the trench.	重なり合ったプレートのふちは**捻じ曲げられ**そして押し上げられて、海溝とほぼ並行する山脈を形成する。	

索引

索 引

A

- abandon 16
- abbreviate 264
- abdomen 280
- abide 194
- abolish 216
- aboriginal 234
- absorb 48
- abundant 76
- abuse 224
- accelerate 148
- acceleration 276
- access 148
- acclaim 148
- accommodation 238
- accompany 80, 150
- accomplish 56
- account 174
- accumulate 30
- accuse 92
- acquire 20
- acquisition 238
- acuity 284
- acute 20
- adapt 56
- address 178
- adjacent 236
- adjunct 272
- admonish 296
- adobe 274
- adorn 282
- advance 24
- advent 270
- adverse 224
- advocate 182
- aesthetic 136
- affect 36
- affirmative 296
- afflict 262
- affluent 96
- afford 24, 174
- agenda 298
- agent 224
- aggravate 298
- aggregate 270
- airborne 268
- akin 118
- alarm 44
- algae 170
- alien 234
- align 268
- allergic 210
- allocate 180
- allot 292
- alloy 96
- allure 294
- alter 126
- alternative 234
- ambiguous 228
- ambivalence 298
- amenable 250
- amenity 78
- amiable 92
- amphibian 56
- ample 70
- analogy 232
- anchor 220
- annex 86
- annihilate 238
- annually 30
- anonymous 142
- anthropology 96
- anticipate 78
- antipathy 298
- antiquated 124
- apathy 296
- apparatus 96
- apparently 76
- appease 298
- appendix 292
- application 62
- apply 204
- appraise 220
- appreciable 252
- appreciate 152
- appreciation 150
- apprehensive 212
- apprentice 250
- approval 50
- aptitude 78
- aquatic 280
- arbitrary 222
- arbitrate 300
- archeologist 52
- ardor 296
- arithmetic 22
- army 132
- array 112
- arson 82
- articulate 198
- artifact 156
- artificial 16
- artisan 108
- ascertain 292
- ascribe 134
- aspiring 160
- assassinate 296
- assemble 50
- assent 302
- assess 118
- assign 152
- assignment 60
- assimilate 232
- associate 130
- assume 38
- asteroid 184
- asthma 300
- astonishing 96
- astronomer 90
- asymmetrical 266
- atlas 96
- attain 180
- attest 290
- attract 40
- attribute 178
- auction 16
- audition 200
- augment 294
- authentic 218
- available 26
- avalanche 94
- avert 270
- avid 238
- awaken 34
- award 58
- awkward 134
- axis 158

B

- backdrop 34
- balance 238
- bankruptcy 222
- barb 266
- barely 224
- barren 234
- barrier 42

索引

- ☐ barter 146
- ☐ basin 304
- ☐ bask 286
- ☐ beam 134
- ☐ beneficial 72
- ☐ benign 296
- ☐ besiege 298
- ☐ bestow 302
- ☐ bet 52
- ☐ beverage 84
- ☐ bewilder 214
- ☐ bias 140
- ☐ bibliography 152
- ☐ bill 186
- ☐ billion 54
- ☐ bipedal 258
- ☐ bizarre 118
- ☐ blackout 198
- ☐ blast 268
- ☐ blight 288
- ☐ blizzard 88
- ☐ blueprint 278
- ☐ blur 198
- ☐ board 80
- ☐ boast 68
- ☐ bogus 192
- ☐ boom 30
- ☐ boon 124
- ☐ boost 226
- ☐ border 40
- ☐ botany 60
- ☐ bother 36
- ☐ boulder 104
- ☐ bound 24
- ☐ breach 300
- ☐ breadbasket 146
- ☐ breakthrough ... 152
- ☐ breed 160
- ☐ brittle 232
- ☐ broaden 164
- ☐ brochure 94
- ☐ brush 286
- ☐ bulletin 150
- ☐ bunch 42
- ☐ buoyancy 210
- ☐ burden 168
- ☐ bureaucracy 228
- ☐ burgeon 126
- ☐ burial 68
- ☐ bury 144

C

- ☐ calculus 44
- ☐ call 192
- ☐ camouflage 212
- ☐ campaign 162
- ☐ canal 26
- ☐ canine 232
- ☐ capillary 288
- ☐ capital 76
- ☐ captivity 296
- ☐ capture 22
- ☐ cardiac 264
- ☐ carnivore 230
- ☐ cast 118
- ☐ catalytic 272
- ☐ catalyze 112
- ☐ catastrophic 184
- ☐ cater 16
- ☐ caterpillar 90
- ☐ cattle 54
- ☐ caulk 212
- ☐ cave 72
- ☐ cavity 110
- ☐ celestial 126
- ☐ cement 208
- ☐ census 182
- ☐ cereal 208
- ☐ cetacean 280
- ☐ chance 36
- ☐ channel 258
- ☐ chaos 36
- ☐ characterize 26
- ☐ charge 42
- ☐ chart 68
- ☐ charter 162
- ☐ chick 140
- ☐ china 192
- ☐ chronological ... 168
- ☐ cipher 252
- ☐ circulation 130
- ☐ circumvent 272
- ☐ civic 38
- ☐ clarify 82
- ☐ clinch 304
- ☐ cling 64
- ☐ clue 18
- ☐ clump 262
- ☐ coalesce 232
- ☐ coarse 40
- ☐ cocoon 56
- ☐ coercive 270
- ☐ coherent 220
- ☐ cohesion 112
- ☐ cohesive 112
- ☐ coin 164
- ☐ coincide 18
- ☐ collapse 174
- ☐ collateral 282
- ☐ collect 16
- ☐ collide 198
- ☐ collision 74
- ☐ column 24
- ☐ combustible 134
- ☐ comet 52
- ☐ commission 128
- ☐ commit 160
- ☐ commodity 30
- ☐ commute 96
- ☐ compact 126
- ☐ compatible 238
- ☐ compel 168
- ☐ compile 120
- ☐ compliance 292
- ☐ compliment 86
- ☐ comply 222
- ☐ component 76
- ☐ composer 26
- ☐ composite 248
- ☐ composition 110
- ☐ compound 30
- ☐ comprehend 84
- ☐ comprehensive ... 184
- ☐ compromise 92
- ☐ compulsory 250
- ☐ conceal 32
- ☐ concede 216
- ☐ conceit 292
- ☐ conceive 80
- ☐ concentration ... 44
- ☐ concern 68
- ☐ concert 260
- ☐ concession 282
- ☐ concise 94
- ☐ concrete 182
- ☐ concur 292
- ☐ condensation ... 162

索 引

- condolence 286
- conducive 272
- conduct 238, 270
- cone 86
- conference 46
- confirm 160
- confiscate 234
- conflict 156
- conflicting 302
- confront 170
- congenial 260
- congratulations 58
- conical 196
- conifer 252
- conquer 238
- consciously 32
- consciousness 90
- consecutive 222
- consensus 238
- consent 156
- conservative 26
- console 94
- consolidate 292
- consort 260
- conspicuous 140
- conspiracy 256
- constituent 134
- constitute 258
- constitution 184
- constraint 298
- consume 206
- contact 210
- contagious 282
- contaminate 194
- contemporary 32, 144
- contempt 294
- content 142
- context 40
- contingency 304
- continuum 258
- contribution 70
- convection 272
- convene 296
- conventional 28
- convert 76
- convey 106
- cope 124
- copy 50
- coral 22
- core 22
- corpse 270
- corrupt 94
- cosmic 94
- count 160
- counterfeit 204
- counterpart 164
- coverage 226
- covert 286
- crack 288
- craft 42
- cram 160
- cramped 266
- crash 282
- crater 158
- credence 260
- credential 190
- credit 64, 182
- crevice 174
- crew 22
- crippling 262
- criterion 222
- critical 186
- criticize 90
- crop 52
- crouch 280
- crucial 170
- crude 150
- crumple 304
- crust 184
- crustacean 304
- cue 166
- culture 262
- cumbersome 228
- curator 290
- cursory 278
- curtail 298
- cutting edge 146
- cylindrical 250

D

- damp 104
- dampen 248
- date 154
- daydream 150
- deadline 48
- dean 50
- debris 162
- decade 88
- decay 114
- decipher 266
- decline 186
- decode 284
- dedicate 130
- deductive 276
- defer 240
- deference 262
- defiance 218
- deficit 206
- definition 18
- deflect 280
- deforestation 252
- degradation 260
- degree 26
- dehydrate 128
- delete 230
- deliberate 188
- delicacy 284
- delineate 280
- demise 286
- demographic 248
- demolish 126
- dense 66
- density 164
- deplete 194
- deplore 214
- deploy 294
- deposit 114
- deposition 286
- depress 30
- depression 170
- deputy 290
- dermal 288
- describe 52
- desperate 46
- despoiler 254
- destine 170
- destitute 274
- detain 296
- detect 184
- detergent 94
- deteriorate 188
- deterrent 232
- devastate 120
- device 26
- devise 136
- devour 200
- diagram 52

索引

- diameter 22
- dictate 146
- dietary 276
- differentiate 16
- diffusion 274
- digestive 96
- diminish 174
- dinosaur 36
- disappoint 48
- discard 156
- discern 28
- discharge 126
- discipline 182
- discount 22
- discourse 264
- discrete 254
- disguise 212
- disintegrate 136
- dislodge 280
- dismantle 296
- dismiss 228
- dispatch 142
- disperse 236
- disposal 214
- disproportionate
  146
- disrupt 278
- disseminate 264
- dissent 220
- dissertation 300
- dissipate 120
- dissolve 174
- distinct 38
- distinction 122
- distinguish 32
- distort 122
- distribute 186
- distribution 256
- diverge 274
- divergence 236
- diverse 268
- diversity 138
- divert 280
- dividend 230
- dizzying 122
- dogma 136
- domain 90
- domestic 72
- dominate 192

- donation 62
- doom 218
- dorm 60
- dormant 126
- dose 196
- dough 208
- drag 196
- drain 104
- drainage 252
- drapery 82
- drastic 106
- drop 50
- drought 236
- due 44
- dump 230
- dune 166
- duplicate 190
- durable 106
- duration 204
- dwelling 302

E

- ear-plug 58
- eclipse 110
- economy 126
- ecosystem 34
- edible 206
- edifice 260
- edit 240
- eerie 272
- eerily 108
- effect 68
- eject 128
- elaborate 164
- elapse 298
- elastic 192
- elliptical 204
- elude 202
- elusive 258
- emancipation 232
- embark 216
- embed 258
- embellish 304
- embrace 194
- embryo 104
- emerge 158
- emergency 60
- emigrate 192
- emit 148

- empathy 248
- enclosure 266
- encompass 162
- encounter 74
- encroach 268
- endorse 294
- endow 156
- endure 48
- engage 66
- engraving 260
- engulf 268
- enhance 108
- enigmatic 192
- enroll 84
- ensure 190
- enthusiastic 74
- entity 230
- entrepreneur 172
- envision 192
- enzyme 296
- epicenter 288
- equate 138
- equator 56
- equilibrium 126
- equity 290
- equivalent 120
- equivocal 272
- era 66
- eradicate 104
- erosion 114
- eruption 254
- essential 36
- esteem 228
- estimate 66
- estuary 286
- ethical 200
- ethnic 122
- euthanasia 302
- evaluation 98
- evaporation 112
- evidence 18
- evolve 18
- exaggerate 94
- excavate 180
- exceed 32
- excel 108
- excite 264
- exclusively 234
- excrete 304

索引

- exempt 130
- exert 132
- exhibit 178
- exhibition 48
- exile 218
- exorbitant 140
- exotic 154
- expanse 276
- expedition 116
- expel 208
- expertise 250
- expire 222
- exploit 164
- explore 116
- exponential 262
- expose 52
- extension 48
- extinction 186
- extort 294
- extract 170
- extracurricular 18
- extraterrestrial ... 276

F

- fabric 252
- facade 248
- facilitate 168
- faction 148
- faculty 118
- Fahrenheit 22
- faithful 28
- famish 198
- fashion 74, 144
- fatal 16
- fault 274
- favor 86
- feasible 120
- feature 170, 258
- fee 46
- feed 176, 264
- feign 270
- fellowship 18
- fend 302
- ferment 282
- fertile 140
- fertilizer 186
- fetch 194
- fidelity 262
- fierce 224
- figural 262
- figure 64, 182
- fill 62
- filmy 250
- financial 234
- fine 106
- finite 220
- fiscal 294
- fix 46
- flare 264
- flattering 206
- flee 202
- flick 266
- flock 76
- flourish 170
- flu 18
- fluctuate 274
- fluctuation 142
- flunk 90
- flux 138
- fly 54
- fold 184
- forage 190
- forbid 96
- foreign 132
- foremost 148
- formulate 240
- forsake 166
- fossil 20
- fraction 184
- fragile 32
- freight 142
- friction 204
- frigid 284
- frontier 18
- frown 294
- fry 240
- fugitive 240
- functional 20
- fund 70
- fungi 202
- furnish 132
- fusion 148

G

- gait 266
- galaxy 72
- gale 280
- galvanize 266
- game 164
- garbage 154
- gear 70
- gene 240
- generalization 74
- generate 84
- generosity 106
- genetic 138
- genre 152
- geology 36
- geometric 178
- germination 210
- geyser 304
- girder 264
- glacial 254
- glacier 136
- gland 190
- glaze 250
- glossary 292
- glow 42
- gorge 288
- gradation 108
- grade 60
- gradient 248
- graduate 60
- grained 144
- grand 38
- grant 156
- grasp 168
- gravel 276
- grazing 236
- ground 60
- guess 48

H

- habitat 138
- hamper 278
- handle 170
- handy 150
- haphazard 278
- harass 230
- hard 96
- hardy 208
- harness 176
- harsh 158
- hassle 200
- hatch 140
- haunt 226
- hazard 52

索引

- head 80
- heart 64
- hectic 84
- heed 24
- heredity 240
- heterogeneous 254
- hibernate............. 202
- hierarchy............. 300
- hinder 200
- hinterland 248
- hiss 268
- hive..................... 190
- hoard 284
- homogeneous 120
- house 136
- humanity 160
- humidity 172
- humility 254
- hurl 136
- hydrosphere 260
- hypothesize........... 112

I

- icicle 82
- identical 164
- identify 176
- identity 86
- ideology 260
- igneous 144
- ignite 276
- ignoble 206
- illicit 194
- illiteracy 210
- image 34
- imaginary 218
- imaginative.......... 216
- imbibe 256
- immense............. 148
- immigrant 78
- immobilize.......... 154
- immune 234
- immunity 260
- impact............ 34, 164
- impair 216
- impart 106
- impede 178
- imperative 230
- impetus 302
- implement 272

- impose 130
- impractical 30
- imprisonment 92
- improvisation 132
- improvise 250
- incandescent 302
- incentive 176
- incessant............... 38
- incline.................. 92
- incorporate 182
- incubate 248
- incubation 104
- indicate 56
- indict 286
- indigenous 282
- indigestion 94
- induce................. 130
- inductive 178
- inexorable 300
- infamous............... 84
- infant 52
- infirmary 194
- inflict 138
- influential 78
- influx 150
- informative........... 84
- infrastructure 226
- infringe 294
- ingenious 254
- ingestion............. 206
- ingrain 240
- ingredient 80
- inhabit 192
- inhabitant 66
- inherent 114
- inherit 128
- inhibit 132
- initial 78
- initially 132
- injustice 156
- inmate................. 240
- innate 224
- innovation 178
- insanity 26
- inscribe 290
- inspire 160
- instantaneously 28
- instinct 52
- institution 104

- insulate 104
- insulation 130
- intact 278
- integral 238
- integrate 106
- integrated 22
- integrity 304
- intelligence......... 56
- intensity 108
- interact 154
- interactive 240
- interdependence 32
- interpersonal 58
- intervene............ 228
- intoxication 128
- intramural 88
- intricate 132
- intrigue 178
- intriguing 150
- introvert 300
- intrusive 288
- intuitive 106
- invaluable 174
- invariably 176
- inventory 194
- invertebrate........... 78
- invisible 20
- ironic 94
- irrelevant 218
- irresistible 124
- irrevocable 258
- isolate................... 40
- itch 88
- itinerant 218

J

- jam 46
- jeopardy 298
- jolt 138
- jot 240
- jumble 252
- jurisdiction 284
- juvenile 114

K

- kernel 288
- kidney................... 98
- kiln 250
- kinetic................. 204

313

索 引

- [ ] knack 196

L

- [ ] labyrinth 256
- [ ] lace 146
- [ ] laden 188
- [ ] lament.................. 124
- [ ] land..................... 34
- [ ] lapse 300
- [ ] larva 158
- [ ] last 80
- [ ] latently 228
- [ ] lateral 206
- [ ] lathe 274
- [ ] latitude 188
- [ ] launch 154
- [ ] lava 146
- [ ] layman 124
- [ ] lay off 86
- [ ] lead 98
- [ ] leak 224
- [ ] leaven 282
- [ ] ledge 260
- [ ] legend 72
- [ ] legible 206
- [ ] legislation 266
- [ ] legislative 104
- [ ] legitimate 156
- [ ] lenticular 284
- [ ] leukemia 228
- [ ] levy..................... 290
- [ ] liability 188
- [ ] lift 80
- [ ] lightning 78
- [ ] limestone 34
- [ ] liner 172
- [ ] literally 158
- [ ] litter 154
- [ ] livestock 86
- [ ] load 64
- [ ] localize 212
- [ ] locomotion 132
- [ ] loosen 68
- [ ] loot 194
- [ ] lottery 62
- [ ] lunar 158
- [ ] lure 122
- [ ] lurk 288
- [ ] lyric 154

M

- [ ] magnitude 72
- [ ] makeup 122
- [ ] malfunction 156
- [ ] malleable 256
- [ ] mammal 72
- [ ] mandatory 210
- [ ] maneuver 220
- [ ] manifest 294
- [ ] manifestation 124
- [ ] manufacturing 122
- [ ] margin 222
- [ ] marked 20
- [ ] markedly............... 186
- [ ] marlin 88
- [ ] marsh 96
- [ ] marsupial 240
- [ ] marvel 280
- [ ] marvelous 54
- [ ] masonry 188
- [ ] masterpiece 54
- [ ] maternal 204
- [ ] mature 190
- [ ] mechanical 140
- [ ] mediocre............... 232
- [ ] medium 148
- [ ] menial.................. 304
- [ ] mentor 266
- [ ] merger 214
- [ ] mess 62
- [ ] metabolic 118
- [ ] metabolize 202
- [ ] metamorphosis 268
- [ ] meteor 162
- [ ] meteorite 136
- [ ] meteorologist 254
- [ ] meticulous 230
- [ ] metropolitan 78
- [ ] migrate 36
- [ ] milestone 138
- [ ] mill 176
- [ ] millennium 180
- [ ] mimetic 252
- [ ] mind 80
- [ ] mine 186
- [ ] mint 196
- [ ] minute 98
- [ ] miscellaneous......... 94

- [ ] miserable 44
- [ ] misleading 74
- [ ] miss 50
- [ ] mission 54
- [ ] missionary 172
- [ ] mistaken 46
- [ ] mitigate 166
- [ ] mobility 122
- [ ] mock 136
- [ ] moderate.............. 64
- [ ] modest 110
- [ ] modify 138
- [ ] molar 288
- [ ] mold 104
- [ ] molecule 72, 154
- [ ] molten 144
- [ ] monetary 92
- [ ] monitor 182
- [ ] monochrome 106
- [ ] morphology 264
- [ ] moth 56
- [ ] motif 76
- [ ] multiplication 74
- [ ] municipal 130
- [ ] mural 208
- [ ] murky 208
- [ ] mute 120
- [ ] myriad 116

N

- [ ] narcotic 296
- [ ] nature 58
- [ ] navigate 164
- [ ] navigation 30
- [ ] negligence 228
- [ ] neutral 190
- [ ] nitrogen 42
- [ ] nocturnal 204
- [ ] nomad.................. 206
- [ ] nominal 224
- [ ] nominate.............. 60
- [ ] nook 286
- [ ] norm 154
- [ ] notice 60
- [ ] notoriety 198
- [ ] novel 124
- [ ] novelty 304
- [ ] nuance 180
- [ ] nucleus 190

314

- [ ] nuisance 218
- [ ] numerical 146
- [ ] nurture 144
- [ ] nutrient 70

O

- [ ] oath..................... 218
- [ ] obscene 242
- [ ] observe 58
- [ ] obsess 124
- [ ] obsolete 196
- [ ] occupy 174
- [ ] occur 38
- [ ] odd 26
- [ ] offset 190
- [ ] once 112
- [ ] opaque 256
- [ ] opposite 64
- [ ] opt 166
- [ ] optical................... 130
- [ ] optimal 262
- [ ] optimization 146
- [ ] optional 60
- [ ] optometrist 286
- [ ] orbit 178
- [ ] orchard 84
- [ ] orchid 28
- [ ] orderly 122
- [ ] ordinance 224
- [ ] ore 134
- [ ] organ 98
- [ ] organic 206
- [ ] originally 236
- [ ] outbreak 146
- [ ] outcome 198
- [ ] outermost 110
- [ ] outgoing 90
- [ ] outgrowth 176
- [ ] outing 284
- [ ] outlook 218
- [ ] output 242
- [ ] outrageous 200
- [ ] outset 218
- [ ] outstanding............ 26
- [ ] outweigh............... 134
- [ ] overall.................. 72
- [ ] overhang............... 180
- [ ] overlap 168
- [ ] overlook 154
- [ ] oversleep 44
- [ ] overtax 124
- [ ] overthrow 242
- [ ] overwhelm 152
- [ ] oxidize 216

P

- [ ] packed 162
- [ ] paddle.................. 242
- [ ] pain..................... 60
- [ ] pale 82
- [ ] pane 48
- [ ] paradigm 182
- [ ] paralyze 110
- [ ] paramount 120
- [ ] parasite 162
- [ ] parole 242
- [ ] participate 46
- [ ] particle 18
- [ ] pastime 64
- [ ] pasture 128
- [ ] patent 92
- [ ] patriot 128
- [ ] payroll 88
- [ ] peak 54
- [ ] peck 212
- [ ] peculiar 36
- [ ] peculiarity 118
- [ ] peer..................... 212
- [ ] penetrate............... 210
- [ ] perception 108
- [ ] perch 176
- [ ] peril 212
- [ ] periodically 188
- [ ] periphery 114
- [ ] perish 220
- [ ] permeate............... 128
- [ ] perpetuate............. 276
- [ ] perplex 216
- [ ] persist 16
- [ ] personnel 222
- [ ] perspective 244
- [ ] pertinent 262
- [ ] per capita 278
- [ ] pest..................... 112
- [ ] pesticide 182
- [ ] petal 30
- [ ] pharmacist 86
- [ ] phase 192
- [ ] phenomenal 158
- [ ] phenomenon 42
- [ ] philanthropic 216
- [ ] photosynthesis 98
- [ ] physical 56
- [ ] physicist 42
- [ ] picture 42
- [ ] pier 206
- [ ] piety 234
- [ ] pigment 248
- [ ] pillar 284
- [ ] pinnacle 282
- [ ] pioneer 34
- [ ] pivotal.................. 302
- [ ] plague 242
- [ ] plain 20
- [ ] plaintiff 214
- [ ] plane 174
- [ ] plaster.................. 236
- [ ] plateau 226
- [ ] platform 110
- [ ] plausible 232
- [ ] pliable.................. 144
- [ ] plot 114, 278
- [ ] pluck 210
- [ ] plug 82
- [ ] plumbing 84
- [ ] poisonous 70
- [ ] pollen 88
- [ ] pollination 122
- [ ] pollute 120
- [ ] pollution 54
- [ ] polygon 204
- [ ] ponder 216
- [ ] pop 180
- [ ] portend 256
- [ ] pose 140
- [ ] post..................... 58
- [ ] posterity 180
- [ ] postulate............... 226
- [ ] posture 202
- [ ] potential 32
- [ ] pottery 20
- [ ] pounce 288
- [ ] pound 272
- [ ] pour 56
- [ ] pragmatic 214
- [ ] prairie.................. 200
- [ ] preamble............... 232

索引

- precarious 232
- precede 186
- precedent 188
- precipitate 138
- precipitation 88
- precursor 136
- predator 66
- predecessor............ 236
- predict 28
- predominantly 66
- preeminent 170
- pregnant 92
- preliminary 184
- premiere 204
- premise 294
- prepare 82
- prerequisite............ 160
- prescribe 168
- prescription 84
- preservative 150
- preserve 38
- preside 222
- prestige 28
- prestigious 172
- presume 214
- pretend 66
- pretentious 248
- prevail.................. 26
- prevailing 188
- prey 22
- primate 250
- prior 72
- privilege 38
- probation 242
- probe 156
- procedure 62
- process 108
- prodigious 116
- prodigy 282
- profession 30
- profusion 174
- proliferation 258
- promote 68
- prompt 222
- prone 230
- pronounced........... 120
- prop 274
- property 32
- prophetic 68
- proponent 142
- propose 80
- proprietary 198
- propulsion 286
- prosaic 202
- prospect 122
- prospector 280
- prosperity 124
- prototype 220
- protrude 276
- prove 54
- provided 76
- province 248
- provincialism 142
- provoke 166
- pseudo 264
- psychology 50
- public 48
- publicity 82
- pueblo................. 172
- pulmonary 196
- pupa 266
- purchase 24
- pursue................. 40
- pursuit 108
- puzzle 34

Q

- quantum 272
- quest 86
- quit 48
- quiz.................... 46

R

- rabies 212
- radiant 250
- radiation 178
- radius 16
- rage................... 208
- raid 226
- raise 168
- rally 292
- rate 16, 140
- ratify 228
- ration 242
- raw 28
- realize 34
- realm 124
- rear 140
- reasoning 178
- rebel 220
- rebellion 290
- receptor 238
- recession.............. 228
- recipe 30
- recipient 270
- reciprocal 230
- reckless 226
- recoil 252
- recommendation...... 62
- recover 34
- rectangular 22
- recur 282
- reduce 40
- redundant 226
- refer 44
- refine 192
- reflection 136
- refund 86
- refuse 276
- regenerate 118
- regime 234
- regional 176
- registration 44
- regulate 142
- reign 148
- reinforce 152
- reject 82
- relentless 300
- reliance 42
- reliant 242
- relic 290
- remedy 200
- render 168
- renounce.............. 120
- renovate 152
- renown 98
- rent 46
- reorient 142
- repeal 242
- repel 188
- repellent 290
- repent 90
- repertoire 166
- replace 28
- replenish.............. 128
- replicate 202

索引

- represent 70
- representation 184
- reproduce 110
- reproductive 28
- reptile 64
- resemble 76
- reserve 58
- reservoir 158
- reside 166
- residue 106
- resin 132
- respective 36
- respiratory 210
- restless 166
- restore................. 182
- restrict 32
- restriction 176
- retail 16
- retain 190
- retract 110
- retreat 156
- retrieve 300
- reunion 200
- reveal 106
- revenue 290
- revise 40
- rhetoric 290
- right 62
- riot 118
- ripple 196
- roach 56
- roam 172
- rodent 176
- rogue 278
- rotation 74
- roughly 28
- routine 64
- rubble 174
- rugged 268
- ruin................... 112
- rule................... 66
- run.................... 160
- runoff 138
- rusty 150

S

- sabbatical 242
- saline 304
- sanction 108
- satellite 42
- satire 198
- saturate 134
- save............ 46, 252
- saw 156
- scale 140
- scallop 286
- scan 178
- scapegoating 292
- scarcely 24
- scarcity 274
- scatter................. 24
- scavenger 300
- scent 80
- school 162
- scorching 172
- score 40, 170
- scruple 302
- scrutinize 194
- seam 278
- secede................. 242
- seclusion.............. 292
- secrete 280
- secular 120
- secure 16
- sediment.............. 248
- sedimentary 202
- seedling 210
- seep 174
- segment 78
- segregation 220
- seismic 234
- self-contained......... 256
- self-sufficient 116
- semester 50
- senior 50, 262
- sensational 112
- sequence.............. 180
- serious 44
- serve 74
- settle 52
- severe 72
- sewerage.............. 260
- share 46
- sharpen 54
- shed 236
- shift 68
- shoot 244
- shot................... 110
- shroud................. 180
- shy 258
- siege 278
- signature.............. 270
- silly 62
- silt 104
- simulate 104
- simultaneously 94
- sin 20
- skip 62
- slab 128
- slot 150
- sluggish 226
- smother 126
- smuggle 298
- sneeze 88
- soak 172
- soar................... 188
- sober 220
- sobriquet.............. 262
- solar 72
- solicit 224
- solitary 180
- solution 58
- soothe 220
- sophisticated 76
- sophomore 64
- sort 112
- soul................... 244
- sound 62
- spacecraft 74
- span 32, 134
- spare 58
- spark 114
- sparse 166
- spawn 134
- species 34
- specific 166
- specifically 20
- specimen 116
- spectacular 118
- speculate.............. 234
- speculation 252
- spell 168
- sphere................. 38
- spinal 150
- spiral 86
- split 188
- sport 196

索 引

- [ ] sprawl 164
- [ ] sprinkle 90
- [ ] sprout 152
- [ ] spur 130
- [ ] squeamish 268
- [ ] squeeze 26
- [ ] squirt 254
- [ ] stabilize 186
- [ ] stable 74
- [ ] stack 18
- [ ] stagnate 208
- [ ] stalemate 302
- [ ] stalk 90
- [ ] staple 144
- [ ] starch 86
- [ ] stark 136
- [ ] startle 212
- [ ] starve 52
- [ ] state 138
- [ ] stationary 126
- [ ] stationery 204
- [ ] statistics 58
- [ ] status 50
- [ ] sterilize 216
- [ ] stethoscope 196
- [ ] stick 48
- [ ] sticker 64
- [ ] stiffen 130
- [ ] still 162
- [ ] stimulate 44
- [ ] stimulus 172
- [ ] straight 46
- [ ] straightforward 134
- [ ] strand 154
- [ ] strategy 74
- [ ] stray 190
- [ ] streak 162
- [ ] strife 230
- [ ] stringent 256
- [ ] strip 38, 122
- [ ] strive 132
- [ ] structure 68
- [ ] struggle 40
- [ ] stumble 168
- [ ] stump 148
- [ ] sturdy 152
- [ ] subduction 208
- [ ] subdue 300
- [ ] subject 184
- [ ] submerge 274
- [ ] submit 50
- [ ] subsequently 80
- [ ] subsidize 130
- [ ] subsist 118
- [ ] substantially 166
- [ ] subterranean 274
- [ ] subtle 66
- [ ] subtraction 24
- [ ] suburb 78
- [ ] successive 92
- [ ] succinct 146
- [ ] suffrage 244
- [ ] suit 18
- [ ] summarize 20
- [ ] supplant 116
- [ ] supplement 76
- [ ] surge 216
- [ ] surpass 108
- [ ] surplus 114
- [ ] surrender 84
- [ ] surveillance 284
- [ ] susceptible 194
- [ ] suspend 54
- [ ] sustain 116
- [ ] swamp 84
- [ ] swat 198
- [ ] switch 62
- [ ] symmetry 158
- [ ] synchronization 196

T

- [ ] table 24
- [ ] tactics 176
- [ ] tadpole 56
- [ ] tag 202
- [ ] tame 214
- [ ] tangible 214
- [ ] tantalizing 250
- [ ] tardy 112
- [ ] tariff 214
- [ ] taste 70
- [ ] tavern 110
- [ ] tease 88
- [ ] tedious 168
- [ ] teem 164
- [ ] temperate 208
- [ ] temperature 70
- [ ] tendon 210
- [ ] tenement 256
- [ ] tension 24
- [ ] tentacle 110
- [ ] tentative 226
- [ ] terminology 142
- [ ] terrain 270
- [ ] terrestrial 114
- [ ] terrible 50
- [ ] testimony 222
- [ ] texture 144
- [ ] thatch 274
- [ ] thaw 206
- [ ] theorem 276
- [ ] thesis 158
- [ ] thorn 292
- [ ] threaten 152
- [ ] thrifty 90
- [ ] thrive 228
- [ ] thump 88
- [ ] thwart 284
- [ ] tidal 170
- [ ] tide 92
- [ ] till 186
- [ ] timber 40
- [ ] timepiece 172
- [ ] timid 92
- [ ] tip 244
- [ ] toil 116
- [ ] tolerate 128
- [ ] top-notch 212
- [ ] topography 268
- [ ] tornado 28
- [ ] torso 194
- [ ] tortoise 82
- [ ] tote 98
- [ ] tow 160
- [ ] toxic 148
- [ ] toxin 272
- [ ] trace 186, 258
- [ ] track 184
- [ ] tract 290
- [ ] trafficking 284
- [ ] trail 236
- [ ] trait 172
- [ ] trample 236
- [ ] tranquility 254
- [ ] transcend 232
- [ ] transfer 60
- [ ] transform 22

- [ ] transit 114
- [ ] transition 270
- [ ] transparent 96
- [ ] transplant 92
- [ ] transportation 66
- [ ] trap 68
- [ ] trash 54
- [ ] treason 202
- [ ] treat 98
- [ ] tremendous 98
- [ ] tribe 144
- [ ] tributary 252
- [ ] trickle 140
- [ ] trigger 210
- [ ] tripod 270
- [ ] tropical 70
- [ ] tuition 58
- [ ] tune 108
- [ ] turbulence 214
- [ ] turbulent 256
- [ ] turnpike 238
- [ ] tutor 44
- [ ] tweezer 88
- [ ] twist 80
- [ ] typify 266

U

- [ ] unadorned 132
- [ ] uncanny 272
- [ ] undergo 142
- [ ] underlying 158
- [ ] undermine 204
- [ ] underscore 114
- [ ] undertake 236
- [ ] undue 244
- [ ] unfold 294
- [ ] universally 70
- [ ] unmatched 116
- [ ] unprecedented 200
- [ ] unpredictable 40
- [ ] unsung 254
- [ ] unwarranted 202
- [ ] upset 78
- [ ] urban 42
- [ ] urbanization 264
- [ ] urgent 68
- [ ] urine 162
- [ ] utility 38

V

- [ ] vaccinate 212
- [ ] vapor 36
- [ ] variable 146
- [ ] varsity 152
- [ ] vascular 288
- [ ] vault 258
- [ ] vegetation 66
- [ ] vehicle 70
- [ ] velocity 142
- [ ] venomous 268
- [ ] venture 276
- [ ] verify 198
- [ ] versatility 116
- [ ] verse 118
- [ ] vertebrate 44
- [ ] vertical 180
- [ ] vessel 126, 264
- [ ] veterinarian 298
- [ ] viable 134
- [ ] vibrate 48
- [ ] vicinity 198
- [ ] vigorous 116
- [ ] virtually 224
- [ ] virtue 216
- [ ] viscosity 256
- [ ] vital 76
- [ ] volatile 302
- [ ] voracious 254
- [ ] vow 106
- [ ] vulnerable 196

W

- [ ] waggle 282
- [ ] wasp 90
- [ ] waste 24
- [ ] wean 200
- [ ] weathering 208
- [ ] weave 38
- [ ] wedge 226
- [ ] weigh 32
- [ ] well 144
- [ ] well-rounded 160
- [ ] wharf 230
- [ ] whereabout 192
- [ ] whereas 36
- [ ] whereby 128
- [ ] whim 218
- [ ] whirl 222
- [ ] widow 20
- [ ] windshield 98
- [ ] wit 82
- [ ] withdraw 224
- [ ] withhold 214
- [ ] withstand 200
- [ ] witness 244
- [ ] wobble 278
- [ ] workshop 30
- [ ] wrap 82
- [ ] wreck 244

Y

- [ ] yield 182, 244

著者略歴

林　功
はやし　いさお

- 早大一文中退。サザン・イリノイ大英文科卒。ワシントン大大学院比較文学科修士課程修了（学位：MA in Comparative Literature）。
留学試験専門校 LINGO L.L.C. 代表。筑波大大学院共通科目客員講師。
長年にわたって、高校生からビジネスマンまで、TOEFL テスト受験対策を中心に英語を教え続け、「ヒゲの林」の愛称で親しまれている。今では 10000 人以上の教え子が国内外で活躍中。2004 年に他校に先駆けて IELTS 対策カリキュラムを企画し、レベル別対策講座を開講、現在に至る。
- 著書『CD BOOK 改訂新版 TOEFL TEST 必須英単語 5600』『IELTS 必須英単語 4400』『CD BOOK アメリカの中学教科書で英語を学ぶ』（以上ベレ出版）、『全問正解する TOEFL ITP TEST 文法問題対策』（語研）、『ETS 公認ガイド TOEFL iBT CD-ROM 版』（監訳、ETS/McGraw-Hill）。

（CDの内容）
- DISC1　76 分 30 秒　　DISC2　76 分 48 秒
- ナレーション…Chris Koprowski　久末絹代

CD BOOK TOEFL® iBT頻出英単語1700
ひんしゅつえいたんご

2006年9月25日	初版発行
2017年12月18日	第8刷発行

著者	林　功 はやし いさお
カバーデザイン	赤谷　直宣

© Isao Hayashi 2006. Printed in Japan

発行者	内田　真介
発行・発売	ベレ出版
	〒162-0832　東京都新宿区岩戸町12 レベッカビル TEL (03)5225-4790 FAX (03)5225-4795 ホームページ　http://www.beret.co.jp/ 振替 00180-7-104058
印刷	株式会社　文昇堂
製本	根本製本株式会社

落丁本・乱丁本は小社編集部あてにお送りください。送料小社負担にてお取り替えします。

ISBN 4-86064-132-9 C2082　　　　　　　　　　編集担当　脇山和美